ŒUVRES

DE MOLIÈRE

Poitiers — Typ. de l'Ouest : J. RESSAYRE, place d'Armes, 26.

BIBLIOTHÈQUE BON MARCHÉ

# ŒUVRES COMPLÈTES

DE

# MOLIÈRE

PRÉCÉÈDÉES

DE LA VIE DE MOLIÈRE PAR VOLTAIRE

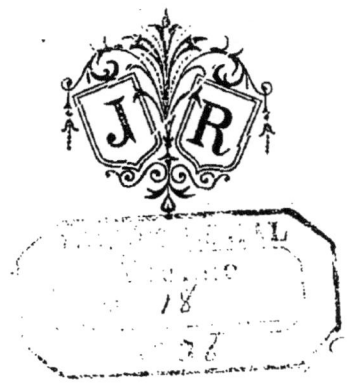

PARIS
LIBRAIRIE GÉNÉRALE DE L'OUEST
JUSTIN RESSAYRE, ÉDITEUR
3, rue d'Aboukir, 3

# LES FACHEUX
## COMÉDIE-BALLET EN TROIS ACTES
### DÉDIÉE AU ROI.

#### PERSONNAGES.

DAMIS, tuteur d'Orphise; ORPHISE, ÉRASTE, amoureux d'Orphise ; ALCIDOR, LISANDRE, ALCANDRE, ALCIPPE, ORANTE, CLIMÈNE, DORANTE, CARITIDÈS, ORMIN, FILINTE, fâcheux, LA MONTAGNE, valet d'ÉRASTE; l'ÉPINE, valet de DAMIS, LA RIVIÈRE, et deux camarades.
La scène est à Paris.

## ACTE PREMIER
### SCÈNE I
#### ÉRASTE, LA MONTAGNE.
##### ÉRASTE.

Sous quel astre, bon Dieu, faut-il que je sois né,
Pour être de fâcheux toujours assassiné?
Il semble que partout le sort me les adresse,
Et j'en vois chaque jour quelque nouvelle espèce :
Mais il n'est rien d'égal au fâcheux d'aujourd'hui :
J'ai cru n'être jamais débarrassé de lui ;
Et cent fois j'ai maudit cette innocente envie
Qui m'a pris, à dîner, de voir la comédie,
Où, pensant m'égayer, j'ai misérablement
Trouvé de mes péchés le rude châtiment.
Il faut que je te fasse un récit de l'affaire,
Car je m'en sens encor tout ému de colère.
J'étois sur le théâtre en humeur d'écouter
La pièce, qu'à plusieurs j'avois ouï vanter :
Les acteurs commençoient, chacun prêtoit silence,
Lorsque, d'un air bruyant et plein d'extravagance,
Un homme à grands canons est entré brusquement
En criant : Holà! ho! un siége promptement !
Et, de son grand fracas surprenant l'assemblée,
Dans le plus bel endroit a la pièce troublée.
Eh, mon Dieu ! nos François, si souvent redressés,

Ne prendront-ils jamais un air de gens sensés ?
Ai-je dit ; et faut-il sur nos défauts extrêmes
Qu'en théârre public nous nous jouions nous-mêmes,
Et confirmions ainsi, par des éclats de fous,
Ce que chez nos voisins on dit partout de nous?
Tandis que là-dessus je haussois les épaules,
Les acteurs ont voulu continuer leurs rôles :
Mais l'homme pour s'asseoir a fait nouveau fracas,
Et, traversant encor le théâtre à grands pas,
Bien que dans les côtés il pût être à son aise,
Au milieu du devant il a planté sa chaise,
Et, de son large dos morguant les spectateurs,
Aux trois quarts du parterre a caché les acteurs.
Un bruit s'est élevé, dont un autre eût eu honte;
Mais lui, ferme et constant, n'en a fait aucun compte,
Et se seroit tenu comme il s'étoit posé,
Si, pour mon infortune, il ne m'eût avisé.
Ah! marquis, m'a-t-il dit, prenant près de moi place,
Comment te portes-tu ? Souffre que je t'embrasse.
Au visage, sur l'heure, un rouge m'est monté,
Que l'on me vît connu d'un pareil éventé.
Je l'étois peu pourtant; mais on en voit paroître
De ces gens qui de rien veulent fort vous connoître,
Dont il faut au salut les baisers essuyer,
Et qui sont familiers jusqu'à vous tutoyer.
Il m'a fait à l'abord cent questions frivoles,
Plus haut que les acteurs élevant ses paroles.
Chacun le maudissoit, et moi, pour l'arrêter :
Je serois, ai-je dit, bien aise d'écouter.
— Tu n'as point vu ceci, marquis? Ah ! Dieu me damne,
Je le trouve assez drôle, et je n'y suis pas âne ;
Je sais par quelles lois un ouvrage est parfait,
Et Corneille me vient lire tout ce qu'il fait.
Là-dessus, de la pièce il m'a fait un sommaire,
Scène à scène averti de ce qui s'alloit faire;
Et jusques à des vers qu'il en savoit par cœur,
Il me les récitoit tout haut avant l'acteur.
J'avois beau m'en défendre, il a poussé sa chance,
Et s'est devers la fin levé longtemps d'avance ;
Car les gens du bel air, pour agir galamment,
Se gardent bien surtout d'ouïr le dénoûment.
Je rendois grâce au ciel, et croyois de justice
Qu'avec la comédie eût fini mon supplice ;
Mais, comme si c'en eût été trop bon marché,
Sur nouveaux frais mon homme à moi s'est attaché,

M'a conté ses exploits, ses vertus non communes,
Parlé de ses chevaux, de ses bonnes fortunes,
Et de ce qu'à la cour il avoit de faveur,
Disant qu'à m'y servir il s'offroit de grand cœur.
Je le remerciois doucement de la tête,
Minutant à tous coups quelque retraite honnête;
Mais lui, pour le quitter, me voyant ébranlé :
Sortons, ce m'a-t-il dit, le monde est écoulé.
Et, sortis de ce lieu, me la donnant plus sèche :
Marquis, allons au Cours faire voir ma calèche :
Elle est bien entendue, et plus d'un duc et pair
En fait à mon faiseur faire une du même air.
Moi, de lui rendre grâce, et, pour mieux m'en défendre,
De dire que j'avois certain repas à rendre.
— Ah! parbleu, j'en veux être, étant de tes amis,
Et manque au maréchal, à qui j'avois promis.
De la chère, ai-je dit, la dose est trop peu forte
Pour oser y prier les gens de votre sorte.
Non, m'a-t-il répondu, je suis sans compliment,
Et j'y vais pour causer avec toi seulement;
Je suis des grands repas fatigué, je te jure.
— Mais, si l'on vous attend, ai-je dit, c'est injure...
— Tu te moques, marquis, nous nous connoissons tous;
Et je trouve avec toi des passe-temps plus doux.
Je pestois contre moi, l'âme triste et confuse
Du funeste succès qu'avoit eu mon excuse,
Et ne savois à quoi je devois recourir
Pour sortir d'une peine à me faire mourir :
Lorsqu'un carrosse fait de superbe manière,
Et comblé de laquais et devant et derrière,
S'est, avec un grand bruit, devant nous arrêté,
D'où sautant un jeune homme amplement ajusté,
Mon importun et lui, courant à l'embrassade,
Ont surpris les passants de leur brusque incartade;
Et, tandis que tous deux étoient précipités
Dans les convulsions de leurs civilités,
Je me suis doucement esquivé sans rien dire;
Non sans avoir longtemps gémi d'un tel martyre,
Et maudit ce fâcheux, dont ce zèle obstiné
M'ôtoit au rendez-vous qui m'est ici donné.
LA MONTAGNE.
Ce sont chagrins mêlés aux plaisirs de la vie.
Tout ne va pas, monsieur, au gré de notre envie :
Le ciel veut qu'ici-bas chacun ait ses fâcheux,
Et les hommes seroient sans cela trop heureux.

ÉRASTE.
Mais de tous mes fâcheux le plus fâcheux encore,
C'est Damis, le tuteur de celle que j'adore,
Qui rompt ce qu'à mes vœux elle donne d'espoir,
Et malgré ses bontés lui défend de me voir,
Je crains d'avoir déjà passé l'heure promise,
Et c'est dans cette allée où devoit être Orphise.
LA MONTAGNE.
L'heure d'un rendez-vous d'ordinaire s'étend,
Et n'est pas resserrée aux bornes d'un instant.
ÉRASTE.
Il est vrai; mais je tremble, et mon amour extrême
D'un rien se fait un crime envers celle que j'aime.
LA MONTAGNE.
Si ce parfait amour, que vous prouvez si bien,
Se fait vers votre objet un grand crime de rien,
Ce que son cœur pour vous sent de feux légitimes,
En revanche, lui fait un rien de tous vos crimes.
ÉRASTE.
Mais, tout de bon, crois-tu que je sois d'elle aimé?
LA MONTAGNE.
Quoi! vous doutez encor d'un amour confirmé?
ÉRASTE.
Ah! c'est malaisément qu'en pareille matière
Un cœur bien enflammé prend assurance entière;
Il craint de se flatter; et, dans ses divers soins,
Ce que plus il souhaite est ce qu'il croit le moins.
Mais songeons à trouver une beauté si rare.
LA MONTAGNE.
Monsieur, votre rabat par-devant se sépare.
ÉRASTE.
N'importe.
LA MONTAGNE.
Laissez-moi l'ajuster, s'il vous plaît.
ÉRASTE.
Ouf! tu m'étrangles, fat; laisse-le comme il est.
LA MONTAGNE.
Souffrez qu'on peigne un peu...
ÉRASTE.
Sottise sans pareille!
Tu m'as, d'un coup de dent, presque emporté l'oreille.
LA MONTAGNE.
Vos canons...
ÉRASTE.
Laisse-les, tu prends trop de souci.

LES FACHEUX

LA MONTAGNE.
Ils sont tout chiffonnés
ÉRASTE.
Je veux qu'ils soient ainsi.
LA MONTAGNE.
Accordez-moi du moins, par grâce singulière,
De frotter ce chapeau, qu'on voit plein de poussière.
ÉRASTE.
Frotte donc, puisqu'il faut que j'en passe par là.
LA MONTAGNE.
Le voulez-vous porter fait comme le voilà ?
ÉRASTE.
Mon Dieu, dépêche-toi !
LA MONTAGNE.
Ce seroit conscience.
ÉRASTE, après avoir attendu.
C'est assez.
LA MONTAGNE.
Donnez-vous un peu de patience.
ÉRASTE.
Il me tue.
LA MONTAGNE.
En quel lieu vous êtes-vous fourré ?
ÉRASTE.
T'es-tu de ce chapeau pour toujours emparé ?
LA MONTAGNE.
C'est fait.
ÉRASTE.
Donne-moi donc.
LA MONTAGNE, laissant tomber le chapeau.
Haï !
ÉRASTE.
Le voilà par terre ;
Je suis fort avancé. Que la fièvre te serre !
LA MONTAGNE.
Permettez qu'en deux coups j'ôte...
ÉRASTE.
Il ne me plaît pas.
Au diantre tout valet qui vous est sur les bras,
Qui fatigue son maître, et ne fait que déplaire,
A force de vouloir trancher du nécessaire !

SCÈNE II
ORPHISE, ALCIDOR, ÉRASTE, LA MONTAGNE.
Orphise traverse le fond du théâtre ; Alcidor lui donne la main.
ÉRASTE.
Mais vois-je pas Orphise ? Oui, c'est elle qui vient.

Où va-t-elle si vite, et quel homme la tient ?
Il la salue comme elle passe, et elle en passant détourne la tête.

## SCÈNE III
ÉRASTE, LA MONTAGNE.

ÉRASTE.

Quoi ! me voir en ces lieux devant elle paroître,
Et passer en feignant de ne me pas connoître !
Que croire ? Qu'en dis-tu ? Parle donc, si tu veux.

LA MONTAGNE.

Monsieur, je ne dis rien, de peur d'être fâcheux.

ÉRASTE.

Et c'est l'être en effet que de ne me rien dire
Dans les extrémités d'un si cruel martyre.
Fais donc quelque réponse à mon cœur abattu.
Que dois-je présumer ? Parle, qu'en penses-tu ?
Dis-moi ton sentiment.

LA MONTAGNE.

   Monsieur, je veux me taire,
Et ne désire point trancher du nécessaire.

ÉRASTE.

Peste l'impertinent ! va-t'en suivre leurs pas,
Vois ce qu'ils deviendront, et ne les quitte pas.

LA MONTAGNE, revenant sur ses pas.

Il faut suivre de loin ?

ÉRASTE.

   Oui.

LA MONTAGNE, revenant sur ses pas.

   Sans que l'on me voie,
Ou faire aucun semblant qu'après eux on m'envoie ?

ÉRASTE.

Non, tu feras bien mieux de leur donner avis
Que par mon ordre exprès ils sont de toi suivis.

LA MONTAGNE, revenant sur ses pas.

Vous trouverai-je ici ?

ÉRASTE.

   Que le ciel te confonde,
Homme, à mon sentiment, le plus fâcheux du monde !

## SCÈNE IV
ÉRASTE, seul.

Ah ! que je sens de trouble, et qu'il m'eût été doux
Qu'on me l'eût fait manquer, ce fatal rendez-vous !
Je pensois y trouver toutes choses propices,
Et mes yeux pour mon cœur y trouvent des supplices.

## SCÈNE V
### LISANDRE, ÉRASTE.

LISANDRE.

Sous ces arbres, de loin, mes yeux t'ont reconnu,
Cher marquis ; et d'abord je suis à toi venu.
Comme à de mes amis, il faut que je te chante
Certain air que j'ai fait de petite courante,
Qui de toute la cour contente les experts,
Et sur qui plus de vingt ont déjà fait des vers.
J'ai le bien, la naissance, et quelque emploi passable,
Et fais figure en France assez considérable ;
Mais je ne voudrois pas, pour tout ce que je suis,
N'avoir point fait cet air qu'ici je te produis.
*Il prélude.*
La, la, hem, hem : écoute avec soin, je te prie.
*Il chante sa courante.*
N'est-elle pas belle ?

ÉRASTE.

Ah !

LISANDRE.

Cette fin est jolie.
*Il rechante la fin quatre ou cinq fois de suite.*
Comment la trouves-tu ?

ÉRASTE.

Fort belle assurément.

LISANDRE.

Les pas que j'en ai faits n'ont pas moins d'agrément,
Et surtout la figure a merveilleuse grâce.
*Il chante, parle et danse tout ensemble, et fait faire à Éraste les figures de la femme.*
Tiens, l'homme passe ainsi ; puis la femme repasse :
Ensemble ; puis on quitte, et la femme vient là.
Vois-tu ce petit trait de feinte que voilà ?
Ce fleuret ? ces coupés courant après la belle ?
Dos à dos, face à face, en se pressant sur elle ?
*Après avoir achevé.*
Que t'en semble, marquis ?

ÉRASTE.

Tous ces pas-là sont fins.

LISANDRE.

Je me moque, pour moi, des maîtres baladins.

ÉRASTE.

On le voit.

LISANDRE.

Les pas donc...

ÉRASTE.
N'ont rien qui ne surprenne.
LISANDRE.
Veux-tu, par amitié, que je le tes apprenne?
ÉRASTE.
Ma foi, pour le présent, j'ai certain embarras...
LISANDRE.
Eh bien donc, ce sera lorsque tu le voudras.
Si j'avois dessus moi ces paroles nouvelles,
Nous les lirions ensemble, et verrions les plus belles.
ÉRASTE.
Une autre fois.
LISANDRE.
Adieu. Baptiste le très-cher
N'a point vu ma courante, et je le vais chercher :
Nous avons pour les airs de grandes sympathies,
Et je veux le prier d'y faire des parties.
*Il s'en va, toujours en chantant.*

## SCÈNE VI
ÉRASTE, seul.

Ciel ! faut-il que le rang, dont on veut tout couvrir,
De cent sots tous les jours nous oblige à souffrir,
Et nous fasse abaisser jusques aux complaisances
D'applaudir bien souvent à leurs impertinences !

## SCÈNE VII
ÉRASTE, LA MONTAGNE.

LA MONTAGNE.
Monsieur, Orphise est seule, et vient de ce côté.
ÉRASTE.
Ah ! d'un trouble bien grand je me sens agité !
J'ai de l'amour encor pour la belle inhumaine,
Et ma raison voudroit que j'eusse de la haine.
LA MONTAGNE.
Monsieur, votre raison ne sait ce qu'elle veut
Ni ce que sur un cœur une maîtresse peut.
Bien que de s'emporter on ait de justes causes,
Une belle, d'un mot, rajuste bien des choses.
ÉRASTE.
Hélas ! je te l'avoue, et déjà cet aspect
A toute ma colère imprime le respect.

## SCÈNE VIII
ORPHISE, ÉRASTE, LA MONTAGNE.

ORPHISE.
Votre front à mes yeux montre peu d'allégresse :

Seroit-ce ma présence, Éraste, qui vous blesse?
Qu'est-ce donc? qu'avez-vous? et sur quels déplaisirs,
Lorsque vous me voyez, poussez-vous des soupirs?

ÉRASTE.

Hélas! pouvez-vous bien me demander, cruelle,
Ce qui fait de mon cœur la tristesse mortelle?
Et d'un esprit méchant n'est-ce pas un effet,
Que feindre d'ignorer ce que vous m'avez fait?
Celui dont l'entretien vous a fait à ma vue
Passer...

ORPHISE, riant.

C'est de cela que votre âme est émue?

ÉRASTE.

Insultez, inhumaine, encore à mon malheur.
Allez, il vous sied mal de railler ma douleur,
Et d'abuser, ingrate, à maltraiter ma flamme,
Du foible que pour vous, vous savez qu'a mon âme.

ORPHISE.

Certes, il en faut rire, et confesser ici
Que vous êtes bien fou de vous troubler ainsi.
L'homme dont vous parlez, loin qu'il puisse me plaire,
Est un homme fâcheux dont j'ai su me défaire;
Un de ces importuns et sots officieux
Qui ne sauroient souffrir qu'on soit seule en des lieux,
Et viennent aussitôt, avec un doux langage,
Vous donner une main contre qui l'on enrage.
J'ai feint de m'en aller pour cacher mon dessein,
Et jusqu'à mon carosse il m'a prêté la main.
Je m'en suis promptement défaite de la sorte,
Et j'ai, pour vous trouver, rentré par l'autre porte.

ÉRASTE,

A vos discours, Orphise, ajouterai-je foi?
Et votre cœur est-il tout sincère pour moi?

ORPHISE.

Je vous trouve fort bon de tenir ces paroles,
Quand je me justifie à vos plaintes frivoles.
Je suis bien simple encore, et ma sotte bonté...

ÉRASTE.

Ah! ne vous fâchez pas, trop sévère beauté!
Je veux croire en aveugle, étant sous votre empire,
Tout ce que vous aurez la bonté de me dire.
Trompez, si vous voulez, un malheureux amant;
J'aurai pour vous respect jusques au monument...
Maltraitez mon amour, refusez-moi le vôtre,

Exposez à mes yeux le triomphe d'un autre ;
Oui, je souffrirai tout de vos divins appas,
J'en mourrai ; mais enfin je ne m'en plaindrai pas.
ORPHISE.
Quand de tels sentiments régneront dans votre âme,
Je saurai de ma part...

## SCÈNE IX

ALCANDRE, ORPHISE, ÉRASTE, LA MONTAGNE.

ALCANDRE.
A Orphise.
Marquis, un mot, madame,
De grâce, pardonnez si je suis indiscret,
En osant, devant vous, lui parler en secret.
Orphise sort.

## SCÈNE X

ALCANDRE, ÉRASTE, LA MONTAGNE.

ALCANDRE.
Avec peine, marquis, je te fais la prière ;
Mais un homme vient là de me rompre en visière,
Et je souhaite fort, pour ne rien reculer,
Qu'à l'heure, de ma part, tu l'ailles appeler.
Tu sais qu'en pareil cas ce seroit avec joie
Que je te le rendrois en la même monnoie.
ÉRASTE, après avoir été quelque temps sans parler.
Je ne veux point ici faire le capitan ;
Mais on m'a vu soldat avant que courtisan :
J'ai servi quatorze ans, et je crois être en passe
De pouvoir d'un tel pas me tirer avec grâce,
Et de ne craindre point qu'à quelque lâcheté
Le refus de mon bras ne puisse être imputé.
Un duel met les gens en mauvaise posture ;
Et notre roi n'est pas un monarque en peinture :
Il sait faire obéir les plus grands de l'État,
Et je trouve qu'il fait en digne potentat.
Quand il faut le servir, j'ai du cœur pour le faire ;
Mais je ne m'en sens point quand il faut lui déplaire.
Je me fais de son ordre une suprême loi :
Pour lui désobéir cherche un autre que moi.
Je te parle, vicomte, avec franchise entière,
Et suis ton serviteur en toute autre matière.
Adieu.

## SCÈNE XI
### ÉRASTE, LA MONTAGNE.
#### ÉRASTE.
Cinquante fois au diable les fâcheux !
Où donc s'est retiré cet objet de mes vœux ?
#### LA MONTAGNE.
Je ne sais.
#### ÉRASTE.
Pour savoir où la belle est allée,
Va-t-en chercher partout : j'attends dans cette allée.

### BALLET DU PREMIER ACTE
#### PREMIÈRE ENTRÉE.
Des joueurs de mail, en criant gare, l'obligent à se retirer ; et, comme il veut revenir lorsqu'ils ont fait,
#### SECONDE ENTRÉE.
des curieux viennent, qui tournent autour de lui pour le connoître, et font qu'il se retire encore pour un moment.

# ACTE SECOND
## SCÈNE I
### ÉRASTE, seul.
Mes fâcheux à la fin se sont-ils écartés ?
Je pense qu'il en pleut ici de tous côtés.
Je les fuis, et les trouve ; et, pour second martyre,
Je ne saurois trouver celle que je désire.
Le tonnerre et la pluie ont promptement passé,
Et n'ont point de ces lieux le beau monde chassé.
Plût au ciel, dans les dons que ses soins y prodiguent,
Qu'ils en eussent chassé tous les gens qui fatiguent !
Le soleil baisse fort, et je suis étonné
Que mon valet encor ne soit point retourné.

## SCÈNE II
### ALCIPPE, ÉRASTE.
#### ALCIPPE.
Bonjour.
#### ÉRASTE, à part.
Eh quoi ! toujours ma flamme divertie !
#### ALCIPPE.
Console-moi, marquis, d'une étrange partie
Qu'au piquet je perdis hier contre un Saint-Bonvain,
A qui je donnerois quinze points et la main.
C'est un coup enragé, qui depuis hier m'accable,

Et qui feroit donner tous les joueurs au diable;
Un coup assurément à se pendre en public.
Il ne m'en faut que deux, l'autre a besoin d'un pic :
Je donne, il en prend six, et demande à refaire ;
Moi, me voyant de tout, je n'en voulus rien faire.
Je porte l'as de trèfle (admire mon malheur !),
L'as, le roi, le valet, le huit et dix de cœur,
Et quitte, comme au point alloit la politique,
Dame et roi de carreau, dix et dame de pique.
Sur mes cinq cœurs portés, la dame arrive encor,
Qui me fait justement une quinte major ;
Mais mon homme avec l'as, non sans surprise extrême,
Des bas carreaux sur table, étale une sixième.
J'en avois écarté la dame avec le roi ;
Mais lui fallant un pic, je sortis hors d'effroi,
Et croyois bien du moins, faire deux points uniques,
Avec les sept carreaux il avoit quatre piques,
Et, jetant le dernier, m'a mis dans l'embarras
De ne savoir lequel garder de mes deux as.
J'ai jeté l'as de cœur, avec raison, me semble;
Mais il avoit quitté quatre trèfles ensemble,
Et par un six de cœur je me suis vu capot,
Sans pouvoir, de dépit, proférer un seul mot.
Morbleu ! fais-moi raison de ce coup effroyable !
A moins que l'avoir vu, peut-il être croyable ?

ÉRASTE.
C'est dans le jeu qu'on voit les plus grands coups du sort.

ALCIPPE.
Parbleu, tu jugeras toi-même si j'ai tort,
Et si c'est sans raison que ce coup me transporte ;
Car voici nos deux jeux, qu'exprès sur moi je porte.
Tiens, c'est ici mon port comme je te l'ai dit,
Et voici...

ÉRASTE.
  J'ai compris le tout par ton récit,
Et vois de la justice au transport qui t'agite.
Mais pour certaine affaire il faut que je te quitte.
Adieu. Console-toi pourtant de ton malheur.

ALCIPPE.
Qui, moi ? J'aurai toujours ce coup-là sur le cœur ;
Et c'est pour ma raison pis qu'un coup de tonnerre.
Je le veux faire, moi, voir à toute la terre !

    *Il s'en va, et rentre en disant.*
Un six de cœur ! deux points !

ÉRASTE.

En quel lieu sommes-nous ?
De quelque part qu'on tourne, on ne voit que des fous.

## SCÈNE III

ÉRASTE, LA MONTAGNE.

ÉRASTE.

Ah ! que tu fais larguir ma juste impatience !

LA MONTAGNE.

Monsieur, je n'ai pu faire une autre diligence.

ÉRASTE.

Mais me rapportes-tu quelque nouvelle enfin ?

LA MONTAGNE.

Sans doute ; et de l'objet qui fait votre destin
J'ai, par un ordre exprès, quelque chose à vous dire.

ÉRASTE.

Et quoi ? déjà mon cœur après ce mot soupire.
Parle.

LA MONTAGNE.

Souhaitez-vous de savoir ce que c'est ?

ÉRASTE.

Oui, dis vite.

LA MONTAGNE.

Monsieur, attendez, s'il vous plaît.
Je me suis, à courir, presque mis hors d'haleine.

ÉRASTE.

Prends-tu quelque plaisir à me tenir en peine ?

LA MONTAGNE.

Puisque vous désirez de savoir promptement
L'ordre que j'ai reçu de cet objet charmant,
Je vous dirai... Ma foi, sans vous vanter mon zèle,
J'ai bien fait du chemin pour trouver cette belle ;
Et si...

ÉRASTE.

Peste soit fait de tes digressions !

LA MONTAGNE.

Ah ! il faut modérer un peu ses passions ;
Et Sénèque...

ÉRASTE.

Sénèque est un sot dans ta bouche,
Puisqu'il ne me dit rien de tout ce qui me touche.
Dis-moi ton ordre, tôt.

LA MONTAGNE.

Pour contenter vos vœux,
Votre Orphise... Une bête est là dans vos cheveux.

ÉRASTE.

Laisse.

LA MONTAGNE.

Cette beauté, de sa part, vous fait dire...

ÉRASTE.

Quoi ?

LA MONTAGNE.

Devinez.

ÉRASTE.

Sais-tu que je ne veux pas rire ?

LA MONTAGNE.

Son ordre est qu'en ce lieu vous devez vous tenir,
Assuré que dans peu vous l'y verrez venir,
Lorsqu'elle aura quitté quelques provinciales,
Aux personnes de cour fâcheuses animales.

ÉRASTE.

Tenons-nous donc au lieu qu'elle a voulu choisir.
Mais, puisque l'ordre ici m'offre quelque loisir,
Laisse-moi méditer.

*La Montagne sort.*

J'ai dessein de lui faire
Quelques vers sur un air où je la vois se plaire.

*Il se promène en rêvant.*

## SCÈNE IV

ORANTE, CLIMÈNE ; ÉRASTE, dans un coin du théâtre sans être aperçu.

ORANTE.

Tout le monde sera de mon opinion.

CLIMÈNE.

Croyez-vous l'emporter par obstination ?

ORANTE.

Je pense mes raisons meilleures que les vôtres.

CLIMÈNE.

Je voudrais qu'on ouït les unes et les autres.

ORANTE, *apercevant Éraste.*

J'avise un homme ici qui n'est pas ignorant ;
Il pourra nous juger sur notre différend.
Marquis, de grâce, un mot. Souffrez qu'on vous appelle
Pour être entre nous deux juge d'une querelle,
D'un débat qu'ont ému nos divers sentiments
Sur ce qui peut marquer les plus parfaits amants.

ÉRASTE.

C'est une question à vider difficile,
Et vous devez chercher un juge plus habile.

ORANTE.

Non : vous nous dites-là d'inutiles chansons.

Votre esprit fait du bruit, et nous vous connoissons ;
Nous savons que chacun vous donne à juste titre...
                    ÉRASTE.
Eh ! de grâce...
                    ORANTE.
            En un mot, vous serez notre arbitre,
Et ce sont deux moments qu'il vous faut nous donner.
            CLIMÈNE, à Orante.
Vous retenez ici qui vous doit condamner ;
Car enfin s'il est vrai ce que j'en ose croire,
Monsieur à mes raisons donnera la victoire.
                    ÉRASTE, à part.
Que ne puis-je à mon traître inspirer le souci
D'inventer quelque chose à me tirer d'ici !
            ORANTE, à Climène.
Pour moi, de son esprit j'ai trop bon témoignage
Pour craindre qu'il prononce à mon désavantage.
            A Éraste.
Enfin, ce grand débat qui s'allume entre nous
Est de savoir s'il faut qu'un amant soit jaloux.
                    CLIMÈNE.
Ou, pour mieux expliquer ma pensée et la vôtre,
Lequel doit plaire plus d'un jaloux ou d'un autre.
                    ORANTE.
Pour moi, sans contredit, je suis pour le dernier.
                    CLIMÈNE.
Et, dans mon sentiment, je tiens pour le premier.
                    ORANTE.
Je crois que notre cœur doit donner son suffrage
A qui fait éclater du respect davantage.
                    CLIMÈNE.
Et moi, que si nos vœux doivent paroître au jour,
C'est pour celui qui fait éclater plus d'amour.
                    ORANTE.
Oui ; mais on voit l'ardeur dont une âme est saisie
Bien mieux dans les respects que dans la jalousie.
                    CLIMÈNE.
Et c'est mon sentiment que qui s'attache à nous
Nous aime d'autant plus qu'il se montre jaloux.
                    ORANTE.
Fi ! ne me parlez pas de ces amants, Climène,
De ces gens dont l'amour est fait comme la haine,
Et qui, pour tous respects et toute offre de vœux,
Ne s'appliquent jamais qu'à se rendre fâcheux ;

Dont l'âme, que sans cesse un noir transport anime,
Des moindres actions cherche à nous faire un crime,
En soumet l'innocence à son aveuglement,
Et veut sur un coup d'œil un éclaircissement ;
Qui, de quelque chagrin nous voyant l'apparence,
Se plaignent aussitôt qu'il naît de leur présence ;
Et, lorsque dans nos yeux brille un peu d'enjouement,
Veulent que leurs rivaux en soient le fondement ;
Enfin qui, prenant droit des fureurs de leur zèle,
Ne vous parlent jamais que pour faire querelle,
Osent défendre à tous l'approche de nos cœurs,
Et se font les tyrans de leurs propres vainqueurs.
Moi, je veux des amants que le respect inspire,
Et leur soumission marque mieux notre empire.

CLIMÈNE.

Fi ! ne me parlez point, pour être vrais amants,
De ces gens qui pour nous n'ont nuls emportements,
De ces tièdes galants, de qui les cœurs paisibles
Tiennent déjà pour eux les choses infaillibles,
N'ont point peur de nous perdre et laissent, chaque jour,
Sur trop de confiance endormir leur amour ;
Sont avec leurs rivaux en bonne intelligence,
Et laissent le champ libre à leur persévérance.
Un amour si tranquille excite mon courroux :
C'est aimer froidement que n'être point jaloux ;
Et je veux qu'un amant, pour me prouver sa flamme,
Sur d'éternels soupçons laisse flotter son âme,
Et, par de prompts transports, donne un signe éclatant
De l'estime qu'il fait de celle qu'il prétend.
On s'applaudit alors de son inquiétude ;
Et, s'il nous fait parfois un traitement trop rude,
Le plaisir de le voir, soumis à nos genoux,
S'excuser de l'éclat qu'il a fait contre nous,
Ses pleurs, son désespoir d'avoir pu nous déplaire,
Est un charme à calmer toute notre colère.

ORANTE.

Si, pour vous plaire, il faut beaucoup d'emportement,
Je sais qui vous pourroit donner contentement ;
Et je connois des gens dans Paris plus de quatre,
Qui, comme ils le font voir, aiment jusques à battre.

CLIMÈNE.

Si, pour vous plaire, il faut n'être jamais jaloux,
Je sais certaines gens fort commodes pour vous :
Des hommes en amour d'une humeur si souffrante,
Qu'ils vous verroient sans peine entre les bras de trente.

ORANTE.
Enfin, par votre arrêt, vous devez déclarer
Celui de qui l'amour vous semble à préférer.
*Orphise paroît dans le fond du théâtre, et voit Éraste avec Orante e Climène.*
ÉRASTE.
Puisqu'à moins d'un arrêt je ne m'en puis défaire,
Toutes deux à la fois je veux vous satisfaire;
Et, pour ne point blâmer ce qui plaît à vos yeux,
Le jaloux aime plus, et l'autre aime bien mieux.
CLIMÈNE.
L'arrêt est plein d'esprit; mais...
ÉRASTE.
Suffit. J'en suis quitte.
Après ce que j'ai dit, souffrez que je vous quitte.

## SCÈNE V
ORPHISE, ÉRASTE.
ÉRASTE, *apercevant Orphise, et allant au-devant d'elle.*
ORPHISE.
Que vous tardez, madame, et que j'éprouve bien...
ORPHISE.
Non, non, ne quittez pas un si doux entretien.
A tort vous m'accusez d'être trop tard venue,
*Montrant Orante et Climène qui viennent de sortir.*
Et vous avez de quoi vous passer de ma vue.
ÉRASTE.
Sans sujet contre moi voulez-vous vous aigrir,
Et me reprochez-vous ce qu'on vous fait souffrir?
Ah! de grâce, attendez...
ORPHISE.
Laissez-moi, je vous prie,
Et courez vous rejoindre à votre compagnie.

## SCÈNE VI
ÉRASTE, seul.
Ciel! faut-il qu'aujourd'hui fâcheuses et fâcheux
Conspirent à troubler les plus chers de mes vœux!
Mais allons sur ses pas, malgré sa résistance,
Et faisons à ses yeux briller notre innocence.

## SCÈNE VII
DORANTE, ÉRASTE.
DORANTE.
Ah! marquis, que l'on voit de fâcheux tous les jours
Venir de nos plaisirs interrompre le cours!

Tu me vois enragé d'une assez belle chasse
Qu'un fat... C'est un récit qu'il faut que je te fasse.
ÉRASTE.
Je cherche ici quelqu'un, et ne puis m'arrêter.
DORANTE, le retenant.
Parbleu ! chemin faisant, je te le veux conter.
Nous étions une troupe assez bien assortie,
Qui pour courir un cerf avions hier fait partie ;
Et nous fûmes coucher sur le pays exprès,
C'est-à-dire, mon cher, en fin fond de forêts.
Comme cet exercice est mon plaisir suprême,
Je voulus, pour bien faire, aller au bois moi-même,
Et nous conclûmes tous d'attacher nos efforts
Sur un cerf qu'un chacun nous disoit cerf dix-cors ;
Mais moi, mon jugement, sans qu'aux marques j'arrête,
Fut qu'il n'étoit que cerf à sa seconde tête.
Nous avions, comme il faut, séparé nos relais,
Et déjeunions en hâte avec quelques œufs frais,
Lorsqu'un franc campagnard, avec longue rapière,
Montant superbement sa jument poulinière,
Qu'il honoroit du nom de sa bonne jument,
S'en est venu nous faire un mauvais compliment.
Nous présentant aussi, pour surcroît de colère,
Un grand benêt de fils aussi sot que son père,
Il s'est dit grand chasseur, et nous a priés tous
Qu'il pût avoir le bien de courir avec nous
Dieu préserve, en chassant, toute sage personne
D'un porteur de huchet qui mal à propos sonne :
De ces gens qui, suivis de dix hourets galeux,
Disent : Ma meute, et font les chasseurs merveilleux !
Sa demande reçue, et ses vertus prisées,
Nous avons été tous frapper à nos brisées.
A trois longueurs de trait, tayaut ! voilà d'abord
Le cerf donné aux chiens. J'appuie, et sonne fort.
Mon cerf débuche, et passe une assez longue plaine,
Et mes chiens après lui ; mais si bien en haleine,
Qu'on les auroit couverts tous d'un seul justaucorps.
Il vient à la forêt. Nous lui donnons alors
La vieille meute ; et moi, je prends en diligence
Mon cheval alezan. Tu l'as vu ?
ÉRASTE.
Non, je pense.
DORANTE.
Comment ! c'est un cheval aussi bon qu'il est beau,
Et que ces jours passés j'achetai de Gaveau.

Je te laisse à penser si, sur cette matière,
Il voudroit me tromper, lui qui me considère :
Aussi je m'en contente ; et jamais en effet
Il n'a vendu cheval, ni meilleur, ni mieux fait
Une tête de barbe, avec l'étoile nette ;
L'encolure d'un cygne, effilée et bien droite ;
Point d'épaules non plus qu'un lièvre, court-jointé,
Et qui fait dans son port voir sa vivacité ;
Des pieds, morbleu ! des pieds ! le rein double : à vrai dire,
J'ai trouvé le moyen, moi seul, de le réduire ;
Et sur lui, quoique aux yeux il montrât beau semblant,
Petit-Jean de Gaveau ne montoit qu'en tremblant,
Une croupe en largeur à nulle autre pareille,
Et des gigots, Dieu sait ! Bref, c'est une merveille ;
Et j'en ai refusé cent pistoles, crois-moi,
Au retour d'un cheval amené pour le roi.
Je monte donc dessus, et ma joie étoit pleine
De voir filer de loin les coupeurs dans la plaine :
Je pousse, et je me trouve en un fort à l'écart,
A la queue de nos chiens, moi seul avec Drécar.
Une heure là dedans notre cerf se fait battre ;
J'appuie alors mes chiens, et fais le diable à quatre
Enfin, jamais chasseur ne se vit plus joyeux.
Je le relance seul ; et tout alloit des mieux,
Lorsque d'un jeune cerf s'accompagne le nôtre ;
Une part de mes chiens se sépare de l'autre ;
Et je les vois, marquis, comme tu peux penser,
Chasser tous avec crainte, et Finaut balancer :
Il se rabat soudain, dont j'eus l'âme ravie ;
Il empaume la voie ; et moi, je sonne et crie :
A Finaut ! à Finaut ! J'en revois à plaisir
Sur une taupinière, et ressonne à loisir.
Quelques chiens revenoient à moi, quand, pour disgrâce,
Le jeune cerf, marquis, à mon campagnard passe.
Mon étourdi se met à sonner comme il faut,
Et crie à pleine voix : Tayaut ! tayaut ! tayaut !
Mes chiens me quittent tous, et vont à ma pécore ;
J'y pousse, et j'en revois dans le chemin encore :
Mais à terre, mon cher, je n'eus pas jeté l'œil,
Que je connus le change et sentis un grand deuil.
J'ai beau lui faire voir toutes les différences
Des pinces de mon cerf et de ses connoissances,
Il me soutient toujours, en chasseur ignorant,
Que c'est le cerf de meute ; et, par ce différend,
Il donne temps aux chiens d'aller loin. J'en enrage ;

Et, pestant de bon cœur contre le personnage,
Je pousse mon cheval et par haut et par bas,
Qui plioit des gaulis aussi gros que les bras :
Je ramène les chiens à ma première voie,
Qui vont, en me donnant une excessive joie,
Requérir notre cerf, comme s'ils l'eussent vu.
Ils le relancent, mais ce coup est-il prévu ?
A te dire le vrai, cher marquis, il m'assomme :
Notre cerf relancé va passer à notre homme,
Qui, croyant faire un trait de chasseur fort vanté,
D'un pistolet d'arçon qu'il avoit apporté
Lui donne justement au milieu de la tête,
Et de fort loin me crie : Ah ! j'ai mis bas la bête !
A-t-on jamais parlé de pistolets, bon Dieu !
Pour courre un cerf ? Pour moi, venant dessus le lieu,
J'ai trouvé l'action tellement hors d'usage,
Que j'ai donné des deux à mon cheval, de rage,
Et m'en suis revenu chez moi toujours courant,
Sans vouloir dire un mot à ce sot ignorant.

ÉRASTE.

Tu ne pouvois mieux faire, et ta prudence est rare :
C'est ainsi des fâcheux qu'il faut qu'on se sépare.
Adieu.

DORANTE.

Quand tu voudras, nous irons quelque part,
Où nous ne craindrons point de chasseur campagnard.

ÉRASTE, seul.

Fort bien. Je crois qu'enfin je perdrai patience,
Cherchons à m'excuser avecque diligence.

## BALLET DU SECOND ACTE

### PREMIÈRE ENTRÉE.

Des joueurs de boule l'arrêtent pour mesurer un coup dont ils sont en dispute. Il se défait d'eux avec peine, et leur laisse danser un pas, composé de toutes les postures qui sont ordinaires à ce jeu.

### SECONDE ENTRÉE

De petits frondeurs le viennent interrompre, qui sont chassés ensuite

### TROISIÈME ENTRÉE.

par des savetiers et des savetières, leurs pères, et autres, qui sont chassés à leur tour.

### QUATRIÈME ENTRÉE

par un jardinier qui danse seul, et se retire pour faire place au troisième acte.

# ACTE TROISIÈME
## SCÈNE I
### ÉRASTE, LA MONTAGNE.
#### ÉRASTE.

Il est vrai, d'un côté mes soins ont réussi :
Cet adorable objet enfin s'est adouci ;
Mais d'un autre on m'accable, et les astres sévères
Ont contre mon amour redoublé leurs colères.
Oui, Damis son tuteur, mon plus rude fâcheux,
Tout de nouveau s'oppose au plus doux de mes vœux,
A son aimable nièce a défendu ma vue,
Et veut d'un autre époux la voir demain pourvue.
Orphise toutefois, malgré son désaveu,
Daigne accorder ce soir une grâce à mon feu ;
Et j'ai fait consentir l'esprit de cette belle
A souffrir qu'en secret je la visse chez elle.
L'amour aime surtout les secrètes faveurs :
Dans l'obstacle qu'on force il trouve des douceurs ;
Et le moindre entretien de la beauté qu'on aime,
Lorsqu'il est défendu, devient grâce suprême.
Je vais au rendez-vous ; c'en est l'heure à peu près :
Puis, je veux m'y trouver plutôt avant qu'après.

#### LA MONTAGNE.

Suivrai-je vos pas ?

#### ÉRASTE.

Non. Je craindrois que peut-être
A quelques yeux suspects tu me fisses connoître.

#### LA MONTAGNE.

Mais...

#### ÉRASTE.

Je ne le veux pas.

#### LA MONTAGNE.

Je dois suivre vos lois :
Mais au moins, si de loin...

#### ÉRASTE.

Te tairas-tu, vingt fois ?
Et ne veux-tu jamais quitter cette méthode,
De te rendre à toute heure un valet incommode ?

## SCÈNE II
### CARITIDÈS, ÉRASTE.
#### CARITIDÈS.

Monsieur, le temps répugne à l'honneur de vous voir
Le matin est plus propre à rendre un tel devoir ;
Mais de vous rencontrer il n'est pas bien facile,

Car vous dormez toujours, ou vous êtes en ville :
Au moins messieurs vos gens me l'assurent ainsi ;
Et j'ai, pour trouver, pris l'heure que voici.
Encore est-ce un grand heur dont le destin m'honore ;
Car, deux moments plus tard, je vous manquois en-
[core.
ÉRASTE.
Monsieur, souhaitez-vous quelque chose de moi ?
CARITIDÈS.
Je m'acquitte, monsieur, de ce que je vous doi ;
Et vous viens... Excusez l'audace qui m'inspire,
Si...
ÉRASTE.
Sans tant de façons, qu'avez-vous à me dire ?
CARITIDÈS.
Comme le rang, l'esprit, la générosité,
Que chacun vante en vous...
ÉRASTE.
Oui, je suis fort vanté.
Passons, monsieur.
CARITIDÈS.
Monsieur, c'est une peine extrême
Lorsqu'il faut à quelqu'un se produire soi-même ;
Et toujours près des grands on doit être introduit
Par des gens qui de nous fassent un peu de bruit,
Dont la bouche écoutée, avecque poids débite
Ce qui peut faire voir notre petit mérite.
Pour moi, j'aurois voulu que des gens bien instruits
Vous eussent pu, monsieur, dire ce que je suis.
ÉRASTE.
Je vois assez, monsieur, ce que vous pouvez être,
Et votre seul abord le peut faire connoître.
CARITIDÈS.
Oui, je suis un savant charmé de vos vertus ;
Non pas de ces savants dont le nom n'est qu'en *us* :
Il n'est rien si commun qu'un nom à la latine ;
Ceux qu'on habille en grec ont bien meilleure mine,
Et, pour en avoir un qui se termine en *ès*,
Je me fais appeler monsieur Caritidès.
ÉRASTE.
Monsieur Caritidès, soit. Qu'avez-vous à dire ?
CARITIDÈS.
C'est un placet, monsieur, que je voudrois vous lire,
Et que, dans la posture où vous met votre emploi,
J'ose vous conjurer de présenter au roi.

ÉRASTE.
Eh ! Monsieur, vous pouvez le présenter vous-même.
CARITIDÈS.
Il est vrai que le roi fait cette grâce extrême ;
Mais, par ce même excès de ces rares bontés,
Tant de méchants placets, monsieur, sont présentés,
Qu'ils étouffent les bons ; et l'espoir où je fonde
Est qu'on donne le mien quand le prince est sans monde.
ÉRASTE.
Eh bien, vous le pouvez, et prendre votre temps.
CARITIDÈS.
Ah ! monsieur, les huissiers sont de terribles gens !
Ils traitent les savants de faquins à nasardes,
Et je n'en puis venir qu'à la salle des gardes.
Les mauvais traitements qu'il me faut endurer
Pour jamais de la cour me feroient retirer,
Si je n'avois conçu l'espérance certaine
Qu'auprès de notre roi vous serez mon Mécène.
Oui, votre crédit m'est un moyen assuré.,.
ÉRASTE.
Eh bien, donnez-moi donc, je le présenterai.
CARITIDÈS.
Le voici. Mais au moins oyez-en la lecture.
ÉRASTE.
Non.
CARITIDÈS.
C'est pour être instruit, monsieur, je vous conjure.
« PLACET AU ROI.
« Sire,
« Votre très-humble, très-obéissant, très-fidèle, très-savant sujet et
« serviteur, Caritidès, François de nation, Grec de profession, ayant
« considéré les grands et notables abus qui se commettent aux ins-
« criptions des enseignes des maisons, boutiques, cabarets, jeux de
« boule, et autres lieux de votre bonne ville de Paris ; en ce que cer-
« tains ignorants, compositeurs desdites inscriptions, renversent par
« une barbare, pernicieuse et détestable orthographe, toute sorte de
« sens et de raison, sans aucun égard d'étymologie, analogie, éner-
« gie, ni allégorie quelconque, au grand scandale de la république
« des lettres, et de la nation françoise, qui se decrie et déshonore,
« par lesdits abus et fautes grossières, envers les étrangers, et no-
« tamment envers les Allemands, curieux lecteurs et inspecteurs
« desdites inscriptions... »
ÉRASTE.
Ce placet est fort long, et pourroit bien fâcher...
CARITIDÈS.
Ah ! monsieur, pas un mot ne s'en peut retrancher.
Il continue.
« Supplie humblement Votre Majesté de créer, pour le bien de

« son État et la gloire de son empire, une charge de contrôleur, in-
« tendant, correcteur, réviseur et restaurateur général desdites ins-
« criptions ; et d'icelle honorer le suppliant, tant en considération de
« de son rare et éminent savoir, que des grands et signalés services
« qu'il a rendus à l'État et à Votre Majesté, en faisant l'anagram-
« me de Votre dite Majesté, en françois, latin, grec, hébreu, syria-
« que, chaldéen, arabe... »

ÉRASTE, l'interrompant.

Fort bien. Donnez-le vite, et faites la retraite :
Il sera vu du roi ; c'est une affaire faite.

CARITIDÈS.

Hélas ! monsieur, c'est tout que montrer mon placet.
Si le roi le veut voir, je suis sûr de mon fait ;
Car, comme sa justice en toute chose est grande,
Il ne pourra jamais refuser ma demande.
Au reste, pour porter au ciel votre renom,
Donnez-moi par écrit votre nom et surnom :
J'en veux faire un poëme en forme d'acrostiche
Dans les deux bouts de vers, et dans chaque hémistiche.

ÉRASTE.

Oui, vous l'aurez demain, monsieur Caritidès.

Seul.

Ma foi, de tels savants sont des ânes bien faits.
J'aurois, dans d'autres temps, bien ri de sa sottise.

### SCÈNE III
ORMIN, ÉRASTE.

ORMIN.

Bien qu'une grande affaire en ces lieux me conduise,
J'ai voulu qu'il sortit avant que vous parler.

ÉRASTE.

Fort bien. Mais dépêchons ; car je veux m'en aller.

ORMIN.

Je me doute à peu près que l'homme qui vous quitte
Vous a fort ennuyé, monsieur, par sa visite.
C'est un vieux importun qui n'a pas l'esprit sain,
Et pour qui j'ai toujours quelque défaite en main.
Au Mail, à Luxembourg, et dans les Tuileries,
Il fatigue le monde avec ses rêveries ;
Et des gens comme vous doivent fuir l'entretien
De tous ces savantas qui ne sont bons à rien.
Pour moi, je ne crains pas que je vous importune,
Puisque je viens, monsieur, faire votre fortune.

ÉRASTE, bas, à part.

Voici quelque souffleur, de ces gens qui n'ont rien,
Et vous viennent toujours promettre tant de bien.

Haut.

Vous avez fait, monsieur, cette bénite pierre
Qui peut seule enrichir tous les rois de la terre ?

ORMIN.
La plaisante pensée, hélas ! où vous voilà !
Dieu me garde, monsieur, d'être de ces fous-là !
Je ne me repais point de visions frivoles,
Et je vous porte ici les solides paroles
D'un avis que par vous je veux donner au roi,
Et que tout cacheté je conserve sur moi :
Non de ces sots projets, de ces chimères vaines,
Dont les surintendants ont les oreilles pleines ;
Non de ces gueux d'avis, dont les prétentions
Ne parlent que de vingt ou trente millions ;
Mais un qui, tous les ans, à si peu qu'on le monte,
En peut donner au roi quatre cents de bon compte,
Avec facilité, sans risque ni soupçon,
Et sans fouler le peuple en aucune façon ;
Enfin, c'est un avis d'un gain inconcevable,
Et que du premier mot on trouvera faisable.
Oui, pourvu que par vous je puisse être poussé...
ÉRASTE.
Soit ; nous en parlerons. Je suis un peu pressé.
ORMIN.
Si vous me promettiez de garder le silence,
Je vous découvrirois cet avis d'importance.
ÉRASTE.
Non, non, je ne veux point savoir votre secret.
ORMIN.
Monsieur, pour le trahir, je vous crois trop discret.
Et veux avec franchise, en deux mots vous l'apprendre.
Il faut voir si quelqu'un ne peut point nous entendre.
*Après avoir regardé si personne ne l'écoute, il s'approche de l'oreille d'Eraste.*
Cet avis merveilleux, dont je suis l'inventeur,
Est que...
ÉRASTE.
D'un peu plus loin, et pour cause, monsieur,
ORMIN,
Vous voyez le grand gain, sans qu'il faille le dire,
Que de ses ports de mer le roi tous les ans tire ;
Or l'avis dont encore nul ne s'est avisé
Est qu'il faut de la France, et c'est un coup aisé,
En fameux ports de mer mettre toutes les côtes.
Ce seroit pour monter à des sommes très-hautes :
Et si...
ÉRASTE.
L'avis est bon, et plaira fort au roi.
Adieu. Nous nous verrons

ORMIN.
Au moins, appuyez-moi
Pour en avoir ouvert les premières paroles.
ÉRASTE.
Oui, oui.
ORMIN.
Si vous vouliez me prêter deux pistoles,
Que vous reprendriez sur le droit de l'avis,
Monsieur...
ÉRASTE.
*Il donne de l'argent à Ormin.*   *Seul.*
Oui, volontiers. Plût à Dieu qu'à ce prix
De tous les importuns je pusse me voir quitte !
Voyez quel contre-temps prend ici leur visite !
Je pense qu'à la fin je pourrai bien sortir.
Viendra-t-il point quelqu'un encore me divertir ?

### SCÈNE IV
FILINTE, ÉRASTE.

FILINTE.
Marquis, je viens d'apprendre une étrange nouvelle.
ÉRASTE.
Quoi ?
FILINTE.
Qu'un homme tantôt t'a fait une querelle.
ÉRASTE.
A moi ?
FILINTE.
Que te sert-il de le dissimuler ?
Je sais de bonne part qu'on t'a fait appeler ;
Et, comme ton ami, quoi qu'il en réussisse,
Je te viens contre tous faire offre de service.
ÉRASTE.
Je te suis obligé ; mais crois que tu me fais...
FILINTE.
Tu ne l'avoueras pas, mais tu sors sans valets.
Demeure dans la ville, ou gagne la campagne,
Tu n'iras nulle part que je ne t'accompagne.
ÉRASTE, *à part.*
Ah ! j'enrage !
FILINTE.
A quoi bon de te cacher de moi ?
ÉRASTE.
Je te jure, marquis, qu'on s'est moqué de toi,
FILINTE.
En vain tu t'en défends.

ÉRASTE.
Que le ciel me foudroie,
Si d'aucun démêlé...
FILINTE.
Tu penses qu'on te croie ?
ÉRASTE.
Eh, mon Dieu ! je te dis et ne déguise point,
Que...
FILINTE.
Ne me crois pas dupe et crédule à ce point.
ÉRASTE.
Veux-tu m'obliger ?
FILINTE.
Non.
ÉRASTE.
Laisse-moi, je te prie.
FILINTE.
Point d'affaire, marquis.
ÉRASTE.
Une galanterie
En certain lieu ce soir...
FILINTE.
Je ne te quitte pas.
En quel lieu que ce soit, je veux suivre tes pas.
ÉRASTE.
Parbleu ! puisque tu veux que j'aie une querelle,
Je consens à l'avoir pour contenter ton zèle :
Ce sera contre toi, qui me fais enrager,
Et dont je ne me puis par douceur dégager.
FILINTE.
C'est fort mal d'un ami recevoir le service ;
Mais, puisque je vous rends un si mauvais office,
Adieu. Videz sans moi tout ce que vous aurez.
ÉRASTE.
Vous serez mon ami quand vous me quitterez.
Seul.
Mais voyez quels malheurs suivent ma destinée !
Ils m'auront fait passer l'heure qu'on m'a donnée.

## SCÈNE V

DAMIS, L'ÉPINE, ÉRASTE, LA RIVIÈRE et ses COMPAGNONS.
DAMIS, à part.
Quoi ! malgré moi le traître espère l'obtenir.
Ah ! mon juste courroux le saura prévenir.
ÉRASTE, à part.
J'entrevois là quelqu'un sur la porte d'Orphise.

Quoi! toujours quelque obstacle aux feux qu'elle autorise!
### DAMIS, à l'Épine.
Oui, j'ai su que ma nièce, en dépit de mes soins,
Doit voir ce soir chez elle Éraste sans témoins.
### LA RIVIÈRE, à ses compagnons.
Qu'entends-je à ces gens-là dire de notre maître?
Approchons doucement sans nous faire connoître.
### DAMIS, à l'Épine.
Mais, avant qu'il ait lieu d'achever son dessein,
Il faut de mille coups percer son traître sein.
Va-t'en faire venir ceux que je viens de dire,
Pour les mettre en embûche aux lieux que je désire,
Afin qu'au nom d'Éraste on soit prêt à venger
Mon honneur, que ses feux ont l'orgueil d'outrager ;
A rompre un rendez-vous qui dans ce lieu l'appelle,
Et noyer dans son sang sa flamme criminelle.
### LA RIVIÈRE, attaquant Damis avec ses compagnons.
Avant qu'à tes fureurs on puisse l'immoler,
Traître ! tu trouveras en nous à qui parler.
### ÉRASTE.
Bien qu'il m'ait voulu perdre, un point d'honneur me [presse.
De secourir ici l'oncle de ma maîtresse.
### A Damis.
Je suis à vous, monsieur.
*Il met l'épée à la main contre la Rivière et ses compagnons, qu'il met en fuite.*
### DAMIS.
     O ciel! par quel secours
D'un trépas assuré vois-je sauver mes jours ?
A qui suis-je obligé d'un si rare service ?
### ÉRASTE, revenant.
Je n'ai fait, vous servant, qu'un acte de justice.
### DAMIS.
Ciel ! puis-je à mon oreille ajouter quelque foi ?
Est-ce la main d'Éraste ?...
### ÉRASTE.
    Oui, oui, monsieur, c'est moi.
Trop heureux que ma main vous ait tiré de peine,
Trop malheureux d'avoir mérité votre haine !
### DAMIS.
Quoi ! celui dont j'avois résolu le trépas
Est celui qui pour moi vient d'employer son bras?
Ah ! c'en est trop, mon cœur est contraint de se rendre ;
Et quoi que votre amour ce soir ait pu prétendre,
Ce trait si surprenant de générosité
Doit étouffer en moi toute animosité.

Je rougis de ma faute, et blâme mon caprice.
Ma haine trop longtemps vous a fait injustice ;
Et, pour la condamner par un éclat fameux,
Je vous joins dès ce soir à l'objet de vos vœux.

## SCÈNE VI
#### ORPHISE, DAMIS, ÉRASTE.

ORPHISE, *sortant de chez elle avec un flambeau.*

Monsieur, quelle aventure a d'un trouble effroyable...

#### DAMIS.

Ma nièce, elle n'a rien que de très-agréable,
Puisqu'après tant de vœux que j'ai blâmés en vous,
C'est elle qui vous donne Éraste pour époux.
Son bras a repoussé le trépas que j'évite,
Et je veux envers lui que votre main m'acquitte.

#### ORPHISE.

Si c'est pour lui payer ce que vous lui devez,
J'y consens, devant tout aux jours qu'il a sauvés.

#### ÉRASTE.

Mon cœur est si surpris d'une telle merveille,
Qu'en ce ravissement, je doute si je veille.

#### DAMIS.

Célébrons l'heureux sort dont vous allez jouir,
Et que nos violons viennent nous réjouir !

*On frappe à la porte de Damis.*

#### ÉRASTE.

Qui frappe là si fort ?

## SCÈNE VII

#### DAMIS, ORPHISE, ÉRASTE, L'ÉPINE.

#### L'ÉPINE.

Monsieur, ce sont des masques,
Qui portent des crincrins et des tambours de basques.

*Les masques entrent, qui occupent toute la place.*

#### ÉRASTE.

Quoi ! toujours des fâcheux ! Holà ! Suisses, ici ;
Qu'on me fasse sortir ces gredins que voici.

## BALLET DU TROISIÈME ACTE

#### PREMIÈRE ENTRÉE.

Des Suisses, avec des hallebardes, chassent tous les masques fâcheux et se retirent ensuite pour laisser danser à leur aise

#### DERNIÈRE ENTRÉE.

quatre bergers et une bergère, qui, au sentiment de tous ceux qui l'ont vue, ferme le divertissement d'assez bonne grâce.

# L'ÉCOLE DES FEMMES
## COMÉDIE EN CINQ ACTES
### DÉDIÉE A MADAME
### HENRIETTE D'ANGLETERRE

### PERSONNAGES

ARNOLPHE, autrement M DE LA SOUCHE; AGNÈS, jeune fille innocente élevée par Arnolphe; HORACE, amant d'Agnès; ALAIN, paysan, valet d'Arnolphe; GEORGETTE, paysanne, servante d'Arnolphe; CHRYSALDE, ami d'Arnolphe; ENRIQUE, beau-frère de Chrysalde; ORONTE, père d'Horace et grand ami d'Arnolphe; UN NOTAIRE.

La scène est dans une place de ville.

## ACTE PREMIER
### SCÈNE I
#### CHYSALDE, ARNOLPHE.

CHRYSALDE.
Vous venez, dites-vous, pour lui donner la main?
ARNOLPHE.
Oui. Je veux terminer la chose dans demain.
CHRYSALDE.
Nous sommes ici seuls, et l'on peut, ce me semble,
Sans craindre d'être ouïs, y discourir ensemble.
Voulez-vous qu'en ami, je vous ouvre mon cœur?
Votre dessein, pour vous, me fait trembler de peur,
Et, de quelque façon que vous tourniez l'affaire,
Prendre femme est pour vous un coup bien téméraire.
ARNOLPHE.
Il est vrai, notre ami. Peut-être que chez vous
Vous trouvez des sujets de craindre pour chez nous;
Et votre front, je crois, veut que du mariage
Les cornes soient partout l'infaillible apanage.
CHRYSALDE.
Ce sont coups de hasard, dont on n'est point garant;
Et bien sot, ce me semble, est le soin qu'on en prend.

Mais, quand je crains pour vous, c'est cette raillerie
Dont cent pauvres maris ont souffert la furie :
Car enfin, vous savez qu'il n'est grands, ni petits,
Que de votre critique on ait vu garantis ;
Que vos plus grands plaisirs sont, partout où vous êtes,
De faire cent éclats des intrigues secrètes...

ARNOLPHE.

Fort bien. Est-il au monde une autre ville aussi
Où l'on ait des maris si patients qu'ici ?
Est-ce qu'on n'en voit pas de toutes les espèces,
Qui sont accommodés chez eux de toutes pièces ?
L'un amasse du bien dont sa femme fait part
A ceux qui prennent soin de le faire cornard ;
L'autre, un peu plus heureux, mais non pas moins infâ-
Voit faire tous les jours des présents à sa femme, [me,
Et d'aucun soin jaloux n'a l'esprit combattu,
Parce qu'elle lui dit que c'est pour sa vertu.
L'un fait beaucoup de bruit, qui ne lui sert de guères ;
L'autre en toute douceur laisse aller les affaires,
Et, voyant arriver chez lui le damoiseau,
Prend fort honnêtement ses gants et son manteau.
L'une, de son galant, en adroite femelle,
Fait fausse confidence à son époux fidèle,
Qui dort en sûreté sur un pareil appas,
Et le plaint, ce galant, des soins qu'il ne perd pas :
L'autre, pour se purger de sa magnificence,
Dit qu'elle gagne au jeu l'argent qu'elle dépense ;
Et le mari benêt, sans songer à quel jeu,
Sur les gains qu'elle fait, rend des grâces à Dieu.
Enfin, ce sont partout des sujets de satire,
Et, comme spectateur, ne puis-je pas en rire ?
Puis-je pas de nos sots...

CHRYSALDE.

Oui ; mais qui rit d'autrui
Doit craindre qu'en revanche on rie aussi de lui.
J'entends parler le monde, et des gens se délassent
A venir débiter les choses qui se passent ;
Mais, quoi que l'on divulgue aux endroits où je suis,
Jamais on ne m'a vu triompher de ces bruits.
J'y suis assez modeste ; et bien qu'aux occurences
Je puisse condamner certaines tolérances,
Que mon dessein ne soit de souffrir nullement
Ce que quelques maris souffrent paisiblement,
Pourtant je n'ai jamais affecté de le dire ;
Car enfin il faut craindre un revers de satire,

Et l'on ne doit jamais jurer sur de tels cas
De ce qu'on pourra faire, ou bien ne faire pas.
Ainsi, quand à mon front, par un sort qui tout mène,
Il seroit arrivé quelque disgrâce humaine,
Après mon procédé, je suis presque certain
Qu'on se contentera de s'en rire sous main ;
Et peut-être qu'encor j'aurai cet avantage,
Que quelques bonnes gens diront que c'est dommage.
Mais de vcus, cher compère, il en est autrement ;
Je vous le dis encor, vous risquez diablement.
Comme sur les maris accusés de souffrance
De tout temps votre langue a daubé d'importance,
Qu'on vous a vu contre eux un diable déchaîné,
Vous devez marcher droit, pour n'être point berné ;
Et, s'il faut qne sur vous on ait la moindre prise,
Gare qu'aux carrefours on ne vous tyrannise ;
Et...

ARNOLPHE.

Mon Dieu ! notre ami, ne vous tourmentez point.
Bien huppé qui pourra m'attrapper sur ce point.
Je sais les tours rusés et les subtiles trames
Dont pour vous en planter savent user les femmes.
Et comme on est dupé par leurs dextérités,
Contre cet accident j'ai pris mes sûretés ;
Et celle que j'épouse a toute l'innocence
Qui peut sauver mon front de maligne influence.

CHRYSALDE.

Et que prétendez-vous qu'une sotte, en un mot...

ARNOLPHE.

Épouser une sotte est pour n'être point sot.
Je crois, en bon chrétien, votre moitié fort sage ;
Mais une femme habile est un mauvais présage ;
Et je sais ce qu'il coûte à de certaines gens
Pour avoir pris les leurs avec trop de talents.
Moi, j'irois me charger d'une spirituelle
Qui ne parleroit rien que cercle et que ruelle ;
Qui de prose et de vers feroit de doux écrits,
Et que visiteroient marquis et beaux esprits,
Tandis que, sous le nom du mari de madame,
Je serois comme un saint que pas un ne réclame ?
Non, non, je ne veux point d'un esprit qui soit haut ;
Et femme qui compose en sait plus qu'il ne faut.
Je prétends que la mienne, en clartés peu sublime,
Même ne sache pas ce que c'est qu'une rime ;

Et, s'il faut qu'avec elle on joue au corbillon,
Et qu'on vienne à lui dire à son tour : Qu'y met-on ?
Je veux qu'elle réponde : Une tarte à la crème ;
En un mot, qu'elle soit d'une ignorance extrême :
Et c'est assez pour elle, à vous en bien parler,
De savoir prier Dieu, m'aimer, coudre et filer.
### CHRYSALDE.
Une femme stupide est donc votre marotte ?
### ARNOLPHE.
Tant, que j'aimerois mieux une laide bien sotte,
Qu'une femme fort belle avec beaucoup d'esprit.
### CHRYSALDE.
L'esprit et la beauté...
### ARNOLPHE.
L'honnêteté suffit.
### CHRYSALDE.
Mais comment voulez-vous, après tout, qu'une bête
Puisse jamais savoir ce que c'est qu'être honnête ?
Outre qu'il est assez ennuyeux, que je croi,
D'avoir toute sa vie une bête avec soi,
Pensez-vous le bien prendre, et que sur votre idée
La sûreté d'un front puisse être bien fondée?
Une femme d'esprit peut trahir son devoir ;
Mais il faut, pour le moins, qu'elle ose le vouloir :
Et la stupide au sien peut manquer d'ordinaire,
Sans en avoir l'envie et sans penser le faire.
### ARNOLPHE.
A ce bel argument, à ce discours profond,
Ce que Pantagruel à Panurge répond :
Pressez-moi de me joindre à femme autre que sotte,
Prêchez, patrocinez jusqu'à la Pentecôte ;
Vous serez ébahi, quand vous serez au bout,
Que vous ne m'aurez rien persuadé du tout.
### CHRYSALDE.
Je ne vous dis plus mot.
### ARNOLPHE.
Chacun a sa méthode
En femme, comme en tout, je veux suivre ma mode :
Je me vois riche assez pour pouvoir, que je croi,
Choisir une moitié qui tienne tout de moi,
Et de qui la soumise et pleine dépendance
N'ait à me reprocher aucun bien ni naissance.
Un air doux et posé, parmi d'autres enfants,
M'inspira de l'amour pour elle dès quatre ans :

Sa mère se trouvant de pauvreté pressée,
De la lui demander il me vint en pensée :
Et la bonne paysanne, apprenant mon désir,
A s'ôter cette charge eut beaucoup de plaisir.
Dans un petit couvent, loin de toute pratique,
Je la fis élever selon ma politique ;
C'est-à-dire, ordonnant quels soins on emploieroit
Pour la rendre idiote autant qu'il se pourroit.
Dieu merci, le succès a suivi mon attente ;
Et, grande, je l'ai vue à tel point innocente,
Que j'ai béni le ciel d'avoir trouvé mon fait,
Pour me faire une femme au gré de mon souhait.
Je l'ai donc retirée, et comme ma demeure
A cent sortes de gens est ouverte à toute heure,
Je l'ai mise à l'écart, comme il faut tout prévoir,
Dans cette autre maison où nul ne me vient voir ;
Et, pour ne point gâter sa bonté naturelle,
Je n'y tiens que des gens tout aussi simples qu'elle.
Vous me direz : Pourquoi cette narration ?
C'est pour vous rendre instruit de ma précaution.
Le résultat de tout est qu'en ami fidèle
Ce soir je vous invite à souper avec elle ;
Je veux que vous puissiez un peu l'examiner,
Et voir si de mon choix on me doit condamner.

CHRYSALDE.

J'y consens.

ARNOLPHE.

Vous pourrez, dans cette conférence,
Juger de sa personne et de son innocence.

CHRYSALDE.

Pour cet article-là, ce que vous m'avez dit
Ne peut...

ARNOLPHE.

La vérité passe encor mon récit.
Dans ses simplicités à tous coups je l'admire,
Et parfois elle en dit dont je pâme de rire.
L'autre jour (pourroit-on se le persuader ?)
Elle étoit fort en peine, et me vint demander,
Avec une innocence à nulle autre pareille,
Si les enfants qu'on fait se faisoient par l'oreille.

CHRYSALDE.

Je me réjouis fort, seigneur Arnolphe...

ARNOLPHE.

Bon !
Me voulez-vous toujours appeler de ce nom ?

CHRYSALDE.
Ah ! malgré que j'en aie, il me vient à la bouche,
Et jamais je ne songe à monsieur de la Souche.
Qui diable vous a fait aussi vous aviser,
A quarante-deux ans, de vous débaptiser,
Et d'un vieux tronc pourri de votre métairie
Vous faire dans le monde un nom de seigneurie ?

ARNOLPHE.
Outre que la maison par ce nom se connoît,
La Souche plus qu'Arnolphe à mes oreilles plaît.

CHRYSALDE.
Quel abus de quitter le vrai nom de ses pères,
Pour en vouloir prendre un bâti sur des chimères !
De la plupart des gens c'est la démangeaison ;
Et, sans vous embrasser dans la comparaison,
Je sais un paysan qu'on appeloit Gros-Pierre,
Qui, n'ayant pour tout bien qu'un seul quartier de terre,
Y fit tout alentour faire un fossé bourbeux,
Et de monsieur de l'Isle en pris le nom pompeux.

ARNOLPHE.
Vous pourriez vous passer d'exemples de la sorte.
Mais enfin de la Souche est le nom que je porte :
J'y vois de la raison, j'y trouve des appas ;
Et m'appeler de l'autre est ne m'obliger pas.

CHRYSALDE.
Cependant la plupart ont peine à s'y soumettre,
Et je vois même encor des adresses de lettres...

ARNOLPHE.
Je le souffre aisément de qui n'est pas instruit ;
Mais vous...

CHRYSALDE.
Soit : là-dessus nous n'aurons point de bruit;
Et je prendrai le soin d'accoutumer ma bouche
A ne plus vous nommer que monsieur de la Souche.

ARNOLPHE.
Adieu. Je frappe ici pour donner le bonjour,
Et dire seulement que je suis de retour.

CHRYSALDE, à part, en s'en allant.
Ma foi, je tiens fou de toutes les manières.

ARNOLPHE, seul.
Il est un peu blessé sur certaines matières.
Chose étrange, de voir comme avec passion
Un chacun est chaussé de son opinion !
*Il frappe à sa porte.*
Holà !

## SCÈNE II
ARNOLPHE ; ALAIN, GEORGETTE, dans la maison.

ALAIN.

Qui heurte ?

ARNOLPHE.

A part.

Ouvrez. On aura, que je pense,
Grande joie à me voir après dix jours d'absence.

ALAIN.

Qui va là ?

ARNOLPHE.

Moi.

ALAIN.

Georgette !

GEORGETTE.

Eh bien ?

ALAIN.

Ouvre là-bas.

GEORGETTE.

Vas-y, toi.

ALAIN.

Vas-y, toi.

GEORGETTE.

Ma foi, je n'irai pas.

ALAIN.

Je n'irai pas aussi.

ARNOLPHE.

Belle cérémonie
Pour me laisser dehors ! Holà ! ho ! je vous prie.

GEORGETTE.

Qui frappe ?

ARNOLPHE.

Votre maître.

GEORGETTE.

Alain !

ALAIN.

Quoi ?

GEORGETTE.

C'est monsieur.

Ouvre vite.

ALAIN.

Ouvre, toi.

GEORGETTE.

Je souffle notre feu.

ALAIN.
J'empêche, peur du chat, que mon moineau ne sorte.
ARNOLPHE.
Quiconque de vous deux n'ouvrira pas la porte
N'aura point à manger de plus de quatre jours.
Ah !
GEORGETTE.
Par quelle raison y venir, quand j'y cours ?
ALAIN.
Pourquoi plutôt que moi ? Le plaisant stratagème !
GEORGETTE.
Ote-toi donc de là !
ALAIN.
Non, ôte-toi toi-même.
GEORGETTE.
Je veux ouvrir la porte.
ALAIN.
Et je veux l'ouvrir, moi.
GEORGETTE.
Tu ne l'ouvriras pas.
ALAIN.
Ni toi non plus.
GEORGETTE.
Ni toi.
ARNOLPHE.
Il faut que j'aie ici l'âme bien patiente !
ALAIN, en entrant.
Au moins c'est moi, monsieur.
GEORGETTE, en entrant.
Je suis votre servante,
C'est moi.
ALAIN.
Sans le respect de monsieur que voilà.
Je te...
ARNOLPHE, recevant un coup d'Alain.
Peste !
ALAIN.
Pardon.
ARNOLPHE.
Voyez ce lourdaud-là !
ALAIN.
C'est elle aussi, monsieur...
ARNOLPHE.
Que tous deux on se taise.

Songez à me répondre, et laissons la fadaise.
Et bien, Alain, comment se porte-t-on ici ?

ALAIN.

Monsieur, nous nous...

*Arnolphe ôte le chapeau de dessus la tête d'Alain.*

Monsieur, nous nous por...

*Arnolphe l'ôte encore.*

Dieu merci,
Nous nous...

ARNOLPHE, *ôtant le chapeau d'Alain pour la troisième fois, et le jetant par terre.*

Qui vous apprend, impertinente bête,
A parler devant moi le chapeau sur la tête ?

ALAIN.

Vous faites bien, j'ai tort.

ARNOLPHE, à Alain.

Faites descendre Agnès.

## SCÈNE III

ARNOLPHE, GEORGETTE.

ARNOLPHE.

Lorsque je m'en allai, fut-elle triste après ?

GEORGETTE.

Triste ? Non.

ARNOLPHE.

Non ?

GEORGETTE.

Si fait.

ARNOLPHE.

Pourquoi donc ?

GEORGETTE.

Oui, je meure.
Elle vous croyoit voir de retour à toute heure ;
Et nous n'oyions jamais passer devant chez nous
Cheval, âne ou mulet, qu'elle ne prît pour vous.

## SCÈNE IV.

ARNOLPHE, AGNÈS, ALAIN, GEORGETTE.

ARNOLPHE.

La besogne à la main ! c'est un bon témoignage.
Eh bien, Agnès, je suis de retour du voyage :
En êtes-vous bien aise ?

AGNÈS.

Oui, monsieur, Dieu merci.

ARNOLPHE.

Et moi, de vous revoir je suis bien aise aussi.

Vous vous êtes toujours, comme on voit, bien portée?
                    AGNÈS.
Hors, les puces, qui m'ont la nuit inquiétée.
                    ARNOLPHE.
Ah ! vous aurez dans peu quelqu'un pour les chasser.
                    AGNÈS.
Vous me ferez plaisir.
                    ARNOLPHE.
            Je le puis bien penser.
Que faites-vous donc là ?
                    AGNÈS.
            Je me fais des cornettes.
Vos chemises de nuit et vos coiffes sont faites.
                    ARNOLPHE.
Ah ! voilà qui va bien. Allez, montez là-haut :
Ne vous ennuyez point, je reviendrai tantôt,
Et je vous parlerai d'affaires importantes.

## SCÈNE V
                ARNOLPHE, seul.
Héroïnes du temps, mesdames les savantes,
Pousseuses de tendresse et de beaux sentiments,
Je défie à la fois tous vos vers, vos romans,
Vos lettres, billets doux, toute votre science,
De valoir cette honnête et pudique ignorance.
Ce n'est point par le bien qu'il faut être ébloui ;
Et pourvu que l'honneur soit...

## SCÈNE VI
            HORACE, ARNOLPHE.
                ARNOLPHE.
            Que vois-je? Est-ce... Oui.
Je me trompe,.. Nenni. Si fait. Non, c'est lui même,
Hor...
                    HORACE.
    Seigneur Ar...
                    ARNOLPHE.
            Horace.
                    HORACE.
                Arnolphe.
                    ARNOLPHE.
                    Ah ! joie extrême !
Et depuis quand ici ?
                    HORACE.
            Depuis neuf jours.

ARNOLPHE.
                    Vraiment?
            HORACE.
Je fus d'abord chez vous, mais inutilement.
            ARNOLPHE.
J'étois à la campagne.
            HORACE.
             Oui, depuis dix journées.
            ARNOLPHE.
Oh! comme les enfants croissent en peu d'années !
J'admire de le voir au point où le voilà,
Après que je l'ai vu pas plus grand que cela.
            HORACE.
Vous voyez.
            ARNOLPHE.
        Mais, de grâce, Oronte votre père,
Mon bon et cher ami que j'estime et révère,
Que fait-il à présent? Est-il toujours gaillard?
A tout ce qui le touche il sait que je prends part :
Nous ne nous sommes vus depuis quatre ans ensemble,
Ni, qui plus est, écrit l'un à l'autre, me semble.
            HORACE.
Il est, seigneur Arnolphe, encor plus gai que nous,
Et j'avois de sa part une lettre pour vous ;
Mais depuis, par une autre, il m'apprend sa venue,
Et la raison encor ne m'en est pas connue.
Savez-vous qui peut être un de vos citoyens
Qui retourne en ces lieux avec beaucoup de biens
Qu'il s'est en quatorze ans acquis dans l'Amérique?
            ARNOLPHE.
Non. Mais vous a-t-on dit comme on le nomme?
            HORACE.
                    Enrique.
            ARNOLPHE.
Non.
            HORACE.
Mon père m'en parle, et qu'il est revenu,
Comme s'il devoit m'être entièrement connu,
Et m'écrit qu'en chemin ensemble il se vont mettre,
Pour un fait important que ne dit point sa lettre.
        *Horace remet la lettre d'Oronte à Arnolphe.*
            ARNOLPHE.
J'aurai certainement grande joie à le voir,
Et pour le régaler je ferai mon pouvoir.

*Après avoir lu la lettre.*
Il faut pour des amis des lettres moins civiles,
Et tous ces compliments sont choses inutiles.
Sans qu'il prît le souci de m'en écrire rien,
Vous pouvez librement disposer de mon bien.
                    HORACE.
Je suis homme à saisir les gens par leurs paroles,
Et j'ai présentement besoin de cent pistoles.
                    ARNOLPHE.
Ma foi, c'est m'obliger que d'en user ainsi ;
Et je me réjouis de les avoir ici.
Gardez aussi la bourse.
                    HORACE.
            Il faut...
                    ARNOLPHE.
                        Laissons ce style,
Eh bien, comment encor trouvez-vous cette ville ?
                    HORACE.
Nombreuse en citoyens, superbe en bâtiments ;
Et j'en crois merveilleux les divertissements.
                    ARNOLPHE.
Chacun a ses plaisirs qu'il se fait à sa guise ;
Mais pour ceux que du nom de galants on baptise,
Ils ont en ce pays de quoi se contenter,
Car les femmes y sont faites à coqueter :
On trouve d'humeur douce et la brune et la blonde,
Et les maris aussi les plus bénins du monde ;
C'est un plaisir de prince, et des tours que je voi
Je me donne souvent la comédie à moi.
Peut-être en avez-vous déjà féru quelqu'une.
Vous est-il point encore arrivé de fortune ?
Les gens faits comme vous font plus que les écus,
Et vous êtes de taille à faire des cocus.
                    HORACE.
A ne vous rien cacher de la vérité pure,
J'ai d'amour en ces lieux eu certaine aventure ;
Et l'amitié m'oblige à vous en faire part.
                    ARNOLPHE, *à part*,
Bon! voici de nouveau quelque conte gaillard ;
Et ce sera de quoi mettre sur mes tablettes.
                    HORACE.
Mais, de grâce, qu'au moins ces choses soient secrètes.
                    ARNOLPHE.
Oh!

HORACE.
Vous n'ignorez pas qu'en ces occasions
Un secret éventé rompt nos prétentions.
Je vous avouerai donc avec pleine franchise
Qu'ici d'une beauté mon âme s'est éprise.
Mes petits soins d'abord ont eu tant de succès,
Que je me suis chez elle ouvert un doux accès;
Et, sans trop me vanter, ni lui faire une injure,
Mes affaires y sont en fort bonne posture.
ARNOLPHE, en riant.
Et c'est...?
HORACE, lui montrant le logis d'Agnès
Un jeune objet qui loge en ce logis,
Dont vous voyez d'ici que les murs sont rougis :
Simple, à la vérité, par l'erreur sans seconde
D'un homme qui la cache au commerce du monde,
Mais qui, dans l'ignorance où l'on veut l'asservir,
Fait briller des attraits capables de ravir;
Un air tout engageant, je ne sais quoi de tendre
Dont il n'est point de cœur qui se puisse défendre.
Mais peut-être il n'est pas que vous n'ayez bien vu
Ce jeune astre d'amour, de tant d'attraits pourvu :
C'est Agnès qu'on l'appelle.
ARNOLPHE, à part.
Ah! je crève!
HORACE.
Pour l'homme,
C'est, je crois, de la Zousse, ou Source, qu'on le
[nomme;
Je ne me suis pas fort arrêté sur le nom :
Riche, à ce qu'on m'a dit, mais des plus sensés, non ;
Et l'on m'en a parlé comme d'un ridicule.
Le connoissez-vous point?
ARNOLPHE, à part.
La fâcheuse pilule!
HORACE.
Eh! vous ne dites mot?
ARNOLPHE.
Eh! oui, je le connoi.
HORACE.
C'est un fou, n'est-ce pas?
ARNOLPHE.
Eh...
HORACE.
Qu'en dites-vous? Quoi!

Eh! c'est-à-dire, oui? Jaloux à faire rire?
Sot? Je vois qu'il en est ce que l'on m'a pu dire.
Enfin l'aimable Agnès a su m'assujettir.
C'est un joli bijou, pour ne vous point mentir ;
Et ce seroit péché qu'une beauté si rare
Fût laissée au pouvoir de cet homme bizarre.
Pour moi, tous mes efforts, tous mes vœux les plus
[doux,
Vont à m'en rendre maître en dépit du jaloux ;
Et l'argent que de vous j'emprunte avec franchise
N'est que pour mettre à bout cette juste entreprise.
Vous savez mieux que moi, quels que soient nos
[efforts,
Que l'argent est la clef de tous les grands ressorts,
Et que ce doux métal, qui frappe tant de têtes,
En amour, comme en guerre, avance les conquêtes.
Vous me semblez chagrin ! Seroit-ce qu'en effet
Vous désapprouveriez le dessein que j'ai fait ?

ARNOLPHE.
Non; c'est que je songeois...

HORACE.
    Cet entretien vous lasse.
Adieu. J'irai chez vous tantôt vous rendre grâce.

ARNOLPHE, se croyant seul.
Ah! faut-il...

HORACE, revenant
  Derechef, veuillez être discret ;
Et n'allez pas, de grâce, éventer mon secret.

ARNOLPHE, se croyant seul.
Que je sens dans mon âme...

HORACE, revenant.
    Et surtout à mon père,
Qui s'en feroit peut-être un sujet de colère.

ARNOLPHE, croyant qu'Horace revient encore.
Oh!...

## SCÈNE VII
ARNOLPHE, seul.
  Oh! que j'ai souffert durant cet entretien !
Jamais trouble d'esprit ne fut égal au mien.
Avec quelle imprudence et quelle hâte extrême
Il m'est venu conter cette affaire à moi-même !
Bien que mon autre nom le tienne dans l'erreur,
Etourdi montra-t-il jamais tant de fureur?
Mais, ayant tant souffert, je devois me contraindre

Jusques à m'éclaircir de ce que je dois craindre,
A pousser jusqu'au bout son caquet indiscret,
Et savoir pleinement leur commerce secret.
Tâchons à le rejoindre ; il n'est pas loin, je pense:
Tirons-en de ce fait l'entière confidence.
Je tremble du malheur qui m'en peut arriver,
Et l'on cherche souvent plus qu'on ne veut trouver.

## ACTE SECOND
### SCÈNE I
#### ARNOLPHE, seul.

Il m'est, lorsque j'y pense, avantageux sans doute
D'avoir perdu mes pas, et pu manquer sa route:
Car enfin de mon cœur le trouble impérieux
N'eût pu se renfermer tout entier à ses yeux ;
Il eût fait éclater l'ennui qui me dévore,
Et je ne voudrois pas qu'il sût ce qu'il ignore.
Mais je ne suis pas homme à gober le morceau,
Et laisser un champ libre aux vœux du damoiseau.
J'en veux rompre le cours, et, sans tarder, apprendre
Jusqu'où l'intelligence entre eux a pu s'étendre :
J'y prends pour mon honneur un notable intérêt;
Je la regarde en femme, aux termes qu'elle en est ;
Elle n'a pu faillir sans me couvrir de honte,
Et tout ce qu'elle fait enfin est sur mon compte.
Eloignement fatal ! voyage malheureux !

*Il frappe à sa porte.*

### SCÈNE II
#### ARNOLPHE, ALAIN, GEORGETTE.
##### ALAIN.

Ah ! monsieur, cette fois...

##### ARNOLPHE.

Paix ! Tenez çà tous deux.
Passez là, passez là. Venez là, venez, dis-je.

##### GEORGETTE.

Ah ! vous me faites peur, et tout mon sang se fige.

##### ARNOLPHE.

C'est donc ainsi qu'absent vous m'avez obéi ?
Et tous deux, de concert, vous m'avez donc trahi?

##### GEORGETTE, *tombant aux genoux d'Arnolphe.*

Eh ! ne me mangez pas, monsieur, je vous conjure.

##### ALAIN, *à part.*

Quelque chien enragé l'a mordu, je m'assure.

## L'ÉCOLE DES FEMMES

ARNOLPHE, à part.
Ouf ! je ne puis parler, tant je suis prévenu ;
Je suffoque, et voudrois me pouvoir mettre nu.
A Alain et à Georgette.
Vous avez donc souffert, ô canaille maudite !
A Alain qui veut s'enfuir.
Qu'un homme soit venu...? Tu veux prendre la
[fuite !
A Georgette.
Il faut que sur-le-champ... Si tu bouges... Je veux
A Alain.
Que vous me disiez... Euh ! oui, je veux que tous
[deux...
Alain et Georgette se lèvent et veulent encore s'enfuir.
Quiconque remuera, par la mort ! je l'assomme.
Comme est-ce que chez moi s'est introduit cet homme ?
Eh ! parlez. Dépêchez, vite, promptement, tôt,
Sans rêver. Veut-on dire ?
ALAIN ET GEORGETTE.
Ah ! ah !
GEORGETTE, retombant aux genoux d'Arnolphe
Le cœur me faut !
ALAIN, retombant aux genoux d'Arnolphe.
Je meurs !
ARNOLPHE, à part.
Je suis en eau : prenons un peu d'haleine ;
Il faut que je m'évente et que je me promène.
Aurois-je deviné, quand je l'ai vu petit,
Qu'il croîtroit pour cela ? Ciel ! que mon cœur pâtit !
Je pense qu'il vaut mieux que de sa propre bouche
Je tire avec douceur l'affaire qui me touche.
Tâchons à modérer notre ressentiment.
Patience, mon cœur, doucement, doucement.
A Alain et à Georgette.
Levez-vous, et rentrant, faites qu'Agnès descende.
A part.
Arrêtez. Sa surprise en deviendroit moins grande :
Du chagrin qui me trouble ils iroient l'avertir,
Et moi-même je veux l'aller faire sortir.
A Alain et à Georgette.
Que l'on m'attende ici.

### SCÈNE III
ALAIN, GEORGETTE
GEORGETTE.
Mon Dieu, qu'il est terrible !

Ses regards m'ont fait peur, mais une peur horrible ;
Et jamais je ne vis un plus hideux chrétien.
### ALAIN.
Ce monsieur l'a fâché ; je te le disois bien.
### GEORGETTE.
Mais que diantre est-ce là, qu'avec tant de rudesse
Il nous fait au logis garder notre maîtresse ?
D'où vient qu'à tout le monde il veut tant la cacher,
Et qu'il ne sauroit voir personne en approcher ?
### ALAIN.
C'est que cette action le met en jalousie.
### GEORGETTE.
Mais d'où vient qu'il est pris de cette fantaisie ?
### ALAIN.
Cela vient... Cela vient de ce qu'il est jaloux.
### GEORGETTE.
Oui ; mais pourquoi l'est-il ? et pourquoi ce courroux ?
### ALAIN.
C'est que la jalousie... entends-tu bien, Georgette,
Est une chose... là... qui fait qu'on s'inquiète...
Et qui chasse les gens d'autour d'une maison.
Je m'en vais te bailler une comparaison,
Afin de concevoir la chose davantage.
Dis-moi, n'est-il pas vrai, quand tu tiens ton potage,
Que si quelque affamé venoit pour en manger,
Tu serois en colère, et voudrois le charger ?
### GEORGETTE.
Oui, je comprends cela.
### ALAIN.
        C'est justement tout comme.
La femme est en effet le potage de l'homme ;
Et, quand un homme voit d'autres hommes parfois
Qui veulent dans sa soupe aller tremper leurs doigts,
Il en montre aussitôt une colère extrême.
### GEORGETTE.
Oui ; mais pourquoi chacun n'en fait-il pas de même,
Et que nous en voyons qui paroissent joyeux
Lorsque leurs femmes sont avec les biaux monsieux
### ALAIN.
C'est que chacun n'a pas cette amitié goulue
Qui n'en veut que pour soi.
### GEORGETTE.
        Si je n'ai la berlue,
Je le vois qui revient.

ALAIN
Tes yeux sont bons, c'est lui.
GEORGETTE.
Vois comme il est chagrin.
ALAIN.
C'est qu'il a de l'ennui.

### SCÈNE IV
ARNOLPHE, ALAIN, GEORGETTE.

ARNOLPHE, à part.
Un certain Grec disoit à l'empereur Auguste,
Comme une instruction utile autant que juste,
Que lorsqu'une aventure en colère nous met,
Nous devons, avant tout, dire notre alphabet,
Afin que dans ce temps la bile se tempère,
Et qu'on ne fasse rien que l'on ne doive faire.
J'ai suivi sa leçon sur le sujet d'Agnès,
Et je la fais venir dans ce lieu tout exprès,
Sous prétexte d'y faire un tour de promenade,
Afin que les soupçons de mon esprit malade
Puissent sur le discours la mettre adroitement,
Et, lui sondant le cœur, s'éclaircir doucement.

### SCÈNE V
ARNOLPHE, AGNÈS, ALAIN, GEORGETTE.

ARNOLPHE.
Venez, Agnès.
*A Alain et à Georgette.*
Rentrez.

### SCÈNE VI
ARNOLPHE, AGNÈS.

ARNOLPHE.
La promenade est belle.
AGNÈS.
Fort belle.
ARNOLPHE.
Le beau jour !
AGNÈS.
Fort beau.
ARNOLPHE.
Quelle nouvelle ?
AGNÈS.
Le petit chat est mort.
ARNOLPHE.
C'est dommage ; mais quoi !

Nous sommes tous mortels, et chacun est pour soi.
Lorsque j'étois aux champs, n'a-t-il point fait de pluie?
AGNÈS.
Non.
ARNOLPHE.
Vous ennuyoit-il?
AGNÈS.
Jamais je ne m'ennuie.
ARNOLPHE.
Qu'avez-vous fait encor ces neuf ou dix jours-ci?
AGNÈS
Six chemises, je pense, et six coiffes aussi.
ARNOLPHE, après avoir un peu rêvé.
Le monde, chère Agnès, est une étrange chose!
Voyez la médisance, et comme chacun cause!
Quelques voisins m'ont dit qu'un jeune homme in-
[connu
Étoit, en mon absence, à la maison venu;
Que vous aviez souffert sa vue et ses harangues.
Mais je n'ai point pris foi sur ces méchantes langues,
Et j'ai voulu gager que c'étoit faussement...
AGNÈS.
Mon Dieu! ne gagez pas, vous perdriez vraiment.
ARNOLPHE.
Quoi! c'est la vérité qu'un homme...
AGNÈS.
Chose sûre.
Il n'a presque bougé de chez nous, je vous jure.
ARNOLPHE, bas, à part.
Cet aveu qu'elle fait avec sincérité
Me marque pour le moins son ingénuité.
Haut.
Mais il me semble, Agnès, si ma mémoire est bonne,
Que j'avois défendu que vous vissiez personne.
AGNÈS
Oui; mais, quand je l'ai vu, vous ignoriez pourquoi;
Et vous en auriez fait, sans doute, autant que moi.
ARNOLPHE.
Peut-être. Mais enfin contez-moi cette histoire.
AGNÈS.
Elle est fort étonnante, et difficile à croire.
J'étois sur le balcon à travailler au frais,
Lorsque je vis passer sous les arbres d'auprès
Un jeune homme bien fait, qui, rencontrant ma vue,

D'une humble révérence aussitôt me salue :
Moi, pour ne point manquer à la civilité,
Je fis la révérence aussi de mon côté.
Soudain il me refait de même une autre en diligence ;
Et lui d'une troisième aussitôt repartant,
D'une troisième aussi j'y repars à l'instant.
Il passe, vient, repasse, et, toujours de plus belle,
Me fait à chaque fois révérence nouvelle ;
Et moi, qui tous ces tours fixement regardois,
Nouvelle révérence aussi je lui rendois ;
Tant que, si sur ce point la nuit ne fût venue,
Toujours comme cela je me serois tenue,
Ne voulant point céder, ni recevoir l'ennui
Qu'il me pût estimer moins civile que lui.

ARNOLPHE.

Fort bien.

AGNÈS.

  Le lendemain, étant sur notre porte,
Une vieille m'aborde, en parlant de la sorte :
« Mon enfant, le bon Dieu puisse-t-il vous bénir,
« Et dans tous vos attraits longtemps vous maintenir !
« Il ne vous a pas fait une belle personne,
« Afin de mal user des choses qu'il vous donne ;
« Et vous devez savoir que vous avez blessé
« Un cœur qui de s'en plaindre est aujourd'hui forcé. »

ARNOLPHE, à part.

Ah ! suppôt de Satan ! exécrable damnée !

AGNÈS.

Moi, j'ai blessé quelqu'un ? fis-je tout étonnée.
« Oui, dit-elle, blessé, mais blessé tout de bon :
« Et c'est l'homme qu'hier vous vîtes du balcon. »
Hélas ! qui pourroit, dis-je, en avoir été cause ?
Sur lui, sans y penser, fis-je choir quelque chose ?
« Non, dit-elle ; vos yeux ont fait ce coup fatal,
« Et c'est de leurs regards qu'est venu tout son mal. »
Eh, mon Dieu ! ma surprise est, fis-je, sans seconde ;
Mes yeux ont-ils du mal, pour en donner au monde ?
« Oui, fit-elle, vos yeux, pour causer le trépas,
« Ma fille, ont un venin que vous ne savez pas.
« En un mot, il languit, le pauvre misérable ;
« Et s'il faut, poursuivit la vieille charitable,
« Que votre cruauté lui refuse un secours,
« C'est un homme à porter en terre dans deux jours. »
Mon Dieu ! j'en aurois, dis-je, une douleur bien grande.
Mais pour le secourir qu'est-ce qu'il me demande ?

« Mon enfant, me dit-elle, il ne veut obtenir
« Que le bien de vous voir et vous entretenir ;
« Vos yeux peuvent eux seuls empêcher sa ruine,
« Et du mal qu'ils ont fait être la médecine. »
Hélas ! volontiers, dis-je ; et, puisqu'il est ainsi,
Il peut, tant qu'il voudra, me venir voir ici.

ARNOLPHE, à part.

Ah ! sorcière maudite, empoisonneuse d'âmes,
Puisse l'enfer payer tes charitables trames !

AGNÈS.

Voilà comme il me vit, et reçut guérison.
Vous-même, à votre avis n'ai-je pas eu raison
Et pouvois-je, après tout, avoir la conscience
De le laisser mourir faute d'une assistance?
Moi qui compatis tant aux gens qu'on fait souffrir,
Et ne puis sans pleurer, voir un poulet mourir.

ARNOLPHE, bas, à part.

Tout cela n'est parti que d'une âme innocente ;
Et j'en dois accuser mon absence imprudente,
Qui sans guide a laissé cette bonté de mœurs
Exposée aux aguets des rusés séducteurs.
Je crains que le pendard, dans ses vœux téméraires,
Un peu plus fort que jeu n'ait poussé les affaires.

AGNÈS.

Qu'avez-vous? Vous grondez, ce me semble, un petit.
Est-ce que c'est mal fait ce que je vous ai dit?

ARNOLPHE.

Non, mais de cette vue apprenez-moi les suites,
Et comme le jeune homme a passé ses visites.

AGNÈS.

Hélas ! si vous saviez comme il étoit ravi,
Comme il perdit son mal sitôt que je le vi,
Le présent qu'il m'a fait d'une belle cassette,
Et l'argent qu'en ont eu notre Alain et Georgette,
Vous l'aimeriez sans doute, et diriez comme nous...

ARNOLPHE.

Oui ; mais que faisoit-il étant seul avec vous?

AGNÈS.

Il disoit qu'il m'aimoit d'une amour sans seconde,
Et me disoit des mots les plus gentils du monde,
Des choses que jamais rien ne peut égaler,
Et dont, toutes les fois que je l'entends parler,
La douceur me chatouille, et là dedans remue
Certain je ne sais quoi dont je suis tout émue.

ARNOLPHE, bas, à part.

O fâcheux examen d'un mystère fatal,
Où l'examinateur souffre seul tout le mal !
    Haut.
Outre tous ces discours, toutes ces gentillesses
Ne vous faisoit-il point aussi quelques caresses ?

AGNÈS.

Oh ! tant ! il me prenoit et les mains et les bras,
Et de me les baiser il n'étoit jamais las.

ARNOLPHE.

Ne vous a-t-il point pris, Agnès, quelque autre chose ?
    La voyant interdite.
Ouf !

AGNÈS.

 Eh ! il m'a...

AREOLPHE,

 Quoi ?

AGNÈS.

 Pris...

ARNOLPHE.

  Euh !

AGNÈS

   Le...

ARNOLPHE.

    Plaît-il ?

AGNÈS.

    Je n'ose.
Et vous vous fâcherez peut-être contre moi.

ARNOLPHE.

Non.

AGNÈS.

 Si fait.

ARNOLPHE.

 Mon Dieu ! non.

AGNÈS.

  Jurez donc votre foi.

ARNOLPHE.

Ma foi, soit.

AGNÈS.

 Il m'a pris... Vous serez en colère.

ARNOLPHE.

Non.

AGNÈS.

 Si.

ARNOLPHE.
Non, non, non, non. Diantre? que de mystère!
Qu'est-ce qu'il vous a pris?
AGNÈS.
Il...
ARNOLPHE, à part.
Je souffre en damné.
AGNÈS.
Il m'a pris le ruban que vous m'aviez donné.
A vous dire le vrai, je n'ai pu m'en défendre.
ARNOLPHE, reprenant haleine.
Passe pour le ruban. Mais je voulois apprendre
S'il ne vous a rien fait que vous baiser les bras.
AGNÈS.
Comment! est-ce qu'on fait d'autres choses?
ARNOLPHE.
Non pas.
Mais, pour guérir du mal qu'il dit qui le possède,
N'a-t-il point exigé de vous d'autre remède?
AGNÈS.
Non. Vous pouvez juger, s'il en eût demandé,
Que pour le secourir j'aurois tout accordé.
ARNOLPHE, bas, à part.
Grâce aux bontés du ciel, j'en suis quitte à bon compte;
Si j'y retombe plus, je veux bien qu'on m'affronte.
Haut.
Chut. De votre innocence, Agnès, c'est un effet;
Je ne vous en dis mot. Ce qui s'est fait est fait.
Je sais qu'en vous flattant le galant ne désire
Que de vous abuser, et puis après s'en rire.
AGNÈS.
Oh! point. Il me l'a dit plus de vingt fois à moi.
ARNOLPHE.
Ah? vous ne savez pas ce que c'est que sa foi.
Mais enfin apprenez qu'accepter des cassettes,
Et de ces beaux blondins écouter les sornettes;
Que se laisser par eux, à force de langueur,
Baiser ainsi les mains et chatouiller le cœur,
Est un péché mortel des plus gros qu'il se fasse.
AGNÈS.
Un péché, dites-vous? Et la raison, de grâce?
ARNOLPHE.
La raison? La raison est l'arrêt prononcé
Que par ces actions le ciel est courroucé.

AGNÈS.
Courroucé! mais comment faut-il qu'il s'en courrouce?
C'est une chose, hélas ! si plaisante et si douce !
J'admire quelle joie on goûte à tout cela;
Et je ne savois point encor ces choses-là.
ARNOLPHE.
Oui, c'est un grand plaisir que toutes ces tendresses,
Ces propos si gentils, et ces douces caresses;
Mais il faut le goûter en toute honnêteté,
Et qu'en se mariant le crime en soit ôté.
AGNÈS.
N'est-ce plus un péché lorsque l'on se marie?
ARNOLPHE.
Non.
AGNÈS.
Mariez-moi donc promptement, je vous prie.
ARNOLPHE.
Si vous le souhaitez, je le souhaite aussi ;
Et pour vous marier on me revoit ici.
AGNÈS.
Est-il possible ?
ARNOLPHE.
Oui.
AGNÈS.
Que vous me ferez aise !
ANNOLPHE.
Oui, je ne doute point que l'hymen ne vous plaise.
AGNÈS.
Vous nous voulez, nous deux...
ARNOLPHE.
Rien de plus assuré.
AGNÈS.
Que, si cela se fait, je vous caresserai !
ARNOLPHE.
Eh! la chose sera de ma part réciproque.
AGNÈS.
Je ne reconnois point, pour moi, quand on se moque.
Parlez-vous tout de bon?
ARNOLPHE.
Oui, vous le pourrez voir.
AGNÈS.
Nous serons mariés?
ARNOLPHE.
Oui.

AGNÈS.
Mais quand ?
ARNOLPHE.
Dès ce soir.
AGNÈS, riant.
Dès ce soir ?
ARNOLPHE.
Dès ce soir. Cela vous fait donc rire?
AGNÈS.
Oui.
ARNOLPHE.
Vous voir bien contente est ce que je désire.
AGNÈS.
Hélas ! que je vous ai grande obligation,
Et qu'avec lui j'aurai de satisfaction !
ARNOLPHE.
Avec qui ?
AGNÈS.
Avec... Là...
ARNOLPHE.
Là... Là n'est pas mon compte.
A choisir un mari vous êtes un peu prompte.
C'est un autre, en un mot, que je vous tiens tout prêt.
Et quant au monsieur là, je prétends, s'il vous plaît,
Dût le mettre au tombeau le mal dont il vous berce,
Qu'avec lui désormais vous rompiez tout commerce ;
Que, venant au logis, pour votre compliment,
Vous lui fermiez au nez la porte honnêtement ;
Et lui jetant, s'il heurte, un grés par la fenêtre,
L'obligiez tout de bon à ne plus y paroître.
M'entendez-vous, Agnès ? Moi, caché dans un coin,
De votre procédé je serai le témoin.
AGNÈS.
Las ! il est si bien fait ! C'est...
ARNOLPHE.
Ah ! que de langage !
AGNÈS.
Je n'aurai pas le cœur...
ARNOLPHE.
Point de bruit davantage.
Montez là-haut.
AGNÈS.
Mais quoi ! voulez-vous....

ARNOLPHE.

C'est assez.
Je suis maître, je parle; allez, obéissez.

## ACTE TROISIÈME
### SCÈNE I
ARNOLPHE, AGNÈS, ALAIN, GEORGETTE.
ARNOLPHE.
Oui, tout a bien été, ma joie est sans pareille.
Vous avez là suivi mes ordres à merveille,
Confondu de tout point le blondin séducteur;
Et voilà de quoi sert un sage directeur.
Votre innocence, Agnès, avait été surprise :
Voyez, sans y penser, où vous vous étiez mise.
Vous enfiliez tout droit, sans mon instruction,
Le grand chemin d'enfer et de perdition.
De tous ces damoiseaux on sait trop les coutumes ;
Ils ont de beaux canons, force rubans et plumes,
Grands cheveux, belles dents, et des propos fort doux;
Mais, comme je vous dis, la griffe est là-dessous ;
Et ce sont vrais satans, dont la gueule altérée
De l'honneur féminin cherche à faire curée.
Mais, encore une fois, grâce au soin apporté,
Vous en êtes sortie avec honnêteté.
L'air dont je vous ai vu lui jeter cette pierre,
Qui de tous ses desseins a mis l'espoir par terre,
Me confirme encor mieux à ne point différer
Les noces où je dis qu'il vous faut préparer.
Mais, avant toute chose, il est bon de vous faire
Quelque petit discours qui vous soit salutaire.
A Georgette et à Alain.
Un siége au frais ici. Vous, si jamais en rien...

GEORGETTE.
De toutes vos leçons nous nous souviendrons bien.
Cet autre monsieur-là nous en faisoit accroire;
Mais...

ALAIN.
S'il entre jamais, je veux jamais ne boire.
Aussi bien est-ce un sot ; il nous a l'autre fois
Donné deux écus d'or qui n'étoient pas de poids.

ARNOLPHE.
Ayez donc pour souper tout ce que je désire;
Et pour notre contrat, comme je viens de dire,

Faites venir ici, l'un ou l'autre, au retour,
Le notaire qui loge au coin de ce carfour.

### SCÈNE II
#### ARNOLPHE, AGNÈS.

ARNOLPHE, assis.

Agnès, pour m'écouter, laissez là votre ouvrage :
Levez un peu la tête, et tournez le visage :
*Mettant le doigt sur son front.*
Là, regardez-moi là durant cet entretien ;
Et, jusqu'au moindre mot, imprimez-le-vous bien.
Je vous épouse, Agnès ; et cent fois la journée,
Vous devez bénir l'heur de votre destinée.
Contempler la bassesse où vous avez été,
Et dans le même temps admirer ma bonté,
Qui de ce vil état de pauvre villageoise,
Vous fait monter au rang d'honorable bourgeoise,
Et jouir de la couche et des embrassements
D'un homme qui fuyoit tous ces engagements,
Et dont à vingt partis, fort capables de plaire,
Le cœur a refusé l'honneur qu'il veut vous faire.
Vous devez toujours, dis-je, avoir devant les yeux
Le peu que vous étiez sans ce nœud glorieux,
Afin que cet objet d'autant mieux vous instruise
A mériter l'état où je vous aurai mise,
A toujours vous connoître, et faire qu'à jamais
Je puisse me louer de l'acte que je fais.
Le mariage, Agnès, n'est pas un badinage :
A d'austères devoirs le rang de femme engage ;
Et vous n'y montez pas, à ce que je prétends,
Pour être libertine et prendre du bon temps.
Votre sexe n'est là que pour la dépendance :
Du côté de la barbe est la toute-puissance.
Bien qu'on soit deux moitiés de la société,
Ces deux moitiés pourtant n'ont point d'égalité :
L'une est moitié suprême, et l'autre subalterne ;
L'une en tout est soumise à l'autre, qui gouverne ;
Et ce que le soldat, dans son devoir instruit,
Montre d'obéissance au chef qui le conduit,
Le valet à son maître, un enfant à son père,
A son supérieur le moindre petit frère,
N'approche point encor de la docilité,
Et de l'obéissance, et de l'humilité,
Et du profond respect où la femme doit être
Pour son mari, son chef, son seigneur et son maître.
Lorsqu'il jette sur elle un regard sérieux,

Son devoir aussitôt est de baisser les yeux,
Et de n'oser jamais le regarder en face
Que quand d'un doux regard il lui veut faire grâce.
C'est ce qu'entendent mal les femmes d'aujourd'hui ;
Mais ne vous gâtez pas sur l'exemple d'autrui.
Gardez-vous d'imiter ces coquettes vilaines
Dont par toute la ville on chante les fredaines,
Et de vous laisser prendre aux assauts du malin,
C'est-à-dire d'ouïr aucun jeune blondin.
Songez qu'en vous faisant moitié de ma personne,
C'est mon honneur, Agnès, que je vous abandonne,
Que cet honneur est tendre et se blesse de peu,
Que sur un tel sujet il ne faut point de jeu ;
Et qu'il est aux enfers des chaudières bouillantes
Où l'on plonge à jamais les femmes mal vivantes.
Ce que je vous dis là ne sont point des chansons ;
Et vous devez du cœur dévorer ces leçons.
Si votre âme les suit, et fuit d'être coquette,
Elle sera toujours, comme un lis, blanche et nette ;
Mais, s'il faut qu'à l'honneur elle fasse un faux bond,
Elle deviendra lors noire comme un charbon ;
Vous paroîtrez à tous un objet effroyable,
Et vous irez un jour, vrai partage du diable,
Bouillir dans les enfers à toute éternité,
Dont veuille vous garder la céleste bonté !
Faites la révérence. Ainsi qu'une novice
Par cœur dans le couvent doit savoir son office,
Entrant au mariage il en faut faire autant ;
Et voici dans ma poche un écrit important,
Qui vous enseignera l'office de la femme.
J'en ignore l'auteur : mais c'est quelque bonne âme ;
Et je veux que ce soit votre unique entretien.
            *Il se lève.*
Tenez. Voyons un peu si vous le lirez bien.

            AGNÈS lit.

### LES MAXIMES DU MARIAGE
OU LES DEVOIRS DE LA FEMME MARIÉE,
AVEC SON EXERCICE JOURNALIER.

PREMIÈRE MAXIME.
Celle qu'un lien honnête
Fait entrer au lit d'autrui
Doit se mettre dans la tête,
Malgré le train d'aujourd'hui,
Que l'homme qui la prend ne la prend que pour lui.

ARNOLPHE.
Je vous expliquerai ce que cela veut dire ;
Mais pour l'heure présente il ne faut rien que lire.
AGNÈS poursuit.
DEUXIÈME MAXIME.
Elle ne se doit parer
Qu'autant que peut désirer
Le mari qui la possède :
C'est lui que touche seul le soin de sa beauté ;
Et pour rien doit être compté
Que les autres la trouvent laide.
TROISIÈME MAXIME.
Loin ces études d'œillades,
Ces eaux, ces blancs, ces pommades,
Et mille ingrédients qui font des teints fleuris :
A l'honneur, tous les jours, ce sont drogues mortelles ;
Et les soins de paroître belles
Se prennent peu pour les maris.
QUATRIÈME MAXIME.
Sous sa coiffe, en sortant, comme l'honneur l'ordonne,
Il faut que de ses yeux elle étouffe les coups ;
Car, pour bien plaire à son époux,
Elle ne doit plaire à personne.
CINQUIÈME MAXIME.
Hors ceux dont au mari la visite se rend,
La bonne règle défend
De recevoir aucune âme :
Ceux qui de galante humeur
N'ont affaire qu'à madame
N'accommodent pas monsieur.
SIXIÈME MAXIME.
Il faut des présents des hommes
Qu'elle se défende bien ;
Car, dans le siècle où nous sommes,
On ne donne rien pour rien.
SEPTIÈME MAXIME.
Dans ses meubles, dût-elle en avoir de l'ennui,
Il ne faut écritoire, encre, papier, ni plumes :
Le mari doit, dans les bonnes coutumes,
Ecrire tout ce qui s'écrit chez lui.
HUITIÈME MAXIME.
Ces sociétés déréglées,
Qu'on nomme belles assemblées,
Des femmes tous les jours corrompent les esprits.
En bonne politique on les doit interdire ;

Car c'est là que l'on conspire
Contre les pauvres maris.
NEUVIÈME MAXIME.
Toute femme qui veut à l'honneur se vouer
Doit se défendre de jouer,
Comme d'une chose funeste;
Car le jeu, fort décevant,
Pousse une femme souvent
A jouer de tout son reste.
DIXIÈME MAXIME
Des promenades du temps,
Ou repas qu'on donne aux champs,
Il ne faut point qu'elle essaye,
Selon les prudents cerveaux,
Le mari, dans ces cadeaux,
Est toujours celui qui paye.
ONZIÈME MAXIME.
ARNOLPHE.
Vous achèverez seule; et, pas à pas, tantôt
Je vous expliquerai ces choses comme il faut.
Je me suis souvenu d'une petite affaire:
Je n'ai qu'un mot à dire, et ne tarderai guère.
Rentrez, et conservez ce livre chèrement.
Si le notaire vient, qu'il m'attende un moment.

SCÈNE III
ARNOLPHE, seul.
Je ne puis faire mieux que d'en faire ma femme.
Ainsi que je voudrai je tournerai cette âme;
Comme un morceau de cire entre mes mains elle est,
Et je lui puis donner la forme qui me plaît.
Il s'en est peu fallu que, durant mon absence,
On ne m'ait attrapé par son trop d'innocence;
Mais il vaut beaucoup mieux, à dire vérité,
Que la femme qu'on a pèche de ce côté.
De ces sortes d'erreurs le remède est facile.
Toute personne simple aux leçons est docile;
Et, si du bon chemin on l'a fait écarter,
Deux mots incontinent l'y peuvent rejeter.
Mais une femme habile est bien une autre bête:
Notre sort ne dépend que de sa seule tête,
De ce qu'elle s'y met rien ne la fait gauchir,
Et nos enseignements ne font là que blanchir;
Son bel esprit lui sert à railler nos maximes,
A se faire souvent des vertus de ses crimes,
Et trouver, pour venir à ses coupables fins,

Des détours à duper l'adresse des plus fins.
Pour se parer du coup en vain on se fatigue :
Une femme d'esprit est un diable en intrigue :
Et, dès que son caprice a prononcé tout bas
L'arrêt de notre honneur, il faut passer le pas :
Beaucoup d'honnêtes gens en pourroient bien que dire.
Enfin mon étourdi n'aura pas lieu d'en rire :
Par son trop de caquet il a ce qu'il lui faut.
Voilà de nos François l'ordinaire défaut :
Dans la possession d'une bonne fortune,
Le secret est toujours ce qui les importune,
Et la vanité sotte a pour eux tant d'appas,
Qu'ils se pendroient plutôt que de ne causer pas.
Oh ! que les femmes sont du diable bien tentées,
Lorsqu'elles vont choisir ces têtes éventées !
Et que... Mais le voici... Cachons-nous toujours bien,
Et découvrons un peu quel chagrin est le sien.

### SCÈNE IV
HORACE, ARNOLPHE.

HORACE.

Je reviens de chez vous, et le destin me montre
Qu'il n'a pas résolu que je vous y rencontre.
Mais j'irai tant de fois, qu'enfin quelque moment...

ARNOLPHE.

Eh, mon Dieu ! n'entrons point dans ce vain compli-
Rien ne me fâche tant que ces cérémonies ; [ment ;
Et, si l'on m'en croyoit, elles seroient bannies.
C'est un maudit usage, et la plupart des gens
Y perdent sottement les deux tiers de leur temps.

*Il se couvre.*

Mettons donc sans façon. Eh bien, vos amourettes ?
Puis-je, seigneur Horace, apprendre où vous en êtes ?
J'étois tantôt distrait par quelque vision ;
Mais depuis là-dessus j'ai fait réflexion.
De vos premiers progrès j'admire la vitesse,
Et dans l'événement mon âme s'intéresse.

HORACE.

Ma foi, depuis qu'à vous s'est découvert mon cœur,
Il est à mon amour arrivé du malheur.

ARNOLPHE.

Oh ! oh ! comment cela ?

HORACE.

    La fortune cruelle
A ramené des champs le patron de la belle.

ARNOLPHE.
Quel malheur !

HORACE.
Et de plus, à mon très-grand regret,
Il a su de nous deux le commerce secret.

ARNOLPHE.
D'où diantre a-t-il sitôt appris cette aventure?

HORACE.
Je ne sais ; mais enfin c'est une chose sûre.
Je pensois aller rendre, à mon heure à peu près,
Ma petite visite à ses jeunes attraits,
Lorsque, changeant pour moi de ton et de visage
Et servante et valet m'ont bouché le passage,
Et d'un « Retirez-vous, vous nous importunez, »
M'ont assez rudement fermé la porte au nez.

ARNOLPHE.
La porte au nez !

HORACE.
Au nez.

ARNOLPHE.
La chose est un peu forte.

HORACE.
J'ai voulu leur parler au travers de la porte ;
Mais à tous mes propos ce qu'ils ont répondu,
C'est : « Vous n'entrerez point; monsieur l'a défendu.»

ARNOLPHE.
Ils n'ont donc point ouvert ?

HORACE.
Non. Et de la fenêtre
Agnès m'a confirmé le retour de ce maître,
En me chassant de là d'un ton plein de fierté,
Accompagné d'un grès que sa main a jeté.

ARNOLPHE.
Comment ! d'un grès ?

HORACE.
D'un grès de taille non petite,
Dont on a par ses mains régalé ma visite.

ARNOLPHE.
Diantre ! ce ne sont pas prunes que cela !
Et je trouve fâcheux l'état où vous voilà.

HORACE.
Il est vrai, je suis mal par ce retour funeste.

ARNOLPHE.
Certes, j'en suis fâché pour vous, je vous proteste.

HORACE
Cet homme me rompt tout.
                    ARNOLPHE.
                    Oui; mais cela n'est rien,
Et de vous raccrocher vous trouverez moyen.
                    HORACE.
Il faut bien essayer, par quelque intelligence,
De vaincre du jaloux l'exacte vigilance.
                    ARNOLPHE.
Cela vous est facile; et la fille, après tout,
Vous aime ?
          HORACE.
          Assurément.
                    ARNOLPHE.
                    Vous en viendrez à bout.
                    HORACE.
Je l'espère.
          ARNOLPHE.
          Le grès vous a mis en déroute ;
Mais cela ne doit pas vous étonner.
               HORACE.
                              Sans doute ;
Et j'ai compris d'abord que mon homme étoit là,
Qui, sans se faire voir, conduisoit tout cela.
Mais ce qui m'a surpris, et qui va vous surprendre,
C'est un autre incident que vous allez entendre ;
Un trait hardi qu'a fait cette jeune beauté,
Et qu'on n'attendroit point de sa simplicité.
Il le faut avouer, l'Amour est un grand maître :
Ce qu'on ne fut jamais, il nous enseigne à l'être ;
Et souvent de nos mœurs l'absolu changement
Devient par ses leçons l'ouvrage d'un moment.
De la nature en nous il force les obstacles,
Et ses effets soudains ont de l'air des miracles.
D'un avare à l'instant il fait un libéral,
Un vaillant d'un poltron, un civil d'un brutal ;
Il rend agile à tout l'âme la plus pesante
Et donne de l'esprit à la plus innocente.
Oui, ce dernier miracle éclate dans Agnès ;
Car, tranchant avec moi par ces termes exprès :
« Retirez-vous, mon âme aux visites renonce ;
« Je sais tous vos discours et voilà ma réponse, »
Cette pierre ou ce grès dont vous vous étonniez,
Avec un mot de lettre est tombée à mes pieds ;

Et j'admire de voir cette lettre ajustée
Avec le sens des mots et la pierre jetée.
D'une telle action n'êtes-vous pas surpris ?
L'Amour sait-il pas l'art d'aiguiser les esprits ?
Et peut-on me nier que ses flammes puissantes
Ne fassent dans un cœur des choses étonnantes ?
Que dites-vous du tour et de ce mot d'écrit ?
Euh ! n'admirez-vous point cette adresse d'esprit ?
Trouvez-vous pas plaisant de voir quel personnage
A joué mon jaloux dans tout ce badinage ?
Dites.
      ARNOLPHE.
 Oui, fort plaisant.
      HORACE.
       Riez-en donc un peu.
    Arnolphe rit d'un air forcé.
Cet homme, gendarmé d'abord contre mon feu,
Qui chez lui se retranche, et de grès fait parade,
Comme si j'y voulois entrer par escalade ;
Qui, pour me repousser, dans son bizarre effroi,
Anime du dedans tous ses gens contre moi,
Et qu'abuse à ses yeux, par sa machine même,
Celle qu'il veut tenir dans l'ignorance extrême !
Pour moi, je vous l'avoue, encor que son retour
En un grand embarras jette ici mon amour,
Je tiens cela plaisant autant qu'on saurait dire :
Je ne puis y songer sans de bon cœur en rire ;
Et vous n'en riez pas assez, à mon avis.
     ARNOLPHE, avec un rire forcé.
Pardonnez-moi, j'en ris tout autant que je puis.
      HORACE.
Mais il faut qu'en ami je vous montre sa lettre.
Tout ce que son cœur sent, sa main a su l'y mettre,
Mais en termes touchants et tout pleins de bonté,
De tendresse innocente et d'ingénuité,
De la manière enfin que la pure nature
Exprime de l'amour la première blessure.
     ARNOLPHE, bas, à part.
Voilà, friponne, à quoi l'écriture te sert ;
Et, contre mon dessein, l'art t'en fut découvert.
      HORACE lit.
 « Je veux vous écrire, et je suis bien en peine par
« où je m'y prendrai. J'ai des pensées que je désire-
« rois que vous sussiez ; mais je ne sais comment
« faire pour vous les dire, et je me défie de mes pa-

« roles. Comme je commence à connoître qu'on m'a
« toujours tenue dans l'ignorance, j'ai peur de mettre
« quelque chose qui ne soit pas bien, et d'en dire
« plus que je ne devrois. En vérité, je ne sais ce que
« vous m'avez fait, mais je sens que je suis fâchée à
« mourir de ce qu'on me fait faire contre vous, que
« j'aurai toutes les peines du monde à me passer de
« vous, et que je serois bien aise d'être à vous. Peut-
« être qu'il y a du mal à dire cela ; mais enfin je ne
« puis m'empêcher de le dire, et je voudrois que cela
« se put faire sans qu'il y en eût. On me dit fort que
« tous les jeunes hommes sont des trompeurs, qu'il
« ne les faut point écouter, et que tout ce que vous
« me dites n'est que pour m'abuser ; mais je vous
« assure que je n'ai pu encore me figurer cela de
« vous, et je suis si touchée de vos paroles, que je
« ne saurois croire qu'elles soient menteuses. Dites-
« moi franchement ce qui en est : car enfin, comme
« je suis sans malice, vous auriez le plus grand tort
« du monde si vous me trompiez ; et je pense que
« j'en mourrois de déplaisir. »

ARNOLPHE, à part.
Hon ! chienne !

HORACE.
Qu'avez-vous ?

ARNOLPHE.
Moi ? rien. C'est que je tousse.

HORACE.
Avez-vous jamais vu d'expression plus douce ?
Malgré les soins maudits d'un injuste pouvoir,
Un plus beau naturel se peut-il faire voir ?
Et n'est-ce pas sans doute un crime punissable,
De gâter méchamment ce fond d'âme admirable ;
D'avoir dans l'ignorance et la stupidité
Voulu de cet esprit étouffer la clarté ?
L'amour a commencé d'en déchirer le voile ;
Et, si par la faveur de quelque bonne étoile,
Je puis, comme j'espère, à ce franc animal,
Ce traître, ce bourreau, ce faquin, ce brutal...

ARNOLPHE.
Adieu.

HORACE.
Comment ! si vite !

ARNOLPHE.
　　　　　　　　Il m'est dans la pensée
Venu tout maintenant une affaire pressée.
　　　　　　　　　HORACE.
Mais ne sauriez-vous point, comme on la tient de près,
Qui dans cette maison pourroit avoir accès ?
J'en use sans scrupule ; et ce n'est pas merveille
Qu'on se puisse, entre amis, servir à la pareille.
Je n'ai plus là-dedans que gens pour m'observer ;
Et servante et valet, que je viens de trouver,
N'ont jamais, de quelque air que je m'y sois pu pu
Adouci leur rudesse à me vouloir entendre. [prendre,
J'avois pour de tels coups certaine vieille en main,
D'un génie, à vrai dire, au-dessus de l'humain :
Elle m'a dans l'abord servi de bonne sorte ;
Mais, depuis quatre jours, la pauvre femme est morte.
Ne me pourriez-vous point ouvrir quelque moyen ?
　　　　　　　　　ARNOLPHE.
Non vraiment, et sans moi vous en trouverez bien.
　　　　　　　　　HORACE.
Adieu donc. Vous voyez ce que je vous confie.

### SCÈNE V
ARNOLPHE, seul.

Comme il faut devant lui que je me mortifie !
Quelle peine à cacher mon déplaisir cuisant !
Quoi ! pour une innocente un esprit si présent !
Elle a feint d'être telle à mes yeux, la traîtresse,
Ou le diable à son âme a soufflé cette adresse,
Enfin, me voilà mort par ce funeste écrit.
Je vois qu'il a, le traître, empaumé son esprit,
Qu'à ma suppression il s'est ancré chez elle ;
Et c'est mon désespoir et ma peine mortelle.
Je souffre doublement dans le vol de son cœur ;
Et l'amour y pâtit aussi bien que l'honneur.
J'enrage de trouver cette place usurpée,
Et j'enrage de voir ma prudence trompée.
Je sais que, pour punir son amour libertin,
Je n'ai qu'à laisser faire à son mauvais destin,
Que je serai vengé d'elle par elle-même :
Mais il est bien fâcheux de perdre ce qu'on aime.
Ciel ! puisque pour un choix j'ai tant philosophé,
Faut-il de ses appas m'être si fort coiffé ?
Elle n'a ni parents, ni support, ni richesse ;
Elle trahit mes soins, mes bontés, ma tendresse :

Et cependant je l'aime, après ce lâche tour,
Jusqu'à ne me pouvoir passer de cet amour.
Sot, n'as-tu point de honte? Ah! je crève, j'enrage,
Et je souffletterois mille fois mon visage!
Je veux entrer un peu, mais seulement pour voir
Quelle est sa contenance après un trait si noir.
Ciel! faites que mon front soit exempt de disgrâce;
Ou bien, s'il est écrit qu'il faille que j'y passe,
Donnez-moi tout au moins, pour de tels accidents,
La constance qu'on voit à de certaines gens!

# ACTE QUATRIÈME
## SCÈNE I
### ARNOLPHE, seul.

J'ai peine, je l'avoue, à demeurer en place,
Et de mille soucis mon esprit s'embarrasse,
Pour pouvoir mettre un ordre et dedans et dehors,
Qui du godelureau rompe tous les efforts.
De quel œil la traîtresse a soutenu ma vue!
De tout ce qu'elle a fait elle n'est point émue;
Et, bien qu'elle me mette à deux doigts du trépas,
On diroit, à la voir, qu'elle n'y touche pas.
Plus, en la regardant, je la voyois tranquille,
Plus je sentois en moi s'échauffer une bile;
Et ces bouillants transports dont s'enflammoit mon cœur
Y sembloient redoubler mon amoureuse ardeur.
J'étois aigri, fâché, désespéré contre elle;
Et cependant jamais je ne la vis si belle,
Jamais ses yeux aux miens n'ont paru si perçants,
Jamais je n'eus pour eux des désirs si pressants;
Et je sens là dedans qu'il faudra que je crève,
Si de mon triste sort la disgrâce s'achève.
Quoi! j'aurai dirigé son éducation
Avec tant de tendresse et de précaution;
Je l'aurai fait passer chez moi dès son enfance,
Et j'en aurai chéri la plus tendre espérance;
Mon cœur aura bâti sur ses attraits naissants,
Et cru la mitonner pour moi durant treize ans,
Afin qu'un jeune fou dont elle s'amourache
Me la vienne enlever jusque sur la moustache,
Lorsqu'elle est avec moi mariée à demi!
Non, parbleu! non parbleu! Petit sot, mon ami,
Vous aurez beau tourner, ou j'y perdrai mes peines,

# L'ÉCOLE DES FEMMES

Ou je rendrai, ma foi, vos espérances vaines,
Et de moi tout à fait vous ne vous rirez point.

## SCÈNE II
### UN NOTAIRE, ARNOLPHE.

LE NOTAIRE.

Ah ! le voilà ! Bonjour. Me voici tout à point
Pour dresser le contrat que vous souhaitez faire.

ARNOLPHE, se croyant seul, et sans voir ni entendre le notaire.

Comment faire ?

LE NOTAIRE.

Il le faut dans la forme ordinaire.

ARNOLPHE, se croyant seul.

A mes précautions je veux songer de près.

LE NOTAIRE.

Je ne passerai rien contre vos intérêts.

ARNOLPHE, se croyant seul.

Il se faut garantir de toutes les surprises.

LE NOTAIRE.

Suffit qu'entre mes mains vos affaires soient mises.
Il ne vous faudra point, de peur d'être déçu,
Quittancer le contrat que vous n'ayez reçu.

ARNOLPHE, se croyant seul.

J'ai peur, si je vais faire éclater quelque chose,
Que de cet incident par la ville on ne cause.

LE NOTAIRE.

Eh bien, il est aisé d'empêcher cet éclat,
Et l'on peut en secret faire votre contrat.

ARNOLPHE, se croyant seul.

Mais comment faudra-t-il qu'avec elle j'en sorte ?

LE NOTAIRE.

Le douaire se règle au bien qu'on vous apporte,

ARNOLPHE, se croyant seul.

Je l'aime, et cet amour est mon grand embarras.

LE NOTAIRE.

On peut avantager une femme en ce cas.

ARNOLPHE, se croyant seul.

Quel traitement lui faire en pareille aventure ?

LE NOTAIRE.

L'ordre est que le futur doit douer la future
Du tiers du dot qu'elle a ; mais cet ordre n'est rien,
Et l'on va plus avant lorsque l'on le veut bien.

ARNOLPHE, se croyant seul.

Si...
Il aperçoit le notaire.

LE NOTAIRE.

Pour le préciput, il les regarde ensemble.
Je dis que le futur peut, comme bon lui semble,
Douer la future.

ARNOLPHE.

Hé ?

LE NOTAIRE.

Il peut l'avantager
Lorsqu'il l'aime beaucoup et qu'il veut l'obliger ;
Et cela par douaire, ou préfix qu'on appelle,
Qui demeure perdu par le trépas d'icelle ;
Ou sans retour, qui va de ladite à ses hoirs ;
Ou coutumier, selon les différents vouloirs ;
Ou par donation dans le contrat formelle,
Qu'on fait ou pure ou simple, ou qu'on fait mutuelle.
Pourquoi hausser le dos ? Est-ce qu'on parle en fat,
Et que l'on ne sait pas les formes d'un contrat ?
Qui me les apprendra ? personne, je présume.
Sais-je pas qu'étant joints on est par la coutume
Communs en meubles, biens, immeubles et conquets,
A moins que par un acte on n'y renonce exprès ?
Sais-je pas que le tiers du bien de la future
Entre en communauté pour...

ARNOLPHE.

Oui, c'est chose sûre,
Vous savez tout cela ; mais qui vous en dit mot ?

LE NOTAIRE.

Vous, qui me prétendez faire passer pour sot,
En me haussant l'épaule et faisant la grimace.

ARNOLPHE.

La peste soit fait l'homme, et sa chienne de face !
Adieu. C'est le moyen de vous faire finir.

LE NOTAIRE.

Pour dresser un contrat m'a-t-on pas fait venir ?

ARNOLPHE.

Oui, je vous ai mandé ; mais la chose est remise,
Et l'on vous mandera quand l'heure sera prise.
Voyez quel diable d'homme avec son entretien !

LE NOTAIRE, seul.

Je pense qu'il en tient ; et je crois penser bien.

## SCÈNE III
#### LE NOTAIRE, ALAIN, GEORGETTE.
LE NOTAIRE, allant au-devant d'Alain et de Georgette.
M'êtes-vous pas venu quérir pour votre maître ?
###### ALAIN.
Oui.
###### LE NOTAIRE.
J'ignore pour qui vous le pouvez connoître ;
Mais allez de ma part lui dire de ce pas
Que c'est un fou fieffé.
###### GEORGETTE.
Nous n'y manquerons pas.
## SCÈNE IV
#### ARNOLPHE ALAIN, GEORGETTE.
###### ALAIN.
Monsieur...
###### ARNOLPHE.
Approchez-vous ; vous êtes mes fidèles,
Mes bons, mais vrais amis ; et j'en sais des nouvelles.
###### ALAIN.
Le notaire...
###### ARNOLPHE.
Laissons, c'est pour quelque autre jour.
On veut à mon honneur jouer un mauvais tour ;
Et quel affront pour vous, mes enfants, pourroit-ce être,
Si l'on avoit ôté l'honneur à votre maître !
Vous n'oseriez après paroître en nul endroit ;
Et chacun, vous voyant, vous montreroit au doigt.
Donc, puisque autant que moi l'affaire vous regarde,
Il faut de votre part faire une telle garde,
Que ce galant ne puisse en aucune façon...
###### GEORGETTE.
Vous nous avez tantôt montré notre leçon.
###### ARNOLPHE.
Mais à ses beaux discours gardez bien de vous rendre
###### ALAIN.
Oh ! vraiment...
###### GEORGETTE.
Nous savons comme il faut s'en défendre.
###### ARNOLPHE.
S'il venoit doucement : Alain, mon pauvre cœur,
Par un peu de secours soulage ma langueur.
###### ALAIN.
Vous êtes un sot.

ARNOLPHE.
*A Georgette.*
Bon. Georgette, ma mignonne,
Tu me parois si douce et si bonne personne...
GEORGETTE.
Vous êtes un nigaud.
ARNOLPHE.
*A Alain.*
Bon. Quel mal trouves-tu
Dans un dessein honnête et tout plein de vertu ?
ALAIN.
Vous êtes un fripon.
ARNOLPHE.
*A Georgette.*
Fort bien. Ma mort est sûre,
Si tu ne prends pitié des peines que j'endure.
GEORGETTE.
Vous êtes un benêt, un impudent.
ARNOLPHE.
Fort bien.
*A Alain.*
Je ne suis pas un homme à vouloir rien pour rien ;
Je sais, quand on me sert, en garder la mémoire :
Cependant, par avance, Alain voilà pour boire ;
Et voilà pour t'avoir, Georgette, un cotillon.
*Ils tendent tous deux la main, et prennent l'argent.*
Ce n'est de mes bienfaits qu'un simple échantillon.
Toute la courtoisie enfin dont je vous presse.
C'est que je puisse voir votre belle maîtresse.
GEORGETTE, *le poussant.*
A d'autres !
ARNOLPHE.
Bon cela.
ALAIN, *le poussant.*
Hors d'ici !
ARNOLPHE.
Bon.
GEORGETTE, *le poussant.*
Mais tôt ?
ARNOLPHE.
Bon. Holà ! c'est assez.
GEORGETTE.
Fais-je pas comme il faut ?
ALAIN.
Est-ce de la façon que vous voulez l'entendre ?

ARNOLPHE.
Oui, fort bien, hors l'argent qu'il ne falloit pas prendre.
GEORGETTE.
Nous ne nous sommes pas souvenus de ce point.
ALAIN.
Voulez-vous qu'à l'instant nous recommencions ?
ARNOLPHE.
Point.
Suffit. Rentrez tous deux.
ALAIN.
Vous n'avez rien qu'à dire.
ARNOLPHE.
Non, vous dis-je ; rentrez, puisque je le désire ;
Je vous laisse l'argent. Allez : je vous rejoins.
Ayez bien l'œil à tout, et secondez mes soins.

### SCÈNE V

ARNOLPHE, seul.

Je veux pour espion qui soit d'exacte vue
Prendre le savetier du coin de notre rue.
Dans la maison toujours je prétends la tenir,
Y faire bonne garde, et surtout en bannir
Vendeuses de rubans, perruquières, coiffeuses,
Faiseuses de mouchoirs, gantières, revendeuses,
Tous ces gens qui sous main travaillent chaque jour
A faire réussir les mystères d'amour.
Enfin j'ai vu le monde, et j'en sais les finesses.
Il faudra que mon homme ait de grandes adresses,
Si message ou poulet de sa part peut entrer.

### SCÈNE VI

HORACE, ARNOLPHE.

HORACE.

La place m'est heureuse à vous y rencontrer.
Je viens de l'échapper bien belle, je vous jure.
Au sortir d'avec vous, sans prévoir l'aventure,
Seule dans son balcon j'ai vu paroître Agnès,
Qui des arbres prochains prenoit un peu le frais.
Après m'avoir fait signe, elle a su faire en sorte,
Descendant au jardin, de m'en ouvrir la porte ;
Mais à peine tous deux dans sa chambre étions-nous,
Qu'elle a sur les degrés entendu son jaloux ;
Et tout ce qu'elle a pu, dans un tel accessoire,
C'est de me renfermer dans une grande armoire.
Il est entré d'abord : je ne le voyois pas,
Mais je l'oyois marcher, sans rien dire, à grands pas,

Poussant de temps en temps des soupirs pitoyables,
Et donnant quelquefois de grands coups sur les tables,
Frappant un petit chien qui pour lui s'émouvoit,
Et jetant brusquement les hardes qu'il trouvoit.
Il a même cassé, d'une main mutinée,
Des vases dont la belle ornoit sa cheminée ;
Et sans doute il faut bien qu'à ce becque cornu
Du trait qu'elle a joué quelque jour soit venu.
Enfin, après cent tours, ayant de la manière
Sur ce qui n'en peut mais déchargé sa colère,
Mon jaloux inquiet, sans dire son ennui,
Est sorti de la chambre, et moi de mon étui.
Nous n'avons point voulu, de peur du personnage,
Risquer à nous tenir ensemble davantage :
C'étoit trop hasarder ; mais je dois, cette nuit,
Dans sa chambre un peu tard. m'introduire sans bruit·
En toussant par trois fois je me ferai connoître ;
Et je dois au signal voir ouvrir la fenêtre,
Dont, avec une échelle, et secondé d'Agnès,
Mon amour tâchera de me gagner l'accès.
Comme à mon seul ami je veux bien vous l'apprendre.
L'allégresse du cœur s'augmente à la répandre ;
Et goûtât-on cent fois un bonheur tout parfait.
On n'en est pas content si quelqu'un ne le sait.
Vous prendrez part, je pense, à l'heur de mes affaires.
Adieu. Je vais songer aux choses nécessaires.

## SCÈNE VII

### ARNOLPHE, seul.

Quoi ! l'astre qui s'obstine à me désespérer
Ne me donnera pas le temps de respirer !
Coup sur coup je verrai, par leur intelligence,
De mes soins vigilants confondre la prudence !
Et je serai la dupe, en ma maturité,
D'une jeune innocente et d'un jeune éventé !
En sage philosophe on m'a vu, vingt années,
Contempler des maris les tristes destinées,
Et m'instruire avec soin de tous les accidents
Qui font dans le malheur tomber les plus prudents :
Des disgrâces d'autrui profitant dans mon âme,
J'ai cherché les moyens, voulant prendre une femme,
De pouvoir garantir mon front de tous affronts,
Et le tirer de pair d'avec les autres fronts ;
Pour ce noble dessein, j'ai cru mettre en pratique
Tout ce que peut trouver l'humaine politique :

Et, comme si du sort il étoit arrêté
Que nul homme ici-bas n'en seroit exempté,
Après l'expérience et toutes les lumières
Que j'ai pu m'acquérir sur de telles matières,
Après vingt ans et plus de méditation
Pour me conduire en tout avec précaution,
De tant d'autres maris j'aurois quitté la trace,
Pour me trouver après dans la même disgrâce !
Ah ! bourreau de Destin, vous en aurez menti.
De l'objet qu'on poursuit je suis encor nanti :
Si son cœur m'est volé par ce blondin funeste,
J'empêcherai du moins qu'on s'empare du reste
Et cette nuit qu'on prend pour ce galant exploit
Ne se passera pas si doucement qu'on croit.
Ce m'est quelque plaisir, parmi tant de tristesse,
Que l'on me donne avis du piége qu'on me dresse,
Et que cet étourdi, qui veut m'être fatal,
Fasse son confident de son propre rival.

## SCÈNE VIII

CHRYSALDE, ARNOLPHE.

CHRYSALDE.
Eh bien, souperons-nous avant la promenade ?
ARNOLPHE.
Non. Je jeûne ce soir.
CHRYSALDE.
          D'où vient cette boutade ?
ARNOLPHE.
De grâce, excusez-moi, j'ai quelque autre embarras.
CHRYSALDE.
Votre hymen résolu ne se fera-t-il pas ?
ARNOLPHE.
C'est trop s'inquiéter des affaires des autres.
CHRYSALDE.
Oh ! oh ! si brusquement ! quels chagrins sont les vô-
Serait-il point, compère, à votre passion          [tres !
Arrivé quelque peu de tribulation ?
Je le jurerois presque, à voir votre visage.
ARNOLPHE.
Quoi qu'il m'arrive, au moins aurai-je l'avantage
De ne pas ressembler à de certaines gens
Qui souffrent doucement l'approche des galants.
CHRYSALDE.
C'est un étrange fait, qu'avec tant de lumières

Vous vous effarouchiez toujours sur ces matières,
Qu'en cela vous mettiez le souverain bonheur,
Et ne conceviez point au monde d'autre honneur.
Être avare, brutal, fourbe, méchant et lâche,
N'est rien, à votre avis, auprès de cette tache ;
Et, de quelque façon qu'on puisse avoir vécu,
On est homme d'honneur quand on n'est point cocu.
A le bien prendre au fond, pourquoi voulez-vous croire
Que de ce cas fortuit dépende notre gloire,
Et qu'une âme bien née ait à se reprocher
L'injustice d'un mal qu'on ne peut empêcher ?
Pourquoi voulez-vous, dis-je, en prenant une femme
Qu'on soit digne, à son choix, de louange ou de blâme,
Et qu'on s'aille former un monstre plein d'effroi
De l'affront que nous fait son manquement de foi ?
Mettez-vous dans l'esprit qu'on peut du cocuage
Se faire en galant homme une plus douce image ;
Que, des coups du hasard aucun n'étant garant,
Cet accident de soi doit être indifférent,
Et, qu'enfin tout le mal, quoique le monde glose,
N'est que dans la façon de recevoir la chose :
Et, pour se bien conduire en ces difficultés,
Il y faut, comme en tout, fuir les extrémités,
N'imiter pas ces gens un peu trop débonnaires
Qui tirent vanité de ces sortes d'affaires,
De leurs femmes toujours vont citant les galants,
En font partout l'éloge et prônent leurs talents,
Témoignent avec eux d'étroites sympathies,
Sont de tous leurs cadeaux, de toutes leurs parties,
Et font qu'avec raison les gens sont étonnés
De voir leur hardiesse à montrer là leur nez.
Ce procédé, sans doute, est tout à fait blâmable ;
Mais l'autre extrémité n'est pas moins condamnable.
Si je n'approuve pas ces amis des galants,
Je ne suis pas aussi pour ces gens turbulents
Dont l'imprudent chagrin, qui tempête et qui gronde,
Attire au bruit qu'il fait les yeux de tout le monde,
Et qui, par cet éclat, semblent ne pas vouloir
Qu'aucun puisse ignorer ce qu'ils peuvent avoir.
Entre ces deux partis, il en est un honnête,
Où dans l'occasion, l'homme prudent s'arrête ;
Et, quand on le sait prendre, on n'a point à rougir
Du pis dont une femme avec nous puisse agir.
Quoi qu'on en puisse dire enfin, le cocuage
Sous des traits moins affreux aisément s'envisage ;

Et, comme je vous dis, toute l'habileté
Ne va qu'à le savoir tourner du bon côté.
####### ARNOLPHE.
Après ce beau discours, toute la confrérie
Doit un remercîment à votre seigneurie ;
Et quiconque voudra vous entendre parler
Montrera de la joie à s'y voir enrôler.
####### CHRYSALDE.
Je ne dis pas cela, car c'est ce que je blâme :
Mais, comme c'est le sort qui nous donne une femme
Je dis que l'on doit faire ainsi qu'au jeu de dés,
Où, s'il ne vous vient pas ce que vous demandez,
Il faut jouer d'adresse, et, d'une âme réduite.
Corriger le hasard par la bonne conduite.
####### ARNOLPHE.
C'est-à-dire dormir et manger toujours bien,
Et se persuader que tout cela n'est rien.
####### CHRYSALDE.
Vous pensez vous moquer ; mais à ne vous rien feindre,
Dans le monde je vois cent choses plus à craindre,
Et dont je me ferois un bien plus grand malheur
Que de cet accident qui vous fait tant de peur.
Pensez-vous qu'à choisir de deux choses prescrites,
Je n'aimasse pas mieux être ce que vous dites
Que de me voir mari de ces femmes de bien
Dont la mauvaise humeur fait un procès sur rien,
Ces dragons de vertu, ces honnêtes diablesses,
Se retranchant toujours sur leurs sages prouesses,
Qui pour un petit tort qu'elles ne nous font pas,
Prennent droit de traiter les gens de haut en bas,
Et veulent, sur le pied de nous être fidèles,
Que nous soyons tenus de tout endurer d'elles ?
Encore un coup, compère, apprenez qu'en effet
Le cocuage n'est que ce que l'on le fait ;
Qu'on peut le souhaiter pour de certaines causes,
Et, qu'il a ses plaisirs comme les autres choses.
####### ARNOLPHE.
Si vous êtes d'humeur à vous en contenter,
Quant à moi, ce n'est pas la mienne d'en tâter ;
Et, plutôt que subir une telle aventure...
####### CHRYSALDE.
Mon Dieu ! ne jurez point, de peur d'être parjure.
Si le sort l'a réglé, vos soins sont superflus,
Et l'on ne prendra pas votre avis là-dessus.

ARNOLPHE.

Moi, je serois cocu?

CHRYSALDE.

Vous voilà bien malade !
Mille gens le sont bien, sans vous faire bravade,
Qui de mine, de cœur, de biens et de maison,
Ne feroient avec vous nulle comparaison.

ARNOLPHE.

Et moi, je n'en voudrois avec eux faire aucune.
Mais cette raillerie, en un mot, m'importune ;
Brisons là, s'il vous plaît.

CHRYSALDE.

Vous êtes en courroux !
Nous en saurons la cause. Adieu. Souvenez-vous,
Quoi que sur ce sujet votre honneur vous inspire,
Que c'est être à demi ce que l'on vient de dire
Que de vouloir jurer qu'on ne le sera pas.

ARNOLPHE.

Moi, je le jure encore, et je vais de ce pas
Contre cet accident trouver un bon remède.

Il court heurter à sa porte.

## SCÈNE IX

ARNOLPHE, ALAIN, GEORGETTE.

ARNOLPHE.

Mes amis, c'est ici que j'implore votre aide.
Je suis édifié de votre affection ;
Mais il faut qu'elle éclate en cette occasion ;
Et, si vous m'y servez selon ma confiance,
Vous êtes assurés de votre récompense.
L'homme que vous savez (n'en faites point de bruit)
Veut, comme je l'ai su, m'attraper cette nuit,
Dans la chambre d'Agnès entrer par escalade ;
Mais il lui faut, nous trois, dresser une embuscade.
Je veux que vous preniez chacun un bon bâton,
Et, quand il sera près du dernier échelon
(Car dans le temps qu'il faut j'ouvrirai la fenêtre),
Que tous deux à l'envi vous me chargiez ce traître,
Mais d'un air dont son dos garde le souvenir,
Et qui lui puisse apprendre à n'y plus revenir ;
Sans me nommer pourtant en aucune manière,
Ni faire aucun semblant que je serai derrière.
Aurez-vous bien l'esprit de servir mon courroux ?

ALAIN.
S'il ne tient qu'à frapper, mon Dieu! tout est à nous.
Vous verrez, quand je bats, si j'y vais de main morte.
GEORGETTE.
La mienne, quoique aux yeux elle semble moins forte,
N'en quitte pas sa part à le bien étriller.
ARNOLPHE.
Rentrez donc; et surtout gardez de babiller.
Seul.
Voilà pour le prochain une leçon utile;
Et si tous les maris qui sont en cette ville
De leurs femmes ainsi recevoient le galant,
Le nombre des cocus ne seroit pas si grand.

## ACTE CINQUIÈME
### SCÈNE I
ARNOLPHE, ALAIN, GEORGETTE.
ARNOLPHE.
Traîtres ! qu'avez-vous fait par cette violence !
ALAIN.
Nous vous avons rendu, monsieur, obéissance.
ARNOLPHE.
De cette excuse en vain vous voulez vous armer;
L'ordre étoit de le battre, et non de l'assommer;
Et c'étoit sur le dos, et non pas sur la tête,
Que j'avois commandé qu'on fit choir la tempête
Ciel ! dans quel accident me jette ici le sort !
Et que puis-je résoudre à voir cet homme mort ?
Rentrez dans la maison, et gardez de rien dire
De cet ordre innocent que j'ai pu vous prescrire.
Seul.
Le jour s'en va paroître, et je vais consulter
Comment dans ce malheur je me dois comporter.
Hélas ! que deviendrai-je ? et que dira le père,
Lorsque inopinément il saura cette affaire ?

### SCÈNE II
HORACE, ARNOLPHE.
HORACE, à part.
Il faut que j'aille un peu reconnoître qui c'est.
ARNOLPHE, se croyant seul.
Eût-on jamais prévu...
Heurté par Horace, qu'il ne reconnoit pas.
Qui va là, s'il vous plaît ?

HORACE.
C'est vous, seigneur Arnolphe?
ARNOLPHE.
Oui. Mais vous ?
HORACE.
C'est Horace.
Je m'en allois chez vous vous prier d'une grâce.
Vous sortez bien matin ?
ARNOLPHE.
Quelle confusion !
Est-ce un enchantement ? est-ce une illusion ?
HORACE.
J'étois, à dire vrai, dans une grande peine ;
Et je bénis du ciel la bonté souveraine
Qui fait qu'à point nommé je vous rencontre ainsi.
Je viens vous avertir que tout a réussi,
Et même beaucoup plus que je n'eusse osé dire,
Et par un incident qui devoit tout détruire.
Je ne sais point par où l'on a pu soupçonner
Cette assignation qu'on m'avoit su donner ;
Mais, étant sur le point d'atteindre à la fenêtre,
J'ai, contre mon espoir, vu quelques gens paroître,
Qui, sur moi brusquement levant chacun le bras,
M'ont fait manquer le pied et tomber jusqu'en bas,
Et ma chute, aux dépens de quelque meurtrissure,
De vingt coups de bâton m'a sauvé l'aventure.
Ces gens-là, dont étoit, je pense, mon jaloux,
Ont imputé ma chute à l'effort de leurs coups ;
Et, comme la douleur, un assez long espace,
M'a fait sans remuer demeurer sur la place,
Ils ont cru tout de bon qu'ils m'avoient assommé,
Et chacun d'eux s'en est aussitôt alarmé.
J'entendois tout leur bruit dans le profond silence ;
L'un l'autre ils s'accusoient de cette violence ;
Et, sans lumière aucune, en querellant le sort,
Sont venus doucement tâter si j'étois mort.
Je vous laisse à penser si, dans la nuit obscure,
J'ai d'un vrai trépassé su tenir la figure.
Ils se sont retirés avec beaucoup d'effroi ;
Et, comme je songeois à me retirer, moi,
De cette feinte mort la jeune Agnès émue
Avec empressement est devers moi venue ;
Car les discours qu'entre eux ces gens avoient tenus
Jusques à son oreille étoient d'abord venus ;

Et, pendant tout ce trouble, étant moins observée,
Du logis aisément elle s'étoit sauvée;
Mais, me trouvant sans mal, elle a fait éclater
Un transport difficile à bien représenter.
Que vous dirai-je enfin ? Cette aimable personne
A suivi les conseils que son amour lui donne,
N'a plus voulu songer à retourner chez soi,
Et de tout son destin s'est commise à ma foi.
Considérez un peu, par ce trait d'innocence,
Où l'expose d'un fou la haute impertinence,
Et quels fâcheux périls elle pourroit courir,
Si j'étois maintenant homme à la moins chérir.
Mais d'un trop pur amour mon âme est embrasée;
J'aimerois mieux mourir que l'avoir abusée :
Je lui vois des appats dignes d'un autre sort,
Et rien ne m'en sauroit séparer que la mort.
Je prévois là-dessous l'emportement d'un père ;
Mais nous prendrons le temps d'apaiser sa colère.
A des charmes si doux je me laisse emporter,
Et dans la vie enfin il se faut contenter.
Ce que je veux de vous, sous un secret fidèle,
C'est que je puisse mettre en vos mains cette belle;
Que dans votre maison, en faveur de mes feux,
Vous lui donniez retraite au moins un jour ou deux.
Outre qu'aux yeux du monde il faut cacher sa fuite,
Et qu'on en pourroit faire une exacte poursuite,
Vous savez qu'une fille aussi de sa façon
Donne avec un jeune homme un étrange soupçon ;
Et, comme c'est à vous, sûr de votre prudence,
Que j'ai fait de mes feux entière confidence,
C'est à vous seul aussi, comme ami généreux,
Que je puis confier ce dépôt amoureux.

ARNOLPHE.

Je suis, n'en doutez point, tout à votre service.

HORACE.

Vous voulez bien me rendre un si charmant office?

ARNOLPHE.

Très-volontiers, vous dis-je ; et je me sens ravir
De cette occasion que j'ai de vous servir.
Je rends grâces au ciel de ce qu'il me l'envoie,
Et n'ai jamais rien fait avec si grande joie.

HORACE.

Que je suis redevable à toutes vos bontés!
J'avois de votre part craint des difficultés;

Mais vous êtes du monde, et, dans votre sagesse,
Vous savez excuser le feu de la jeunesse.
Un de mes gens la garde au coin de ce détour.
#### ARNOLPHE.
Mais comment ferons-nous ? car il fait un peu jour.
Si je la prends ici, l'on me verra peut-être ;
Et, s'il faut que chez moi vous veniez à paroître,
Des valets causeront. Pour jouer au plus sûr,
Il faut me l'amener dans un lieu plus obscur.
Mon allée est commode, et je l'y vais attendre.
#### HORACE
Ce sont précautions qu'il est fort bon de prendre.
Pour moi, je ne ferai que vous la mettre en main,
Et chez moi sans éclat je retourne soudain.
#### ARNOLPHE, seul.
Ah ! fortune, ce trait d'aventure propice
Répare tous les maux que m'a fait ton caprice.
*Il s'enveloppe le nez de son manteau.*

### SCÈNE III
AGNÈS, ARNOLPHE, HORACE.
#### HORACE, à Agnès.
Ne soyez point en peine où je vais vous mener ;
C'est un logement sûr que je vous fais donner.
Vous loger avec moi, ce seroit tout détruire :
Entrez dans cette porte et laissez-vous conduire.
*Arnolphe lui prend la main sans qu'elle le reconnoisse.*
#### AGNÈS, à Horace.
Pourquoi me quittez-vous ?
#### HORACE.
    Chère Agnès, il le faut.
#### AGNÈS.
Songez donc, je vous prie, à revenir bientôt.
#### HORACE.
J'en suis assez pressé par ma flamme amoureuse.
#### AGNÈS.
Quand je ne vous vois point, je ne suis point joyeuse.
#### HORACE.
Hors de votre présence on me voit triste aussi.
#### AGNÈS.
Hélas ! s'il étoit vrai, vous resteriez ici.
#### HORACE.
Quoi ! vous pourriez douter de mon amour extrême ?
#### AGNÈS.
Non, vous ne m'aimez pas autant que je vous aime.

*Arnolphe la tire.*
Ah ! l'on me tire trop.
####### HORACE.
####### C'est qu'il est dangereux,
Chère Agnès, qu'en ce lieu nous soyons vus tous deux ;
Et ce parfait ami de qui la main vous presse
Suit le zèle prudent qui pour nous l'intéresse.
####### AGNÈS.
Mais suivre un inconnu que...
####### HORACE.
####### N'appréhendez rien :
Entre de telles mains vous ne serez que bien.
####### AGNÈS.
Je me trouverois mieux entre celles d'Horace,
Et j'aurois...
*A Arnolphe qui la tire encore.*
Attendez.
####### HORACE.
####### Adieu. Le jour me chasse.
####### AGNÈS.
Quand vous verrai-je donc ?
####### HORACE.
####### Bientôt, assurément.
####### AGNÈS.
Que je vais m'ennuyer jusques à ce moment !
####### HORACE, *en s'en allant.*
Grâce au ciel, mon bonheur n'est plus en concurrence,
Et je puis maintenant dormir en assurance.

## SCÈNE IV
####### ARNOLPHE, AGNÈS.
ARNOLPHE, *caché dans son manteau, et déguisant sa voix.*
Venez, ce n'est pas là que je vous logerai,
Et votre gîte ailleurs est par moi préparé.
Je prétends en lieu sûr mettre votre personne.
*Se faisant connoître.*
Me connoissez-vous ?
####### AGNÈS.
Hai !
####### ARNOLPHE.
####### Mon visage, friponne,
Dans cette occasion rend vos sens effrayés,
Et c'est à contre-cœur qu'ici vous me voyez ;
Je trouble en ses projets l'amour qui vous possède.
*Agnès regarde si elle ne verra point Horace.*

N'appelez point des yeux le galant à votre aide ;
Il est trop éloigné pour vous donner secours.
Ah ! ah ! si jeune encor, vous jouez de ces tours !
Votre simplicité, qui semble sans pareille,
Demande si l'on fait les enfants par l'oreille ;
Et vous savez donner des rendez-vous la nuit,
Et pour suivre un galant vous évader sans bruit !
Tudieu ! comme avec lui votre langue cajole !
Il faut qu'on vous ait mise à quelque bonne école !
Qui diantre tout d'un coup vous en a tant appris ?
Vous ne craignez donc plus de trouver des esprits ?
Et ce galant, la nuit, vous a donc enhardie !
Ah ! coquine, en venir à cette perfidie !
Malgré tous mes bienfaits former un tel dessein !
Petit serpent que j'ai réchauffé dans mon sein,
Et qui, dès qu'il se sent, par une humeur ingrate
Cherche à faire du mal à celui qui le flatte !

AGNÈS.

Pourquoi me criez-vous ?

ARNOLPHE.

J'ai grand tort en effet !

AGNÈS.

Je n'entends point de mal dans tout ce que j'ai fait.

ARNOLPHE.

Suivre un galant n'est pas une action infâme ?

AGNÈS.

C'est un homme qui dit qu'il me veut pour sa femme :
J'ai suivi vos leçons, et vous m'avez prêché
Qu'il se faut marier pour ôter le péché !

ARNOLPHE.

Oui. Mais pour femme, moi, je prétendois vous prendre ;
Et je vous l'avois fait, me semble, assez entendre.

AGNÈS.

Oui. Mais à vous parler franchement, entre nous,
Il est plus pour cela selon mon goût que vous.
Chez vous le mariage est fâcheux et pénible,
Et vos discours en font une image terrible ;
Mais, las ! il le fait, lui, si rempli de plaisirs,
Que de se marier il donne des désirs.

ARNOLPHE.

Ah ! c'est que vous l'aimez, traîtresse !

AGNÈS.

Oui, je l'aime.

ARNOLPHE.
Et vous avez le front de le dire à moi-même!
AGNÈS.
Et pourquoi, s'il est vrai, ne le dirois-je pas?
ARNOLPHE.
Le deviez-vous aimer, impertinente?
AGNÈS.
Hélas!
Est-ce que j'en puis mais? Lui seul en est la cause;
Et je n'y songeois pas lorsque se fit la chose.
ARNOLPHE.
Mais il falloit chasser cet amoureux désir.
AGNÈS.
Le moyen de chasser ce qui fait du plaisir!
ARNOLPHE.
Et ne savez-vous pas que c'étoit me déplaire?
AGNÈS.
Moi? point du tout. Quel mal cela vous peut-il faire?
ARNOLPHE.
Il est vrai, j'ai sujet d'en être réjoui!
Vous ne m'aimez donc pas, à ce compte?
AGNÈS.
Vous?
ARNOLPHE.
Oui.
AGNÈS.
Hélas! non.
ARNOLPHE.
Comment, non!
AGNÈS.
Voulez-vous que je mente?
ARNOLPHE.
Pourquoi ne m'aimer pas, madame l'impudente?
AGNÈS.
Mon Dieu! ce n'est pas moi que vous devez blâmer:
Que ne vous êtes-vous, comme lui, fait aimer?
Je ne vous en ai pas empêché, que je pense.
ARNOLPHE.
Je m'y suis efforcé de toute ma puissance;
Mais les soins que j'ai pris, je les ai perdus tous.
AGNÈS.
Vraiment, il en sait donc là-dessus plus que vous;
Car à se faire aimer il n'a point eu de peine.

ARNOLPHE, à part.
Voyez comme raisonne et répond la vilaine !
Peste ! une précieuse en diroit-elle plus ?
Ah ! je l'ai mal connue; ou, ma foi, là-dessus,
Une sotte en sait plus que le plus habile homme.
A Agnès.
Puisqu'en raisonnements votre esprit se consomme,
La belle raisonneuse, est-ce qu'un si long temps
Je vous aurai pour lui nourrie à mes dépens ?

AGNÈS.
Non. Il vous rendra tout jusques au dernier double.

ARNOLPHE, bas, à part.
Elle a de certains mots où mon dépit redouble.
Haut.
Me rendra-t-il, coquine, avec tout son pouvoir,
Les obligations que vous pouvez m'avoir ?

AGNÈS.
Je ne vous en ai pas de si grandes qu'on pense.

ARNOLPHE.
N'est-ce rien que les soins d'élever votre enfance ?

AGNÈS.
Vous avez là dedans bien opéré vraiment,
Et m'avez fait en tout instruire joliment !
Croit-on que je me flatte, et qu'enfin, dans ma tête,
Je ne juge pas bien que je suis une bête ?
Moi-même j'en ai honte; et, dans l'âge où je suis,
Je ne veux plus passer pour sotte, si je puis.

ARNOLPHE.
Vous fuyez l'ignorance, et voulez, quoi qu'il coûte,
Apprendre du blondin quelque chose

AGNÈS.
Sans doute,
C'est de lui que je sais ce que je puis savoir
Et beaucoup plus qu'à vous je pense lui devoir.

ARNOLPHE.
Je ne sais qui me tient qu'avec une gourmade
Ma main de ce discours ne venge la bravade.
J'enrage quand je vois sa piquante froideur;
Et quelques coups de poing satisferoient mon cœur.

AGNÈS.
Hélas ! vous le pouvez, si cela peut vous plaire.

ARNOLPHE, à part.
Ce mot et ce regard désarme ma colère,
Et produit un retour de tendresse de cœur

Qui de son action efface la noirceur.
Chose étrange d'aimer, et que, pour ces traîtresses,
Les hommes soient sujets à de telles foiblesses ?
Tout le monde connoît leur imperfection ;
Ce n'est qu'extravagance et qu'indiscrétion ;
Leur esprit est méchant, et leur âme fragile ;
Il n'est rien de plus foible et de plus imbécile,
Rien de plus infidèle : et, malgré tout cela,
Dans le monde on fait tout pour ces animaux-!à.
> A Agnès.

Eh bien, faisons la paix. Va, petite traîtresse,
Je te pardonne tout, et te rends ma tendresse ;
Considère par là l'amour que j'ai pour toi,
Et, me voyant si bon, en revanche aime-moi.

AGNÈS.

Du meilleur de mon cœur je voudrois vous complaire :
Que me coûteroit-il, si je le pouvois faire ?

ARNOLPHE.

Mon pauvre petit cœur, tu le peux si tu veux.
Écoute seulement ce soupir amoureux,
Vois ce regard mourant, contemple ma personne,
Et quitte ce morveux et l'amour qu'il te donne.
C'est quelque sort qu'il faut qu'il ait jeté sur toi.
Et tu seras cent fois plus heureuse avec moi.
Ta forte passion est d'être brave et leste,
Tu le seras toujours, va, je te le proteste ;
Sans cesse, nuit et jour, je te caresserai,
Je te bouchonnerai, baiserai, mangerai ;
Tout comme tu voudras tu pourras te conduire :
Je ne m'explique point, et cela c'est tout dire.
> Bas, à part.

Jusqu'où la passion peut-elle faire aller ?
> Haut.

Enfin, à mon amour rien ne peut s'égaler :
Quelle preuve veux-tu que je t'en donne, ingrate ?
Me veux-tu voir pleurer ? veux-tu que je me batte !
Veux-tu que je m'arrache un côté de cheveux ?
Veux-tu que je me tue ? Oui, dis si tu le veux ;
Je suis tout prêt, cruelle, à te prouver ma flamme.

AGNÈS.

Tenez, tous vos discours ne me touchent point l'âme :
Horace avec deux mots en feroit plus que vous.

ARNOLPHE.

Ah ! c'est trop me braver, trop pousser mon courroux !
Je suivrai mon dessein, bête trop indocile ;

Et vous dénicherez à l'instant de la ville.
Vous rebutez mes vœux, et me mettez à bout,
Mais un cul de couvent me vengera de tout.

## SCÈNE V
### ARNOLPHE, AGNÈS, ALAIN.
#### ALAIN.
Je ne sais ce que c'est, monsieur, mais il me semble
Qu'Agnès et le corps mort s'en sont allés ensemble.
#### ARNOLPHE.
La voici. Dans ma chambre allez me la nicher.
##### A part.
Ce ne sera pas là qu'il la viendra chercher;
Et puis, c'est seulement pour une demi-heure.
Je vais, pour lui donner une sûre demeure,
##### A Alain.
Trouver une voiture. Enfermez-vous des mieux,
Et surtout gardez-vous de la quitter des yeux.
##### Seul.
Peut-être que son âme, étant dépaysée,
Pourra de cet amour être désabusée.

## SCÈNE VI
### ARNOLPHE, HORACE.
#### HORACE.
Ah! je viens vous trouver, accablé de douleur,
Le ciel, seigneur Arnolphe, a conclu mon malheur;
Et, par un trait fatal d'une injustice extrême,
On me veut arracher de la beauté que j'aime.
Pour arriver ici mon père a pris le frais;
J'ai trouvé qu'il mettoit pied à terre ici près:
Et la cause, en un mot, d'une telle venue,
Qui, comme je disois, ne m'étoit pas connue,
C'est qu'il m'a marié sans m'en écrire rien,
Et qu'il vient en ces lieux célébrer ce lien.
Jugez, en prenant part à mon inquiétude,
S'il pouvait m'arriver un contre-temps plus rude.
Cet Enrique, dont hier je m'informois à vous,
Cause tout le malheur dont je ressens les coups:
Il vient avec mon père achever ma ruine,
Et c'est sa fille unique à qui l'on me destine.
J'ai, dès leurs premiers mots, pensé m'évanouir:
Et d'abord, sans vouloir plus longtemps les ouïr,
Mon père ayant parlé de vous rendre visite,
L'esprit plein de frayeur, je l'ai devancé vite.
De grâce, gardez-vous de lui rien découvrir

De mon engagement, qui le pourroit aigrir ;
Et tâchez, comme en vous il prend grande créance,
De le dissuader de cette autre alliance.

ARNOLPHE.

Oui-dà.

HORACE.

Conseillez-lui de différer un peu,
Et rendez, en ami, ce service à mon feu.

ARNOLPHE.

Je n'y manquerai pas.

HORACE.

C'est en vous que j'espère.

ARNOLPHE

Fort bien.

HORACE.

Et je vous tiens mon véritable père.
Dites-lui que mon âge... Ah! je le vois venir!
Écoutez les raisons que je vous puis fournir.

### SCÈNE VII

ENRIQUE, ORONTE, CHRYSALDE, HORACE, ARNOLPHE.

Horace et Arnolphe se retirent dans un coin du théâtre, et parlent bas ensemble.

ENRIQUE, à Chrysalde.

Aussitôt qu'à mes yeux je vous ai vu paroître,
Quand on ne m'eût rien dit, j'aurois su vous connoître.
Je vous vois tous les traits de cette aimable sœur
Dont l'hymen autrefois m'avoit fait possesseur ;
Et je serois heureux, si la Parque cruelle
M'eût laissé ramener cette épouse fidèle,
Pour jouir avec moi des sensibles douceurs
De revoir tous les siens après nos longs malheurs.
Mais, puisque du destin la fatale puissance
Nous prive pour jamais de sa chère présence,
Tâchons de nous résoudre, et de nous contenter
Du seul fruit amoureux qui m'en ait pu rester.
Il vous touche de près ; et, sans votre suffrage,
J'aurois tort de vouloir disposer de ce gage.
Le choix du fils d'Oronte est glorieux de soi ;
Mais il faut que ce choix vous plaise comme à moi.

CHRYSALDE.

C'est de mon jugement avoir mauvaise estime,
Que douter si j'approuve un choix si légitime.

ARNOLPHE, à part, à Horace,
Oui, je veux vous servir de la bonne façon.
HORACE, à part, à Arnolphe.
Gardez, encore un coup...
ARNOLPHE, à Horace.
N'ayez aucun soupçon.
Arnolphe quitte Horace pour aller embrasser Oronte.
ORONTE, à Arnolphe.
Ah! que cette embrassade est pleine de tendresse!
ARNOLPHE.
Que je sens à vous voir une grande allégresse!
ORONTE.
Je suis ici venu...
ARNOLPHE.
Sans m'en faire récit.
Je sais ce qui vous mène.
ORONTE.
On vous l'a déjà dit?
ARNOLPHE.
Oui.
ORONTE.
Tant mieux.
ARNOLPHE.
Votre fils à cet hymen résiste,
Et son cœur prévenu n'y voit rien que de triste.
Il m'a même prié de vous en détourner;
Et moi, tout le conseil que je vous puis donner,
C'est de ne pas souffrir que ce nœud se diffère,
Et de faire valoir l'autorité de père.
Il faut avec vigueur ranger les jeunes gens,
Et nous faisons contre eux à leur être indulgents.
HORACE, à part.
Ah! traître!
CHRYSALDE.
Si son cœur a quelque répugnance,
Je tiens qu'on ne doit pas lui faire résistance.
Mon frère, que je crois, sera de mon avis.
ARNOLPHE.
Quoi! se laissera-t-il gouverner par son fils?
Est-ce que vous voulez qu'un père ait la mollesse
De ne savoir pas faire obéir la jeunesse?
Il seroit beau, vraiment, qu'on le vît aujourd'hui
Prendre loi de qui doit la recevoir de lui!
Non, non: c'est mon intime, et sa gloire est la mienne;

Sa parole est donnée, il faut qu'il la maintienne.
Qu'il fasse voir ici de fermes sentiments,
Et force de son fils tous les attachements.

ORONTE.

C'est parler comme il faut, et, dans cette alliance,
C'est moi qui vous réponds de son obéissance.

CHRYSALDE, à Arnolphe.

Je suis surpris, pour moi, du grand empressement
Que vous me faites voir pour cet engagement,
Et ne puis deviner quel motif vous inspire...

ARNOLPHE.

Je sais ce que je fais, et dis ce qu'il faut dire.

ORONTE.

Oui, oui, seigneur Arnolphe, il est...

CHRYSALDE.

      Ce nom l'aigrit ;
C'est monsieur de la Souche, on vous l'a déjà dit.

ARNOLPHE.

Il n'importe.

HORACE, à part.

Qu'entends-je ?

ARNOLPHE, se retournant vers Horace.

      Oui, c'est là le mystère ;
Et vous pouvez juger ce que je devois faire.

HORACE, à part.

En quel trouble...

## SCÈNE VIII

ENRIQUE, ORONTE, CHRYSALDE, HORACE, ARNOLPHE, GEORGETTE.

GEORGETTE.

     Monsieur, si vous n'êtes auprès,
Nous aurons de la peine à retenir Agnès ;
Elle veut à tous coups s'échapper, et peut-être
Qu'elle se pourrait bien jeter par la fenêtre.

ARNOLPHE.

Faites-la moi venir ; aussi bien de ce pas...

A Horace

Prétends-je l'emmener. Ne vous en fâchez pas ;
Un bonheur continu rendroit l'homme superbe ;
Et chacun à son tour comme dit le proverbe.

HORACE, à part.

Quels maux peuvent, ô ciel, égaler mes ennuis!
Et s'est-on jamais vu dans l'abîme ou je suis ?

ARNOLPHE, à Oronte.
Pressez vite le jour de la cérémonie ;
J'y prends part, et déjà moi-même je m'en prie.

ORONTE.
C'est bien là mon dessein.

## SCÈNE IX
AGNÈS, ORONTE, ENRIQUE, ARNOLPHE, HORACE, CHRYSALDE, ALAIN, GEORGETTE.

ARNOLPHE, à Agnès.
                Venez, belle, venez,
Qu'on ne sauroit tenir, et qui vous mutinez.
Voici votre galant, à qui, pour récompense,
Vous pouvez faire une humble et douce révérence.
A Horace.
Adieu. L'événement trompe un peu vos souhaits ;
Mais tous les amoureux ne sont pas satisfaits.

AGNÈS.
Me laissez-vous, Horace, emmener de la sorte ?

HORACE.
Je ne sais où j'en suis, tant ma douleur est forte.

ARNOLPHE.
Allons, causeuse, allons.

AGNÈS.
           Je veux rester ici.

ORONTE.
Dites-nous ce que c'est que ce mystère-ci.
Nous nous regardons tous sans le pouvoir comprendre.

ARNOLPHE.
Avec plus de loisir je pourrai vous l'apprendre.
Jusqu'au revoir.

ORONTE.
          Où donc prétendez-vous aller ?
Vous ne nous parlez point comme il nous faut parler.

ARNOLPHE.
Je vous ai conseillé, malgré tout son murmure,
D'achever l'hyménée.

ORONTE.
          Oui. Mais pour le conclure.
Si l'on vous a dit tout, ne vous a-t-on pas dit
Que vous avez chez vous celle dont il s'agit,
La fille qu'autrefois, de l'aimable Angélique,
Sous des liens secrets, eut le seigneur Enrique ?
Sur quoi votre discours étoit-il donc fondé ?

CHRYSALDE.
Je m'étonnois aussi de voir son procédé.
ARNOLPHE.
Quoi !
CHRYSALDE.
D'un hymen secret ma sœur eut une fille,
Dont on cacha le sort à toute la famille.
ORONTE.
Et qui, sous de feints noms, pour ne rien découvrir,
Par son époux aux champs fut donnée à nourrir.
CHRYSALDE.
Et dans ce temps, le sort, lui déclarant la guerre,
L'obligea de sortir de sa natale terre.
ORONTE.
Et d'aller essuyer mille périls divers,
Dans ces lieux séparés de nous par tant de mers.
CHRYSALDE.
Où ses soins ont gagné ce que dans sa patrie
Avoient pu lui ravir l'imposture et l'envie.
ORONTE.
Et, de retour en France, il a cherché d'abord
Celle à qui de sa fille il confia le sort.
CHRYSALDE.
Et cette paysanne a dit avec franchise
Qu'en vos mains à quatre ans elle l'avoit remise.
ORONTE.
Et qu'elle l'avoit fait sur votre charité
Par un accablement d'extrême pauvreté.
CHRYSALDE.
Et lui, plein de transport, et l'allégresse en l'âme,
A fait jusqu'en ces lieux conduire cette femme.
ORONTE.
Et vous allez enfin la voir venir ici,
Pour rendre aux yeux de tous ce mystère éclairci.
CHRYSALDE, à Arnolphe.
Je devine à peu près quel est votre supplice ;
Mais le sort en cela ne vous est que propice.
Si n'être point cocu vous semble un si grand bien,
Ne vous point marier en est le vrai moyen.
ARNOLPHE, s'en allant tout transporté, et ne pouvant parler.
Ouf !

## SCÈNE X
ENRIQUE, ORONTE, CHRYSALDE, AGNÈS, HORACE.
ORONTE.
D'où vient qu'il s'enfuit sans rien dire ?

HORACE.

Ah ! mon père,
Vous saurez pleinement ce surprenant mystère.
Le hasard en ses lieux avoit exécuté
Ce que votre sagesse avoit prémédité.
J'étois, par les doux nœuds d'une amour mutuelle,
Engagé de parole avecque cette belle ;
Et c'est elle, en un mot, que vous venez chercher,
Et pour qui mon refus a pensé vous fâcher.

ENRIQUE.

Je n'en ai point douté d'abord que je l'ai vue,
Et mon âme depuis n'a cessé d'être émue.
Ah ! ma fille, je cède à des transports si doux.

CHRYSALDE.

J'en ferois de bon cœur, mon frère, autant que vous ;
Mais ces lieux et cela ne s'accommodent guères.
Allons dans la maison débrouiller ces mystères,
Payer à notre ami ses soins officieux,
Et rendre grâce au ciel, qui fait tout pour le mieux.

# LA CRITIQUE
## DE L'ÉCOLE DES FEMMES

### COMÉDIE EN UN ACTE

DÉDIÉE A LA REINE-MÈRE

### PERSONNAGES

URANIE, ÉLISE, CLIMÈNE, LE MARQUIS, DORANTE ou LE CHEVALIER; LYSIDAS, poëte; GALOPIN, laquais.
La scène est à Paris, dans la maison d'Uranie.

### SCÈNE I
URANIE, ÉLISE.

URANIE.

Quoi! cousine, personne ne t'est venu rendre visite?

ÉLISE.

Personne du monde.

URANIE.

Vraiment, voilà qui m'étonne, que nous ayons été seules l'une et l'autre tout aujourd'hui.

ÉLISE.

Cela m'étonne aussi, car ce n'est guère notre coutume ; et votre maison, Dieu merci, est le refuge ordinaire de tous les fainéants de la cour.

URANIE.

L'après-dînée, à dire vrai, m'a semblé fort longue.

ÉLISE.

Et moi, je l'ai trouvée fort courte.

URANIE.

C'est que les beaux esprits, cousine, aiment la solitude.

ÉLISE.

Ah! très-humble servante au bel esprit ; vous savez que ce n'est pas là que je vise.

URANIE.

Pour moi, j'aime la compagnie, je l'avoue.

ÉLISE.

Je l'aime aussi, mais je l'aime choisie; et la quantité des sottes visites qu'il vous faut essuyer parmi les autres est cause bien souvent que je prends plaisir d'être seule.

URANIE.

La délicatesse est trop grande de ne pouvoir souffrir que des gens triés.

ÉLISE.

Et la complaisance est trop générale de souffrir indifféremment toutes sortes de personnes.

URANIE.

Je goûte ceux qui sont raisonnables, et me divertis des extravagants.

ÉLISE.

Ma foi, les extravagants ne vont guère loin sans vous ennuyer, et la plupart de ces gens-là ne sont plus plaisants dès la seconde visite. Mais, à propos d'extravagants, ne voulez-vous pas me défaire de votre marquis incommode? Pensez-vous me le laisser toujours sur les bras, et que je puisse durer à ses turlupinades perpétuelles?

URANIE.

Ce langage est à la mode, et l'on le tourne en plaisanterie à la cour.

ÉLISE.

Tant pis pour ceux qui le font, et qui se tuent tout le jour à parler ce jargon obscur. La belle chose de faire entrer, aux conversations du Louvre, de vieilles équivoques ramassées parmi les boues des Halles et de la place Maubert! La jolie façon de plaisanter pour des courtisans, et qu'un homme montre d'esprits lorsqu'il vient vous dire: Madame, vous êtes dans la place Royale, et tout le monde vous voit de trois lieues de Paris, car chacun vous voit de bon œil; à cause que Bonneuil est un village à trois lieues d'ici! Cela n'est-il pas bien galant et bien spirituel? Et ceux qui trouvent ces belles rencontres n'ont-ils pas lieu de s'en glorifier?

URANIE.

On ne dit pas cela aussi comme une chose spirituelle; et la plupart de ceux qui affectent ce langage savent bien eux-mêmes qu'il est ridicule.

ÉLISE.

Tant pis encore de prendre peine à dire des sottises, et d'être mauvais plaisants de dessein formé. Je les en tiens moins excusables ; et, si j'en étois juge, je sais bien à quoi je condamnerois tous ces messieurs les turlupins.

URANIE.

Laissons cette matière, qui t'échauffe un peu trop, et disons que Dorante vient bien tard, à mon avis, pour le souper que nous devons faire ensemble.

ÉLISE.

Peut-être l'a-t-il oublié, et que...

### SCÈNE II
URANIE, ÉLISE, GALOPIN.

GALOPIN.

Voilà Climène, madame, qui vient ici pour vous voir.

URANIE.

Eh ! mon Dieu, quelle visite !

ÉLISE.

Vous vous plaigniez d'être seule ; aussi le ciel vous en punit.

URANIE.

Vite, qu'on aille dire que je n'y suis pas.

GALOPIN.

On a déjà dit que vous y étiez.

URANIE.

Et qui est le sot qui l'a dit ?

GALOPIN.

Moi, madame.

URANIE.

Diantre soit le petit vilain ! Je vous apprendrai bien à faire vos réponses de vous-même.

GALOPIN.

Je vais lui dire, madame, que vous voulez être sortie.

URANIE.

Arrêtez, animal, et la laissez monter puisque la sottise est faite.

GALOPIN.

Elle parle encore à un homme dans la rue.

URANIE.

Ah ! cousine, que cette visite m'embarrasse à l'heure qu'il est !

ÉLISE.

Il est vrai que la dame est un peu embarrassante

de son naturel ; j'ai toujours eu pour elle une furieuse aversion ; et, n'en déplaise à sa qualité, c'est la plus sotte bête qui se soit jamais mêlée de raisonner.

URANIE.

L'épithète est un peu forte.

ÉLISE.

Allez, allez, elle mérite bien cela, et quelque chose de plus, si on lui faisoit justice. Est-ce qu'il y a une personne qui soit plus véritablement qu'elle ce qu'on appelle précieuse, à prendre le mot dans sa plus mauvaise signification ?

URANIE.

Elle se défend bien de ce nom, pourtant.

ÉLISE.

Il est vrai. Elle se défend du nom, mais non pas de la chose : car enfin elle l'est depuis les pieds jusqu'à la tête, et la plus grande façonnière du monde. Il semble que tout son corps soit démonté, et que les mouvements de ses hanches, de ses épaules et de sa tête n'aillent que par ressorts. Elle affecte toujours un ton de voix languissant et niais, fait la moue pour montrer une petite bouche, et roule les yeux pour les faire paroître grands.

URANIE.

Doucement donc. Si elle venoit à entendre...

ÉLISE.

Point, point, elle ne monte pas encore. Je me souviens toujours du soir qu'elle eut envie de voir Damon, sur la réputation qu'on lui donne, et les choses que le public a vues de lui. Vous connoissez l'homme, et sa naturelle paresse à soutenir la conversation. Elle l'avoit invité à souper comme bel esprit, et jamais il ne parut si sot, parmi une demi-douzaine de gens à qui elle avoit fait fête de lui, et qui le regardoient avec de grands yeux, comme une personne qui ne devoit pas être faite comme les autres. Ils pensoient tous qu'il étoit là pour défrayer la compagnie de bons mots : que chaque parole qui sortoit de sa bouche devoit être extraordinaire ; qu'il devoit faire des impromptus sur tout ce qu'on disoit, et ne demander à boire qu'avec une pointe. Mais il les trompa fort par son silence ; et la dame fut aussi mal satisfaite de lui que je fus d'elle.

URANIE.

Tais-toi, je vais la recevoir à la porte de la chambre.

ÉLISE.

Encore un mot. Je voudrois bien la voir mariée avec le marquis dont nous avons parlé. Le bel assemblage que ce seroit d'une précieuse et d'un turlupin !

URANIE.

Veux-tu te taire ! La voici.

## SCÈNE III
CLIMÈNE, URANIE, ÉLISE, GALOPIN.

URANIE.

Vraiment, c'est bien tard que...

CLIMÈNE.

Eh ! de grâce, ma chère, faites-moi vite donner un siége.

URANIE, à Galopin.

Un fauteuil promptement.

CLIMÈNE.

Ah ! mon Dieu !

URANIE.

Qu'est-ce donc ?

CLIMÈNE.

Je n'en puis plus !

URANIE.

Qu'avez-vous ?

CLIMÈNE.

Le cœur me manque.

URANIE.

Sont-ce vos vapeurs qui vous ont pris ?

CLIMÈNE.

Non.

URANIE.

Voulez-vous que l'on vous délace ?

CLIMÈNE.

Mon Dieu, non. Ah !

URANIE.

Quel est donc votre mal, et depuis quand vous a-t-il pris ?

CLIMÈNE.

Il y a plus de trois heures, et je l'ai apporté du Palais-Royal.

URANIE.

Comment ?

CLIMÈNE.

Je viens de voir, pour mes péchés, cette méchante rapsodie de l'*École des Femmes*. Je suis encore en dé-

faillance du mal de cœur que cela m'a donné, et je pense que je n'en reviendrai de plus de quinze jours.
ÉLISE.
Voyez un peu comme les maladies arrivent sans qu'on y songe !
URANIE.
Je ne sais pas de quel tempérament nous sommes, ma cousine et moi ; mais nous fûmes avant-hier à la même pièce, et nous en revînmes toutes deux saines et gaillardes.
CLIMÈNE.
Quoi ! vous l'avez vue ?
URANIE.
Oui ; et écoutée d'un bout à l'autre.
CLIMÈNE.
Et vous n'en avez pas été jusques aux convulsions, ma chère ?
URANIE.
Je ne suis pas si délicate, Dieu merci ; et je trouve, pour moi, que cette comédie seroit plutôt capable de guérir les gens que de les rendre malades.
CLIMÈNE.
Ah ! mon Dieu, que dites-vous là ? Cette proposition peut-elle être avancée par une personne qui ait du revenu en sens commun ? Peut-on impunément, comme vous faites, rompre en visière à la raison ? Et, dans le vrai de la chose, est-il un esprit si affamé de plaisanterie qu'il puisse tâter des fadaises dont cette comédie est assaisonnée ? Pour moi, je vous avoue que je n'ai pas trouvé le moindre grain de sel dans cela. *Les enfants par l'oreille* m'ont paru d'un goût détestable ; *la tarte à la crème* m'a affadi le cœur, et j'ai pensé vomir *au potage*.
ÉLISE.
Mon Dieu, que tout cela est dit élégamment ! J'aurois cru que cette pièce étoit bonne ; mais madame a une éloquence si persuasive, elle tourne les choses d'une manière si agréable, qu'il faut être de son sentiment, malgré qu'on en ait.
URANIE.
Pour moi, je n'ai pas tant de complaisance ; et, pour dire ma pensée, je tiens cette comédie une des plus plaisantes que l'auteur ait produites.
CLIMÈNE.
Ah ! vous me faites pitié, de parler ainsi ; et je ne

saurois vous souffrir cette obscurité de discernement. Peut-on, ayant de la vertu, trouver de l'agrément dans une pièce qui tient sans cesse la pudeur en alarme, et salit à tout moment l'imagination ?
ÉLISE.
Les jolies façons de parler que voilà ! Que vous êtes, madame, une rude joueuse en critique, et que je plains le pauvre Molière de vous avoir pour ennemie !
CLIMÈNE.
Croyez-moi, ma chère, corrigez de bonne foi votre jugement ; et, pour votre honneur, n'allez point dire par le monde que cette comédie vous ait plu.
URANIE.
Moi, je ne sais pas ce que vous y avez trouvé qui blesse la pudeur.
CLIMÈNE.
Hélas ! tout ; et je mets en fait qu'une honnête femme ne la sauroit voir sans confusion, tant j'y ai découvert d'ordures et de saletés.
URANIE.
Il faut donc que pour les ordures vous ayez des lumières que les autres n'ont pas ; car, pour moi, je n'y en ai point vu.
CLIMÈNE.
C'est que vous ne voulez pas y en avoir vu, assurément, car enfin toutes ces ordures, Dieu merci, y sont à visage découvert. Elles n'ont pas la moindre enveloppe qui les couvre, et les yeux les plus hardis sont effrayés de leur nudité.
ÉLISE.
Ah !
CLIMÈNE.
Hai, hai, hai !
URANIE.
Mais encore, s'il vous plaît, marquez-moi une de ces ordures que vous dites.
CLIMÈNE.
Hélas ! est-il nécessaire de vous les marquer !
URANIE.
Oui. Je vous demande seulement un endroit qui vous ait fort choquée.
CLIMÈNE.
En faut-il d'autre que la scène de cette Agnès, lorsqu'elle dit ce que l'on lui a pris?

URANIE.

Et que trouvez-vous là de sale?

CLIMÈNE.

Ah!

URANIE.

De grâce?

CLIMÈNE.

Fi!

URANIE.

Mais encore?

CLIMÈNE.

Je n'ai rien à vous dire.

URANIE.

Pour moi, je n'y entends point de mal.

CLIMÈNE.

Tant pis pour vous.

URANIE.

Tant mieux plutôt, ce me semble. Je regarde les choses du côté qu'on me les montre, et ne les tourne point pour y chercher ce qu'il n'y faut pas voir.

CLIMÈNE.

L'honnêteté d'une femme...

URANIE.

L'honnêteté d'une femme n'est pas dans les grimaces. Il sied mal de vouloir être plus sage que celles qui sont sages. L'affectation en cette matière est pire qu'en toute autre; et je ne vois rien de si ridicule que cette délicatesse d'honneur qui prend tout en mauvaise part, donne un sens criminel aux plus innocentes paroles, et s'offense de l'ombre des choses. Croyez-moi, celles qui font tant de façons n'en sont pas estimées plus femmes de bien. Au contraire, leur sévérité mystérieuse et leurs grimaces affectées irritent la censure de tout le monde contre les actions de leur vie. On est ravi de découvrir ce qu'il y peut avoir à redire; et, pour tomber dans l'exemple, il y avoit l'autre jour des femmes à cette comédie, vis-à-vis de la loge où nous étions, qui, par les mines qu'elles affectèrent durant toute la pièce, leurs détournements de tête et leurs cachements de visage, firent dire de tous côtés cent sottises de leur conduite, que l'on n'auroit pas dites sans cela; et quelqu'un même des laquais cria tout haut qu'elles étoient plus chastes des oreilles que de tout le reste du corps.

CLIMÈNE.

Enfin, il faut être aveugle dans cette pièce, et ne pas faire semblant d'y voir les choses.

URANIE.

Il ne faut pas y vouloir voir ce qui n'y est pas.

CLIMÈNE.

Ah! je soutiens, encore un coup, que les saletés y crèvent les yeux.

URANIE.

Et moi, je ne demeure pas d'accord de cela.

CLIMÈNE.

Quoi! la pudeur n'est pas visiblement blessée par ce que dit Agnès dans l'endroit dont nous parlons?

URANIE.

Non, vraiment. Elle ne dit pas un mot qui de soi ne soit fort honnête; et, si vous voulez entendre dessous quelque autre chose, c'est vous qui faites l'ordure, non pas elle, puisqu'elle parle seulement d'un ruban qu'on lui a pris.

CLIMÈNE.

Ah! ruban tant qu'il vous plaira; mais ce *le*, où elle s'arrête, n'est pas mis pour des prunes. Il vient sur ce *le* d'étranges pensées. Ce *le* scandalise furieusement; et, quoi que vous puissiez dire, vous ne sauriez défendre l'insolence de ce *le*.

ÉLISE.

Il est vrai, ma cousine, je suis pour madame contre ce *le*. Ce *le* est insolent au dernier point, et vous avez tort de défendre ce *le*.

CLIMÈNE.

Il a une obscénité qui n'est pas supportable.

ÉLISE.

Comment dites-vous ce mot-là, madame?

CLIMÈNE.

Obscénité, madame.

ÉLISE.

Ah! mon Dieu! obscénité. Je ne sais pas ce que ce mot veut dire; mais je le trouve le plus joli du monde.

CLIMÈNE.

Enfin, vous voyez comme votre sang prend mon parti.

URANIE.

Eh! mon Dieu, c'est une causeuse qui ne dit pas ce

qu'elle pense. Ne vous y fiez pas beaucoup, si vous m'en voulez croire.

ÉLISE.

Ah! que vous êtes méchante de me vouloir rendre suspecte à madame! Voyez un peu où j'en serois, si elle alloit croire ce que vous dites! Serois-je si malheureuse, madame, que vous eussiez de moi cette pensée?

CLIMÈNE.

Non, non. Je ne m'arrête pas à ses paroles, et je vous crois plus sincère qu'elle ne dit.

ÉLISE.

Ah! que vous avez bien raison, madame, et que vous me rendrez justice quand vous croirez que je vous trouve la plus engageante personne du monde, que j'entre dans tous vos sentiments, et suis charmée de toutes les expressions qui sortent de votre bouche!

CLIMÈNE.

Hélas! je parle sans affectation.

ÉLISE.

On le voit bien, madame, et que tout est naturel en vous. Vos paroles, le ton de votre voix, vos regards, vos pas, votre action et votre ajustement, ont je ne sais quel air de qualité qui enchante les gens. Je vous étudie des yeux et des oreilles; et je suis si remplie de vous, que je tâche d'être votre singe et de vous contrefaire en tout.

CLIMÈNE.

Vous vous moquez de moi, madame.

ÉLISE.

Pardonnez-moi, madame. Qui voudroit se moquer de vous?

CLIMÈNE.

Je ne suis pas un bon modèle, madame.

ÉLISE.

Oh! que si, madame?

CLIMÈNE.

Vous me flattez, madame.

ÉLISE.

Point du tout, madame.

CLIMÈNE.

Épargnez-moi, s'il vous plaît, madame.

ÉLISE.

Je vous épargne aussi, madame, et je ne dis pas la moitié de ce que je pense, madame.

CLIMÈNE.

Ah ! mon Dieu ! brisons là, de grâce. Vous me jetteriez dans une confusion épouvantable. (A Uranie.) Enfin, nous voilà deux contre vous ; et l'opiniâtreté sied si mal aux personnes spirituelles...

SCÈNE IV

LE MARQUIS, CLIMÈNE, URANIE, ÉLISE, GALOPIN.

GALOPIN, à la porte de la chambre.

Arrêtez, s'il vous plaît, monsieur.

LE MARQUIS.

Tu ne me connois pas, sans doute.

GALOPIN.

Si fait, je vous connois ; mais vous n'entrerez pas.

LE MARQUIS.

Ah ! que de bruit, petit laquais !

GALOPIN.

Cela n'est pas bien de vouloir entrer malgré les gens.

LE MARQUIS.

Je veux voir ta maîtresse.

GALOPIN.

Elle n'y est pas, vous dis-je.

LE MARQUIS.

La voilà dans sa chambre.

GALOPIN.

Il est vrai, la voilà ; mais elle n'y est pas.

URANIE.

Qu'est-ce donc qu'il y a là ?

LE MARQUIS.

C'est votre laquais, madame, qui fait le sot.

GALOPIN.

Je lui dis que vous n'y êtes pas, et il ne veut pas laisser d'entrer.

URANIE.

Et pourquoi dire à monsieur que je n'y suis pas ?

GALOPIN.

Vous me grondâtes l'autre jour de lui avoir dit que vous y étiez.

URANIE.

Voyez cet insolent ! Je vous prie, monsieur, de ne pas croire ce qu'il dit. C'est un petit écervelé qui vous a pris pour un autre.

LE MARQUIS.

Je l'ai bien vu, madame ; et, sans votre respect, je lui aurois appris à connoître les gens de qualité.

ÉLISE.
Ma cousine vous est fort obligée de cette déférence.
URANIE, à Galopin.
Un siége donc, impertinent.
GALOPIN.
N'en voilà-t-il pas un ?
URANIE.
Approchez-le. (Galopin pousse le siége rudement, et sort.)

## SCÈNE V
LE MARQUIS, CLIMÈNE, URANIE, ÉLISE.

LE MARQUIS.
Votre petit laquais, madame, a du mépris pour ma personne.

ÉLISE.
Il auroit tort, sans doute.

LE MARQUIS.
C'est peut-être que je paye l'intérêt de ma mauvaise mine. (Il rit.) Hai, hai, hai, hai !

ÉLISE.
L'âge le rendra plus éclairé en honnêtes gens.

LE MARQUIS.
Sur quoi en étiez-vous, mesdames, lorsque je vous ai interrompues ?

URANIE.
Sur la comédie de l'*École des Femmes*.

LE MARQUIS.
Je ne fais que d'en sortir.

CLIMÈNE.
Eh bien, monsieur, comment la trouvez-vous, s'il vous plaît ?

LE MARQUIS.
Tout à fait impertinente.

CLIMÈNE.
Ah ! que j'en suis ravie !

LE MARQUIS.
C'est la plus méchante chose du monde. Comment, diable ! à peine ai-je pu trouver place. J'ai pensé être étouffé à la porte, et jamais on ne m'a tant marché sur les pieds. Voyez comme mes canons et mes rubans en sont ajustés, de grâce.

ÉLISE.
Il est vrai que cela crie vengeance contre l'*École des Femmes*, et que vous la condamnez avec justice.

LE MARQUIS.
Il ne s'est jamais fait, je pense, une si méchante comédie.

URANIE.
Ah ! voici Dorante, que nous attendions.

### SCÈNE VI.
DORANTE, CLIMÈNE, URANIE, ÉLISE, LE MARQUIS.

DORANTE.
Ne bougez, de grâce, et n'interrompez point votre discours. Vous êtes là sur une matière qui, depuis quatre jours, fait presque l'entretien de toutes les maisons de Paris ; et jamais on n'a rien vu de si plaisant que la diversité des jugements qui se font là-dessus. Car enfin j'ai ouï condamner cette comédie à certaines gens par les mêmes choses que j'ai vu d'autres estimer le plus.

URANIE.
Voilà monsieur le marquis qui en dit force mal.

LE MARQUIS.
Il est vrai. Je la trouve détestable, morbleu ! détestable, du dernier détestable, ce qu'on appelle détestable.

DORANTE.
Et moi, mon cher marquis, je trouve le jugement détestable.

LE MARQUIS.
Quoi ! chevalier, est-ce que tu prétends soutenir cette pièce ?

DORANTE.
Oui, je prétends la soutenir.

LE MARQUIS.
Parbleu ! je la garantis détestable.

DORANTE.
La caution n'est pas bourgeoise. Mais, marquis, par quelle raison, de grâce, cette comédie est-elle ce que tu dis?

LE MARQUIS.
Pourquoi elle est détestable?

DORANTE.
Oui.

LE MARQUIS.
Elle est détestable, parce qu'elle est détestable.

DORANTE.
Après cela, il n'y a plus rien à dire ; voilà son pro-

cès fait. Mais encore, instruis-nous, et nous dis les défauts qui y sont.

LE MARQUIS.

Que sais-je, moi ? je ne me suis pas seulement donné la peine de l'écouter. Mais enfin je sais bien que je n'ai jamais rien vu de si méchant, Dieu me sauve ! et Dorilas, contre qui j'étois, a été de mon avis.

DORANTE.

L'autorité est belle, et te voilà bien appuyé !

LE MARQUIS.

Il ne faut que voir les continuels éclats de rire que le parterre y fait. Je ne veux point d'autre chose pour témoigner qu'elle ne vaut rien.

DORANTE.

Tu es donc, marquis, de ces messieurs du bel air qui ne veulent pas que le parterre ait du sens commun et qui seroient fâchés d'avoir ri avec lui, fût-ce de la meilleure chose du monde ? Je vis l'autre jour sur le théâtre un de nos amis, qui se rendit ridicule par là. Il écouta toute la pièce avec un sérieux le plus sombre du monde ; et tout ce qui égayoit les autres ridoit son front. A tous les éclats de risée, il haussoit les épaules, et regardoit le parterre en pitié ; et quelquefois aussi, le regardant avec dépit, il lui disoit tout haut : *Ris donc, parterre, ris donc !* Ce fut une seconde comédie que le chagrin de notre ami. Il la donna en galant homme à toute l'assemblée, et chacun demeura d'accord qu'on ne pouvoit pas mieux jouer qu'il fit. Apprends, marquis, je te prie, et les autres aussi, que le bon sens n'a point de place déterminée à la comédie ; que la différence du demi-louis d'or et de la pièce de quinze sols ne fait rien du tout au bon goût ; que, debout ou assis, l'on peut donner un mauvais jugement ; et qu'enfin, à le prendre en général, je me fierois assez à l'approbation du parterre, par la raison qu'entre ceux qui le composent il y en a plusieurs qui sont capables de juger d'une pièce selon les règles, et que les autres en jugent par la bonne façon d'en juger, qui est de se laisser prendre aux choses, et de n'avoir ni prévention aveugle, ni complaisance affectée, ni délicatesse ridicule.

LE MARQUIS.

Te voilà donc, chevalier, le défenseur du parterre ? Parbleu ! je m'en réjouis, et je ne manquerai pas de l'avertir que tu es de ses amis. Hai, hai, hai, hai !

DORANTE
Ris tant que tu voudras. Je suis pour le bon sens, et ne saurois souffrir les ébullitions de cerveau de nos marquis de Mascarille. J'enrage de voir de ces gens qui se traduisent en ridicule, malgré leur qualité ; de ces gens qui décident toujours, et parlent hardiment de toutes choses sans s'y connoître ; qui, dans une comédie, se récrieront aux méchants endroits, et ne branleront pas à ceux qui sont bons ; qui, voyant un tableau, ou écoutant un concert de musique, blâment de même et louent tout à contre-sens, prennent par où ils peuvent les termes de l'art qu'ils attrapent, et ne manquent jamais de les estropier et de les mettre hors de place. Eh, morbleu! messieurs, taisez-vous. Quand Dieu ne vous a pas donné la connoissance d'une chose, n'apprêtez point à rire à ceux qui vous entendent parler, et songez qu'en ne disant mot on croira peut-être que vous êtes d'habiles gens.

LE MARQUIS.
Parbleu! chevalier, tu le prends là...

DORANTE.
Mon Dieu, marquis, ce n'est pas à toi que je parle. C'est à une douzaine de messieurs qui déshonorent les gens de cour par leurs manières extravagantes, et font croire parmi le peuple que nous nous ressemblons tous. Pour moi, je m'en veux justifier le plus qu'il me sera possible ; et je les dauberai tant en toutes rencontres, qu'à la fin ils se rendront sages.

LE MARQUIS.
Dis-moi un peu, chevalier, crois-tu que Lysandre ait de l'esprit ?

DORANTE.
Oui, sans doute, et beaucoup.

URANIE.
C'est une chose qu'on ne peut pas nier.

LE MARQUIS.
Demandez-lui ce qu'il lui semble de l'*École des Femmes ;* vous verrez qu'il vous dira qu'elle ne lui plaît pas.

DORANTE.
Eh! mon Dieu, il y en a beaucoup que le trop d'esprit gâte, qui voient mal les choses à force de lumière, et même qui seroient bien fâchés d'être de l'avis des autres, pour avoir la gloire de décider.

URANIE.

Il est vrai. Notre ami est de ces gens-là, sans doute. Il veut être le premier de son opinion, et qu'on attende par respect son jugement. Toute approbation qui marche avant la sienne est un attentat sur ses lumières, dont il se venge hautement en prenant le contraire parti. Il veut qu'on le consulte sur toutes les affaires d'esprit ; et je suis sûre que, si l'auteur lui eût montré sa comédie avant que de la faire voir au public, il l'eût trouvée la plus belle du monde.

LE MARQUIS.

Et que direz-vous de la marquise Araminte, qui la publie partout pour épouvantable, et dit qu'elle n'a pu jamais souffrir les ordures dont elle est pleine ?

DORANTE.

Je dirai que cela est digne du caractère qu'elle a pris, et qu'il y a des personnes qui se rendent ridicules pour vouloir avoir trop d'honneur. Bien qu'elle ait de l'esprit, elle a suivi le mauvais exemple de celles qui, étant sur le retour de l'âge, veulent remplacer de quelque chose ce qu'elles voient qu'elles perdent, et prétendent que les grimaces d'une pruderie scrupuleuse leur tiendront lieu de jeunesse et de beauté. Celle-ci pousse l'affaire plus avant qu'aucune, et l'habileté de son scrupule découvre des saletés où jamais personne n'en avoit vu. On tient qu'il va, ce scrupule, jusques à défigurer notre langue, et qu'il n'y a point presque de mots dont la sévérité de cette dame ne veuille retrancher ou la tête ou la queue, pour les syllabes déshonnêtes quelle y trouve.

URANIE.

Vous êtes bien fou, chevalier.

LE MARQUIS.

Enfin, chevalier, tu crois défendre ta comédie en faisant la satire de ceux qui la condamnent.

DORANTE.

Non pas, mais je tiens que cette dame se scandalise à tort...

ÉLISE.

Tout beau, monsieur le chevalier ! Il pourroit y en avoir d'autres qu'elle qui seroient dans les mêmes sentiments.

DORANTE.

Je sais bien que ce n'est pas vous, au moins ; et que lorsque vous avez vu cette représentation...

ÉLISE.

Il est vrai ; mais j'ai changé d'avis... (Montrant Climène.) et madame sait appuyer le sien par des raisons si convaincantes qu'elle m'a entraînée de son côté.

DORANTE, à Climène.

Ah! madame, je vous demande pardon ; et, si vous le voulez, je me dédirai, pour l'amour de vous, de tout ce que j'ai dit.

CLIMÈNE.

Je ne veux pas que ce soit pour l'amour de moi, mais pour l'amour de la raison : car enfin cette pièce, à le bien prendre, est tout à fait indéfendable ; et je ne conçois pas...

URANIE.

Ah! voici l'auteur, monsieur Lysidas. Il vient tout à propos pour cette matière. Monsieur Lysidas, prenez un siége vous-même, et vous mettez là.

SCÈNE VII

LYSIDAS, CLIMÈNE, URANIE, ÉLISE, DORANTE, LE MARQUIS.

LYSIDAS.

Madame, je viens un peu tard ; mais il m'a fallu lire ma pièce chez madame la marquise, dont je vous avois parlé ; et les louanges qui lui ont été données m'ont retenu une heure plus que je ne croyois.

ÉLISE.

C'est un charme que les louanges pour arrêter un auteur.

URANIE.

Asseyez-vous donc, monsieur Lysidas ; nous lirons votre pièce après souper.

LYSIDAS.

Tous ceux qui étoient là doivent venir à sa première représentation, et m'ont promis de faire leur devoir comme il faut.

URANIE.

Je le crois. Mais, encore une fois, asseyez-vous, s'il vous plaît. Nous sommes ici sur une matière que je serai bien aise que nous poussions.

LYSIDAS.

Je pense, madame, que vous retiendrez aussi une loge pour ce jour-là.

URANIE.

Nous verrons. Poursuivons, de grâce, notre discours.

LYSIDAS.

Je vous donne avis, madame, qu'elles sont presque toutes retenues.

URANIE.

Voilà qui est bien. Enfin, j'avois besoin de vous lorsque vous êtes venu; et tout le monde étoit ici contre moi.

ÉLISE, à Uranie, montrant Dorante.

Il s'est mis d'abord de votre côté; mais maintenant (Montrant Climène.) qu'il sait que madame est à la tête du parti contraire, je pense que vous n'avez qu'à chercher un autre secours.

CLIMÈNE.

Non, non. Je ne voudrois pas qu'il fît mal sa cour auprès de madame votre cousine; et je permets à son esprit d'être du parti de son cœur.

DORANTE.

Avec cette permission, madame, je prendrai la hardiesse de me défendre.

URANIE.

Mais, auparavant, sachons un peu les sentiments de monsieur Lysidas.

LYSIDAS.

Sur quoi, madame?

URANIE.

Sur le sujet de l'*École des Femmes*.

LYSIDAS.

Ah! ah.

DORANTE.

Que vous en semble?

LYSIDAS.

Je n'ai rien à dire là-dessus; et vous savez qu'entre nous autres auteurs, nous devons parler des ouvrages les uns des autres avec beaucoup de circonspection.

DORANTE.

Mais encore, entre nous, que pensez-vous de cette comédie?

LYSIDAS.

Moi, monsieur?

URANIE.

De bonne foi, dites-nous votre avis.

LYSIDAS.

Je la trouve fort belle.

DORANTE.

Assurément?

LYSIDAS.

Assurément. Pourquoi non ? N'est-elle pas en effet la plus belle du monde ?

DORANTE.

Hon, hon! vous êtes un méchant diable, monsieur Lysidas; vous ne dites pas ce que vous pensez.

LYSIDAS.

Pardonnez-moi.

DORANTE.

Mon Dieu ! je vous connois. Ne dissimulons point.

LYSIDAS.

Moi, monsieur ?

DORANTE.

Je vois bien que le bien que vous dites de cette pièce n'est que par honnêteté, et que, dans le fond du cœur, vous êtes de l'avis de beaucoup de gens qui la trouvent mauvaise.

LYSIDAS.

Hai, hai, hai !

DORANTE.

Avouez, ma foi, que c'est une méchante chose que cette comédie.

LYSIDAS.

Il est vrai qu'elle n'est pas approuvée par les connoisseurs.

LE MARQUIS.

Ma foi, chevalier, tu en tiens, et te voilà payé de ta raillerie. Ah, ah, ah, ah, ah !

DORANTE.

Pousse, mon cher marquis, pousse.

LE MARQUIS.

Tu vois que nous avons les savants de notre côté.

DORANTE.

Il est vrai. Le jugement de monsieur Lysidas est quelque chose de considérable. Mais monsieur Lysidas veut bien que je ne me rende pas pour cela; et, puisque j'ai bien l'audace de me défendre (Montrant Climène.) contre les sentiments de madame, il ne trouvera pas mauvais que je combatte les siens.

ÉLISE.

Quoi! vous voyez contre vous, madame, monsieur le marquis et monsieur Lysidas, et vous osez résister encore ? Fi ! que cela est de mauvaise grâce !

CLIMÈNE.

Voilà qui me confond, pour moi, que des personnes raisonnables puissent se mettre en tête de donner protection aux sottises de cette pièce.

LE MARQUIS.

Dieu me damne! madame, elle est misérable depuis le commencement jusqu'à la fin.

DORANTE.

Cela est bientôt dit, marquis. Il n'est rien plus aisé que de trancher ainsi ; et je ne vois aucune chose qui puisse être à couvert de la souveraineté de tes décisions.

LE MARQUIS.

Parbleu! tous les autres comédiens qui étoient là pour la voir en ont dit tous les maux du monde.

DORANTE.

Ah! je ne dis plus mot; tu as raison, marquis. Puisque les autres comédiens en disent du mal, il faut les en croire assurément. Ce sont tous gens éclairés, et qui parlent sans intérêt. Il n'y a plus rien à dire, je me rends.

CLIMÈNE.

Rendez-vous, ou ne vous rendez pas, je sais fort bien que vous ne me persuaderez point de souffrir les immodesties de cette pièce, non plus que les satires désobligeantes qu'on y voit contre les femmes.

URANIE.

Pour moi, je me garderai bien de m'en offenser, et prendre rien sur mon compte de tout ce qui s'y dit. Ces sortes de satires tombent directement sur les mœurs, et ne frappent les personnes que par réflexion. N'allons point nous appliquer nous-mêmes les traits d'une censure générale ; et profitons de la leçon, si nous pouvons, sans faire semblant qu'on parle à nous. Toutes les peintures ridicules qu'on expose sur les théâtres doivent être regardées sans chagrin de tout le monde. Ce sont des miroirs publics, où il ne faut jamais témoigner qu'on se voie ; et c'est se taxer hautement d'un défaut, que se scandaliser qu'on le reprenne.

CLIMÈNE.

Pour moi, je ne parle pas de ces choses par la part que j'y puisse avoir, et je pense que je vis d'un air dans le monde à ne pas craindre d'être cherchée dans les peintures qu'on fait là des femmes qui se gouvernent mal.

ÉLISE.

Assurément, madame, on ne vous y cherchera point. Votre conduite est assez connue, et ce sont de ces sortes de choses qui ne sont contestées de personne.

URANIE, à Climène.

Aussi, madame, n'ai-je rien dit qui aille à vous; et mes paroles, comme les satires de la comédie, demeurent dans la thèse générale.

CLIMÈNE.

Je n'en doute pas, madame. Mais enfin passons sur ce chapitre. Je ne sais pas de quelle façon vous recevez les injures qu'on dit à notre sexe dans un certain endroit de la pièce; et, pour moi, je vous avoue que je suis dans une colère épouvantable de voir que cet auteur impertinent nous appelle des *animaux*.

URANIE.

Ne voyez-vous pas que c'est un ridicule qu'il fait parler?

DORANTE.

Et puis, madame, ne savez-vous pas que les injures des amants n'offensent jamais; qu'il est des amours emportés aussi bien que des doucereux; et qu'en de pareilles occasions les paroles les plus étranges, et quelque chose de pis encore, se prennent bien souvent pour des marques d'affection par celles mêmes qui les reçoivent.

ÉLISE.

Dites tout ce que vous voudrez, je ne saurois digérer cela, non plus que le *potage* et la *tarte à la crème*, dont madame a parlé tantôt.

LE MARQUIS.

Ah! ma foi, oui, *tarte à la crème!* voilà ce que j'avois remarqué tantôt; *tarte à la crème!* Que je vous suis obligé, madame, de m'avoir fait souvenir de *tarte à la crème!* Y a-t-il assez de pommes en Normandie pour *tarte à la crème? Tarte à la crème*, morbleu! *tarte à la crème*.

DORANTE.

Eh bien que veux-tu dire? *Tarte à la crème!*

LE MARQUIS.

Parbleu! *Tarte à la crème*, chevalier.

DORANTE.

Mais encore?

LE MARQUIS.

*Tarte à la crème!*

DORANTE.

Dis-nous un peu tes raisons.

LE MARQUIS.

*Tarte à la crème!*

URANIE.

Mais il faut expliquer sa pensée, ce me semble.

LE MARQUIS.

*Tarte à la crème*, madame!

URANIE.

Que trouvez-vous là à redire?

LE MARQUIS.

Moi, rien. *Tarte à la crème!*

URANIE.

Ah! je le quitte.

ÉLISE.

Monsieur le marquis s'y prend bien, et vous bourre de la belle manière. Mais je voudrois bien que monsieur Lysidas voulût les achever et leur donner quelques petits coups de sa façon.

LYSIDAS.

Ce n'est pas ma coutume de rien blâmer, et je suis assez indulgent pour les ouvrages des autres. Mais enfin, sans choquer l'amitié que monsieur le chevalier témoigne pour l'auteur, on m'avouera que ces sortes de comédies ne sont pas proprement des comédies, et qu'il y a une grande différence de toutes ces bagatelles à la beauté des pièces sérieuses. Cependant tout le monde donne là dedans aujourd'hui; on ne court plus qu'à cela, et l'on voit une solitude effroyable aux grands ouvrages, lorsque des sottises ont tout Paris. Je vous avoue que le cœur m'en saigne quelquefois; et cela est honteux pour la France.

CLIMÈNE.

Il est vrai que le goût des gens est étrangement gâté là-dessus, et que le siècle s'encanaille furieusement.

ÉLISE.

Celui-là est joli encore, s'encanaille! Est-ce vous qui l'avez inventé, madame?

CLIMÈNE.

Eh!

ÉLISE.

Je m'en suis bien doutée.

DORANTE.

Vous croyez donc, monsieur Lysidas, que tout l'esprit et toute la beauté sont dans les poëmes sérieux, et que les pièces comiques sont des niaiseries qui ne méritent aucune louange ?

URANIE.

Ce n'est pas mon sentiment, pour moi. La tragédie, sans doute, est quelque chose de beau quand elle est bien touchée ; mais la comédie a ses charmes, et je tiens que l'une n'est pas moins difficile que l'autre.

DORANTE.

Assurément, madame ; et quand, pour la difficulté, vous mettriez un peu plus du côté de la comédie, peut-être que vous ne vous abuseriez pas. Car enfin, je trouve qu'il est bien plus aisé de se guinder sur de grands sentiments, de braver en vers la fortune, accuser les destins, et dire des injures aux dieux, que d'entrer comme il faut dans le ridicule des hommes, et de rendre agréablement sur le théâtre les défauts de tout le monde. Lorsque vous peignez des héros, vous faites ce que vous voulez. Ce sont des portraits à plaisir, où l'on ne cherche point de ressemblance ; et vous n'avez qu'à suivre les traits d'une imagination qui se donne l'essor, et qui souvent laisse le vrai pour attraper le merveilleux. Mais, lorsque vous peignez les hommes, il faut peindre d'après nature. On veut que ces portraits ressemblent, et vous n'avez rien fait, si vous n'y faites reconnoître les gens de votre siècle. En un mot, dans les pièces sérieuses, il suffit, pour n'être point blâmé, de dire des choses qui soient de bon sens et bien écrites ; mais ce n'est pas assez dans les autres : il y faut plaisanter ; et c'est une étrange entreprise que celle de faire rire les honnêtes gens.

CLIMÈNE.

Je crois être du nombre des honnêtes gens ; et cependant je n'ai pas trouvé le mot pour rire dans tout ce que j'ai vu.

LE MARQUIS.

Ma foi, ni moi non plus.

DORANTE.

Pour toi, marquis, je ne m'en étonne pas. C'est que tu n'y as point trouvé de turlupinades.

LYSIDAS.

Ma foi, monsieur, ce qu'on y rencontre ne vaut

guère mieux; et toutes les plaisanteries y sont assez froides à mon avis.

DORANTE.

La cour n'a pas trouvé cela.

LYSIDAS.

Ah! monsieur, la cour!

DORANTE.

Achevez, monsieur Lysidas. Je vois bien que vous voulez dire que la cour ne se connoît pas à ces choses; et c'est le refuge ordinaire de vous autres, messieurs les auteurs, dans le mauvais succès de vos ouvrages, que d'accuser l'injustice du siècle et le peu de lumière des courtisans. Sachez, s'il vous plaît, monsieur Lysidas, que les courtisans ont d'aussi bons yeux que d'autres; qu'on peut être habile avec un point de Venise et des plumes, aussi bien qu'avec une perruque courte et un petit rabat uni ; que la grande épreuve de toutes vos comédies, c'est le jugement de la cour ; que c'est son goût qu'il faut étudier pour trouver l'art de réussir; qu'il n'y a point de lieu où les décisions soient si justes; et, sans mettre en ligne de compte tous les gens savants qui en sont, que, du simple bon sens naturel et du commerce de tout le beau monde, on s'y fait une manière d'esprit qui, sans comparaison, juge plus finement des choses que tout le savoir enrouillé des pédants.

URANIE.

Il est vrai que, pour peu qu'on y demeure, il vous passe là tous les jours assez de choses devant les yeux pour acquérir quelque habitude de les connoître, et surtout pour ce qui est de la bonne et mauvaise plaisanterie.

DORANTE.

La cour a quelques ridicules, j'en demeure d'accord, et je suis, comme on le voit, le premier à les fronder. Mais, ma foi, il y en a un grand nombre parmi les beaux esprits de profession ; et si l'on joue quelques marquis, je trouve qu'il y a bien plus de quoi jouer les auteurs, et que ce seroit une chose plaisante à mettre sur le théâtre, que leurs grimaces savantes et leurs raffinements ridicules, leur vicieuse coutume d'assassiner les gens de leurs ouvrages, leur friandise de louanges, leurs ménagements de pensées, leur trafic de réputation, et leurs ligues offensives et défensives, aussi bien que leurs guerres d'esprit et leurs combats de prose et de vers.

LYSIDAS.

Molière est bien heureux, monsieur, d'avoir un protecteur aussi chaud que vous. Mais enfin, pour venir au fait, il est question de savoir si sa pièce est bonne, et je m'offre d'y montrer partout cent défauts visibles.

URANIE.

C'est une étrange chose de vous autres messieurs les poëtes, que vous condamniez toujours les pièces où tout le monde court, et ne disiez jamais du bien que de celles où personne ne va. Vous montrez pour les unes une haine invincible, et pour les autres une tendresse qui n'est pas concevable.

DORANTE.

C'est qu'il est généreux de se ranger du côté des affligés.

URANIE.

Mais, de grâce, monsieur Lysidas, faites-nous voir ces défauts, dont je ne me suis point aperçue.

LYSIDAS.

Ceux qui possèdent Aristote et Horace voient d'abord, madame, que cette comédie pèche contre toutes les règles de l'art.

URANIE.

Je vous avoue que je n'ai aucune habitude avec ces messieurs-là, et que je ne sais point les règles de l'art.

DORANTE.

Vous êtes de plaisantes gens avec vos règles, dont vous embarrassez les ignorants et nous étourdissez tous les jours! Il semble, à vous ouïr parler, que ces règles de l'art soient les plus grands mystères du monde; et cependant ce ne sont que quelques observations aisées, que le bon sens a faites sur ce qui peut ôter le plaisir que l'on prend à ces sortes de poëmes; et le même bon sens qui a fait autrefois ces observations les fait aisément tous les jours, sans le secours d'Horace et d'Aristote. Je voudrois bien savoir si la grande règle de toutes les règles n'est pas de plaire, et si une pièce de théâtre qui a attrapé son but n'a pas suivi un bon chemin. Veut-on que tout un public s'abuse sur ces sortes de choses, et que chacun ne soit pas juge du plaisir qu'il y prend?

URANIE.

J'ai remarqué une chose de ces messieurs-là: c'est

que ceux qui parlent le plus des règles, et qui les savent mieux que les autres, font des comédies que personne ne trouve belles.
#### DORANTE.
Et c'est ce qui marque, madame, comme on doit s'arrêter peu à leurs disputes embarrassées. Car enfin, si les pièces qui sont selon les règles ne plaisent pas, et que celles qui plaisent ne soient pas selon les règles, il faudroit de nécessité que les règles eussent été mal faites. Moquons-nous donc de cette chicane où ils veulent assujettir le goût public, et ne consultons dans une comédie que l'effet qu'elle fait sur nous. Laissons-nous aller de bonne foi aux choses qui nous prennent par les entrailles, et ne cherchons point de raisonnements pour nous empêcher d'avoir du plaisir.
#### URANIE.
Pour moi, quand je vois une comédie, je regarde seulement si les choses me touchent; et, lorsque je m'y suis bien divertie, je ne vais point demander si j'ai eu tort, si les règles d'Aristote me défendoient de rire.
#### DORANTE.
C'est justement comme un homme qui auroit trouvé une sauce excellente, et qui voudroit examiner si elle est bonne sur les préceptes du *Cuisinier françois*.
#### URANIE.
Il est vrai; et j'admire les raffinements de certaines gens sur des choses que nous devons sentir par nous-mêmes.
#### DORANTE.
Vous avez raison, madame, de les trouver étranges, tous ces raffinements mystérieux. Car enfin, s'ils ont lieu, nous voilà réduits à ne nous plus croire; nos propres sens seront esclaves en toutes choses; et jusques au manger et au boire, nous n'oserons plus trouver rien de bon sans le congé de messieurs les experts.
#### LYSIDAS.
Enfin, monsieur, toute votre raison, c'est que *l'École des Femmes* a plu; et vous ne vous souciez point qu'elle ne soit pas dans les règles, pourvu...
#### DORANTE.
Tout beau, monsieur Lysidas, je ne vous accorde pas cela. Je dis bien que le grand art est de plaire, et que, cette comédie ayant plu à ceux pour qui elle est faite, je trouve que c'est assez pour elle, et qu'elle doit

peu se soucier du reste. Mais, avec cela, je soutiens qu'elle ne pèche contre aucune des règles dont vous parlez. Je les ai lues, Dieu merci, autant qu'un autre ; et je ferois voir aisément que peut-être n'avons-nous point de pièce au théâtre plus régulière que celle-là.

ÉLISE.

Courage, monsieur Lysidas ! nous sommes perdus si vous reculez.

LYSIDAS.

Quoi ! monsieur, la protase, l'épitase et la péripétie...

DORANTE.

Ah ! monsieur Lysidas, vous nous assommez avec vos grands mots. Ne paroissez point si savant, de grâce ! Humanisez votre discours, et parlez pour être entendu. Pensez-vous qu'un nom grec donne plus de poids à vos raisons ? Et ne trouveriez-vous pas qu'il fût aussi beau de dire, l'exposition du sujet, que la protase ; le nœud, que l'épitase ; et le dénouement, que la péripétie ?

LYSIDAS.

Ce sont des termes de l'art dont il est permis de se servir. Mais, puisque ces mots blessent vos oreilles, je m'expliquerai d'une autre façon ; et je vous prie de répondre positivement à trois ou quatre choses que je vais dire. Peut-on souffrir une pièce qui pèche contre le nom propre des pièces de théâtre ? Car enfin le nom de poëme dramatique vient d'un mot grec qui signifie agir, pour montrer que la nature de ce poëme consiste dans l'action ; et dans cette comédie-ci il ne se passe point d'action, et tout consiste en des récits que vient faire ou Agnès ou Horace.

LE MARQUIS.

Ah ! ah ! chevalier.

CLIMÈNE.

Voilà qui est spirituellement remarqué, et c'est prendre le fin des choses.

LYSIDAS.

Est-il rien de plus spirituel, ou, pour mieux dire, rien de si bas, que quelques mots où tout le monde rit, et surtout celui des *enfants par l'oreille?*

CLIMÈNE.

Fort bien.

ÉLISE.

Ah !

LYSIDAS.

La scène du valet et de la servante au dedans de

la maison n'est-elle pas d'une longueur ennuyeuse, et tout à fait impertinente ?

LE MARQUIS.

Cela est vrai.

CLIMÈNE.

Assurément.

ÉLISE.

Il a raison.

LYSIDAS.

Arnolphe ne donne-t-il pas trop librement son argent à Horace ? Et, puisque c'est le personnage ridicule de la pièce, falloit-il lui faire faire l'action d'un honnête homme ?

LE MARQUIS.

Bon. La remarque est encore bonne.

CLIMÈNE.

Admirable !

ÉLISE.

Merveilleuse !

LYSIDAS.

Le sermon et les maximes ne sont-elles pas des choses ridicules, et qui choquent même le respect que l'on doit à nos mystères ?

LE MARQUIS.

C'est bien dit.

CLIMÈNE.

Voilà parlé comme il faut.

ÉLISE.

Il ne se peut rien de mieux.

LYSIDAS.

Et ce monsieur de la Souche, enfin, qu'on nous fait un homme d'esprit, et qui paroît si sérieux en tant d'endroits, ne descend-il point dans quelque chose de trop comique et de trop outré au cinquième acte, lorsqu'il explique à Agnès la violence de son amour, avec ces roulements d'yeux extravagants, ces soupirs ridicules et ces larmes niaises qui font rire tout le monde ?

LE MARQUIS.

Morbleu ! merveille !

CLIMÈNE.

Miracle !

ÉLISE.

Vivat, monsieur Lysidas !

LYSIDAS.
Je laisse cent mille autres choses, de peur d'être ennuyeux.

LE MARQUIS.
Parbleu! chevalier, te voilà mal ajusté.

DORANTE.
Il faut voir.

LE MARQUIS.
Tu as trouvé ton homme, ma foi.

DORANTE.
Peut-être.

LE MARQUIS.
Réponds, réponds, réponds, réponds.

DORANTE.
Volontiers. Il...

LE MARQUIS.
Réponds donc, je te prie.

DORANTE.
Laisse-moi donc faire. Si...

LE MARQUIS.
Parbleu! je te défie de répondre.

DORANTE.
Oui, si tu parles toujours.

CLIMÈNE.
De grâce, écoutons ses raisons.

DORANTE.
Premièrement, il n'est pas vrai de dire que toute la pièce n'est qu'en récits. On y voit beaucoup d'actions qui se passent sur la scène; et les récits eux-mêmes y sont des actions, suivant la constitution du sujet; d'autant qu'ils sont tous faits innocemment, ces récits, à la personne intéressée, qui, par là, entre à tous coups dans une confusion à réjouir les spectateurs, et prend, à chaque nouvelle, toutes les mesures qu'il peut, pour se parer du malheur qu'il craint.

URANIE.
Pour moi, je trouve que la beauté du sujet de l'*École des Femmes* consiste dans cette confidence perpétuelle; et ce qui me paroît assez plaisant, c'est qu'un homme qui a de l'esprit, et qui est averti de tout par une innocente qui est sa maîtresse, et par un étourdi qui est son rival, ne puisse avec cela éviter ce qui lui arrive.

LE MARQUIS.

Bagatelle! bagatelle!

CLIMÈNE.

Foible réponse.

ÉLISE.

Mauvaises raisons.

DORANTE.

Pour ce qui est des *enfants par l'oreille,* ils ne sont plaisants que par réflexion à Arnolphe ; et l'auteur n'a pas mis cela pour être de soi un bon mot, mais seulement pour une chose qui caractérise l'homme, et peint d'autant mieux son extravagance, puisqu'il rapporte une sottise triviale qu'a dite Agnès comme la chose la plus belle du monde et qui lui donne une joie inconcevable.

LE MARQUIS.

C'est mal répondre.

CLIMÈNE.

Cela ne satisfait point.

ÉLISE.

C'est ne rien dire.

DORANTE.

Quant à l'argent qu'il donne librement, outre que la lettre de son meilleur ami lui est une caution suffisante, il n'est pas incompatible qu'une personne soit ridicule en de certaines choses, et honnête homme en d'autres. Et pour la scène d'Alain et de Georgette dans le logis, que quelques-uns ont trouvée longue et froide, il est certain qu'elle n'est pas sans raison ; et, de même qu'Arnolphe se trouve attrapé pendant son voyage par la pure innocence de sa maîtresse, il demeure au retour longtemps à sa porte par l'innocence de ses valets, afin qu'il soit partout puni par les choses dont il a cru faire la sûreté de ses précautions.

LE MARQUIS.

Voilà des raisons qui ne valent rien.

CLIMÈNE.

Tout cela ne fait que blanchir.

ÉLISE.

Cela fait pitié.

DORANTE.

Pour le discours moral que vous appelez un sermon, il est certain que de vrais dévots qui l'ont ouï n'ont pas trouvé qu'il choquât ce que vous dites; et sans doute que ces paroles d'*enfer* et de *chaudières bouillantes* sont assez justifiées par l'extravagance d'Arnolphe et par l'innocence de celle à qui il parle. Et quant au transport amoureux du cinquième acte, qu'on accuse d'être trop outré et trop comique, je voudrois bien savoir si ce n'est pas faire la satire des amants, et si les honnêtes gens même, et les plus sérieux, en de pareilles occasions, ne font pas des choses...

LE MARQUIS.

Ma foi, chevalier, tu ferois mieux de te taire.

DORANTE.

Fort bien. Mais enfin, si nous nous regardions nous-mêmes, quand nous sommes bien amoureux...

LE MARQUIS.

Je ne veux seulement pas t'écouter.

DORANTE.

Écoute-moi si tu veux. Est-ce que, dans la violence de la passion...

LE MARQUIS.

La, la, la, la, lare, la, la, la, la, la, la. (Il chante.)

DORANTE.

Quoi!...

LE MARQUIS.

La, la, la, la, lare, la, la, la, la, la, la.

DORANTE.

Je ne sais pas si...

LE MARQUIS.

La, la, la, la, lare, la, la, la, la, la, la.

URANIE.

Il me semble que...

LE MARQUIS.

La, la, la, lare, la, la, la, la, la, la, la, la, la, la.

URANIE.

Il se passe des choses assez plaisantes dans notre dispute. Je trouve qu'on en pourroit bien faire une petite comédie, et que cela ne seroit pas trop mal à la queue de l'*École des Femmes*.

DORANTE.

Vous avez raison.

LE MARQUIS.

Parbleu! chevalier, tu jouerois là-dedans un rôle qui ne te seroit pas avantageux.

DORANTE.
Il est vrai, marquis.
CLIMÈNE.
Pour moi, je souhaiterois que cela se fît, pourvu qu'on traitât l'affaire comme elle s'est passée.
ÉLISE.
Et moi, je fournirois de bon cœur mon personnage.
LYSIDAS.
Je ne refuserois pas le mien, que je pense.
URANIE.
Puisque chacun en seroit content, chevalier, faites un mémoire de tout, et le donnez à Molière, que vous connoissez, pour le mettre en comédie.
CLIMÈNE.
Il n'aurait garde, sans doute, et ce ne seroit pas des vers à sa louange.
URANIE.
Point, point; je connois son humeur, il ne se soucie pas qu'on fronde ses pièces, pourvu qu'il y vienne du monde.
DORANTE.
Oui. Mais quel dénoûment pourroit-il trouver à ceci? Car il ne sauroit y avoir ni mariage, ni reconnoissance; et je ne sais point par où l'on pourroit faire finir la dispute.
URANIE.
Il faudroit rêver quelque incident pour cela.

## SCÈNE VIII
CLIMÈNE, URANIE, ÉLISE, DORANTE, LE MARQUIS, LYSIDAS, GALOPIN.

GALOPIN.
Madame, on a servi sur table.
DORANTE.
Ah! voilà justement ce qu'il faut pour le dénoûment que nous cherchions, et l'on ne peut rien trouver de plus naturel. On disputera fort et ferme de part et d'autre comme nous avons fait, sans que personne se rende; un petit laquais viendra dire qu'on a servi, on se lèvera, et chacun ira souper.
URANIE.
La comédie ne peut pas mieux finir, et nous ferons bien d'en demeurer là.

# L'IMPROMPTU DE VERSAILLES
## COMÉDIE EN UN ACTE

### PERSONNAGES

MOLIÈRE, marquis ridicule; BRÉCOURT, homme de qualité; DE LA GRANGE, marquis ridicule; DU CROISY, poëte; LA THORILLIÈRE, marquis fâcheux; BÉJART, homme qui fait le nécessaire; $M^{lle}$ DU PARC, marquise façonnière; $M^{lle}$ BÉJART, prude; $M^{lle}$ DE BRIE, sage coquette; $M^{lle}$ MOLIÈRE, satirique spirituelle; $M^{lle}$ DU CROISY, peste doucereuse; $M^{lle}$ HERVÉ, servante précieuse; QUATRE NÉCESSAIRES.

La scène est à Versailles, dans la salle de la comédie.

### SCÈNE I

MOLIÈRE, BRÉCOURT, LA GRANGE, DU CROISY; MESDEMOISELLES DU PARC, BÉJART, DE BRIE, MOLIÈRE, DU CROISY, HERVÉ.

MOLIÈRE, seul, parlant à ses camarades, qui sont derrière le théâtre.

Allons donc, messieurs et mesdames; vous moquez-vous avec votre longueur, et ne voulez-vous pas tous venir ici! La peste soit des gens! Holà! ho! monsieur de Brécourt!

    BRÉCOURT, derrière le théâtre.

Quoi?

    MOLIÈRE.

Monsieur de la Grange!

    LA GRANGE, derrière le théâtre.

Qu'est-ce?

    MOLIÈRE.

Monsieur de Croisy!

    DU CROISY, derrière le théâtre.

Plaît-il?

    MOLIÈRE.

Mademoiselle du Parc!

    MADEMOISELLE DU PARC, derrière le théâtre.

Eh bien?

    MOLIÈRE.

Mademoiselle Béjart!

    MADEMOISELLE BÉJART, derrière le théâtre.

Qu'y a-t-il?

    MOLIÈRE.

Mademoiselle de Brie!

MADEMOISELLE DE BRIE, derrière le théâtre.
Que veut-on ?
MOLIÈRE.
Mademoiselle du Croisy !
MADEMOISELLE DU CROISY, derrière le théâtre.
Qu'est-ce que c'est ?
MOLIÈRE.
Mademoiselle Hervé !
MADEMOISELLE HERVÉ, derrière le théâtre.
On y va.
MOLIÈRE.
Je crois que je deviendrai fou avec tous ces gens-ci. Hé ! (Brécourt, la Grange, du Croisy, entrent.) Têtebleu ! messieurs, me voulez-vous faire enrager aujourd'hui ?
BRÉCOURT.
Que voulez-vous qu'on fasse ? Nous ne savons pas nos rôles ; et c'est nous faire enrager vous-même que de nous obliger à jouer de la sorte.
MOLIÈRE.
Ah ! les étranges animaux à conduire que des comédiens ! (Mesdemoiselles Béjart, du Parc, de Brie, Molière, du Croisy et Hervé arrivent.)
MADEMOISELLE BÉJART.
Eh bien, nous voilà. Que prétendez-vous faire ?
MADEMOISELLE DU PARC.
Quelle est votre pensée ?
MADEMOISELLE DE BRIE.
De quoi est-il question ?
MOLIÈRE.
De grâce, mettons-nous ici ; et, puisque nous voilà tous habillés et que le roi ne doit venir de deux heures, employons ce temps à répéter notre affaire et voir la manière dont il faut jouer les choses.
LA GRANGE.
Le moyen de jouer ce qu'on ne sait pas ?
MADEMOISELLE DU PARC.
Pour moi, je vous déclare que je ne me souviens pas d'un mot de mon personnage.
MADEMOISELLE DE BRIE.
Je sais bien qu'il me faudra souffler le mien d'un bout à l'autre.
MADEMOISELLE BÉJART.
Et moi, je me prépare fort à tenir mon rôle à la main.

MADEMOISELLE MOLIÈRE.
Et moi aussi.
MADEMOISELLE HERVÉ.
Pour moi, je n'ai pas grand'chose à dire.
MADEMOISELLE DU CROISY.
Ni moi non plus; mais avec cela, je ne répondrois pas de ne point manquer.
DU CROISY
J'en voudrais être quitte pour dix pistoles.
BRÉCOURT.
Et moi, pour vingt bons coups de fouet, je vous assure.
MOLIÈRE.
Vous voilà tous bien malades, d'avoir un méchant rôle à jouer! Et que feriez-vous donc si vous étiez en ma place?
MADEMOISELLE BÉJART.
Qui, vous? vous n'êtes pas à plaindre; car, ayant fait la pièce, vous n'avez pas peur d'y manquer.
MOLIÈRE.
Et n'ai-je à craindre que le manquement de mémoire? Ne comptez-vous pour rien l'inquiétude d'un succès qui ne regarde que moi seul? Et pensez-vous que ce soit une petite affaire que d'exposer quelque chose de comique devant une assemblée comme celle-ci; que d'entreprendre de faire rire des personnes qui nous impriment le respect et ne rient que quand ils veulent? Est-il auteur qui ne doive trembler lorsqu'il en vient à cette épreuve? Et n'est-ce pas à moi de dire que je voudrois en être quitte pour toutes les choses du monde.
MADEMOISELLE BÉJART.
Si cela vous faisoit trembler, vous prendriez mieux vos précautions, et n'auriez pas entrepris en huit jours ce que vous avez fait.
MOLIÈRE.
Le moyen de m'en défendre, lorsqu'un roi me l'a commandé.
MADEMOISELLE BÉJART.
Le moyen? Une respectueuse excuse fondée sur l'impossibilité de la chose, dans le peu de temps qu'on vous donne; et tout autre, en votre place, ménageroit mieux sa réputation, et se seroit bien gardé de se commettre comme vous faites. Où en serez-vous, je

vous prie, si l'affaire réussit mal ; et quel avantage pensez-vous qu'en prendront tous vos ennemis ?

MADEMOISELLE DE BRIE.

En effet, il falloit s'excuser avec respect envers le roi, ou demander du temps davantage.

MOLIÈRE.

Mon Dieu ! mademoiselle, les rois n'aiment rien tant qu'une prompte obéissance, et ne se plaisent point du tout à trouver des obstacles. Les choses ne sont bonnes que dans le temps qu'ils les souhaitent : et leur en vouloir reculer le divertissement est en ôter pour eux toute la grâce. Ils veulent des plaisirs qui ne se fassent point attendre, et les moins préparés leur sont toujours les plus agréables. Nous ne devons jamais nous regarder dans ce qu'ils désirent de nous ; nous ne sommes que pour leur plaire ; et, lorsqu'ils nous ordonnent quelque chose, c'est à nous à profiter vite de l'envie où ils sont. Il vaut mieux s'acquitter mal de ce qu'ils nous demandent que de ne s'en acquitter pas assez tôt ; et, si l'on a la honte de n'avoir pas bien réussi, on a toujours la gloire d'avoir obéi vite à leurs commandements. Mais songeons à répéter, s'il vous plaît.

MADEMOISELLE BÉJART.

Comment prétendez-vous que nous fassions, si nous ne savons pas nos rôles ?

MOLIÈRE.

Vous les saurez, vous dis-je ; et quand même vous ne les sauriez pas tout à fait, pouvez-vous pas y suppléer de votre esprit, puisque c'est de la prose, et que vous savez votre sujet ?

MADEMOISELLE BÉJART.

Je suis votre servante. La prose est pis encore que les vers.

MADEMOISELLE MOLIÈRE.

Voulez-vous que je vous dise ? vous deviez faire une comédie où vous auriez joué tout seul.

MOLIÈRE.

Taisez-vous, ma femme, vous êtes une bête.

MADEMOISELLE MOLIÈRE.

Grand merci, monsieur mon mari. Voilà ce que c'est ! Le mariage change bien les gens, et vous ne m'auriez pas dit cela il y a dix-huit mois.

MOLIÈRE.

Taisez-vous, je vous prie.

MADEMOISELLE MOLIÈRE.

C'est une chose étrange, qu'une petite cérémonie soit capable de nous ôter toutes nos belles qualités, et qu'un mari et un galant regardent la même personne avec des yeux si différents.

MOLIÈRE.

Que de discours !

MADEMOISELLE MOLIÈRE.

Ma foi, si je faisois une comédie, je la ferois sur ce sujet. Je justifierois les femmes de bien de choses dont on les accuse; et je ferois craindre aux maris la différence qu'il y a de leurs manières brusques aux civilités des galants.

MOLIÈRE.

Ah ! laissons cela. Il n'est pas question de causer maintenant; nous avons autre chose à faire.

MADEMOISELLE BÉJART.

Mais, puisqu'on vous a commandé de travailler sur le sujet de la critique qu'on a faite contre vous, que n'avez-vous fait cette comédie de comédiens, dont vous nous avez parlé il y a longtemps ? C'était une affaire toute trouvée, et qui venoit fort bien à la chose, et d'autant mieux qu'ayant entrepris de vous peindre, ils vous ouvroient l'occasion de les peindre aussi, et que cela auroit pu s'appeler leur portrait, à bien plus juste titre que tout ce qu'ils ont fait ne peut être appelé le vôtre. Car vouloir contrefaire un comédien dans un rôle comique, ce n'est pas le peindre lui-même, c'est peindre d'après lui les personnages qu'il représente, et se servir des mêmes traits et des mêmes couleurs qu'il est obligé d'employer aux différents tableaux des caractères ridicules qu'il imite d'après nature; mais contrefaire un comédien dans des rôles sérieux, c'est le peindre par des défauts qui sont entièrement de lui, puisque ces sortes de personnages ne veulent ni les gestes ni les tons de voix ridicules dans lesquels on le reconnoît.

MOLIÈRE.

Il est vrai; mais j'ai mes raisons pour ne le pas faire, et je n'ai pas cru, entre nous, que la chose en valût la peine; et puis il falloit plus de temps pour exécuter cette idée. Comme leurs jours de comédie sont les mêmes que les nôtres, à peine ai-je été les voir que trois ou quatre fois depuis que nous sommes à Paris; je n'ai attrapé de leur manière de réciter que ce qui m'a d'abord sauté aux yeux, et j'aurois eu besoin de les étudier davantage pour faire des portraits bien ressemblants.

MADEMOISELLE DU PARC.

Pour moi, j'en ai reconnu quelques-uns dans votre bouche.

MADEMOISELLE DE BRIE.

Je n'ai jamais ouï parler de cela.

MOLIÈRE.

C'est une idée qui m'avoit passé une fois par la tête, et que j'ai laissée là comme une bagatelle, une badinerie, qui peut-être n'auroit pas fait rire.

MADEMOISELLE DE BRIE.

Dites-la-moi un peu, puisque vous l'avez dite aux autres.

MOLIÈRE.

Nous n'avons pas le temps maintenant.

MADEMOISELLE DE BRIE.

Seulement deux mots.

MOLIÈRE.

J'avois songé une comédie où il y auroit eu un poëte, que j'aurois représenté moi-même, qui seroit venu pour offrir une pièce à une troupe de comédiens nouvellement arrivés de la campagne. « Avez-vous, auroit-il dit, des acteurs et des actrices qui soient capables de bien faire valoir un ouvrage ? Car ma pièce est une pièce... — Eh ! monsieur, auroient répondu les comédiens, nous avons des hommes et des femmes qui ont été trouvés raisonnables partout où nous avons passé. — Et qui fait les rois parmi vous ? — Voilà un acteur qui s'en démêle parfois. — Qui ? ce jeune homme bien fait ? Vous moquez-vous ? Il faut un roi qui soit gros et gras comme quatre ; un roi, morbleu ! qui soit entripaillé comme il faut ; un roi d'une vaste circonférence, et qui puisse remplir un trône de la belle manière. La belle chose qu'un roi d'une taille galante ! Voilà déjà un grand défaut ; mais que je l'entende un peu réciter une douzaine de vers. » Là-dessus le comédien auroit récité, par exemple, quelques vers du roi, de *Nicomède* :

> Te le dirai-je, Araspe ? il m'a trop bien servi,
> Augmentant mon pouvoir...

e plus naturellement qu'il lui auroit été possible. Et le poëte : « Comment ! vous appelez cela réciter ? C'est se railler : il faut dire les choses avec emphase.

Écoutez-moi. (Il contrefait Montfleury, comédien de l'hôtel de Bourgogne.)
>Te le dirai-je, Araspe? etc.

Voyez-vous cette posture? Remarquez bien cela. Là, appuyez comme il faut le dernier vers. Voilà ce qui attire l'approbation, et fait faire le brouhaha. — Mais, monsieur, auroit répondu le comédien, il me semble qu'un roi qui s'entretient tout seul avec son capitaine des gardes parle un peu plus humainement, et ne prend guère ce ton de démoniaque. — Vous ne savez ce que c'est. Allez-vous-en réciter comme vous faites, vous verrez si vous ferez faire aucun ah ! Voyons un peu une scène d'amant et d'amante. » Là-dessus une comédienne et un comédien auroient fait une scène ensemble, qui est celle de Camille et de Curiace :

>Iras-tu, ma chère âme ? et ce funeste honneur
>Te plaît-il aux dépens de tout notre bonheur ?
>Hélas ! je vois trop bien, etc.

tout de même que l'autre, et le plus naturellement qu'ils auroient pu. Et le poëte aussitôt : « Vous vous moquez, vous ne faites rien qui vaille ; et voici comme il faut réciter cela. (Il imite mademoiselle de Beauchâteau, comédienne de l'hôtel de Bourgogne.)

>Iras-tu, ma chère âme, etc.
>Non, je te connois mieux, etc.

Voyez-vous comme cela est naturel et passionné ? Admirez ce visage riant qu'elle conserve dans les plus grandes afflictions. » Enfin, voilà l'idée ; et il auroit parcouru de même tous les acteurs et toutes les actrices.

MADEMOISELLE DE BRIE.

Je trouve cette idée assez plaisante, et j'en ai reconnu là dès le premier vers. Continuez, je vous prie.

MOLIÈRE, imitant Beauchâteau, comédien de l'hôtel de Bourgogne, dans les stances du *Cid*.
>Percé jusques au fond du cœur, etc.

Et celui-ci, le reconnoîtrez-vous bien dans Pompée, de *Sertorius* ? (Il contrefait Hauteroche, comédien de l'hôtel de Bourgogne.)

>L'inimitié qui règne entre les deux partis
>N'y rend pas de l'honneur, etc.

MADEMOISELLE DE BRIE.

Je le reconnois un peu, je pense.

MOLIÈRE.

Et celui-ci ? (Imitant de Villiers, comédien de l'hôtel de Bourgogne.)

>Seigneur, Polybe est mort, etc.

MADEMOISELLE DE BRIE.

Oui, je sais qui c'est ; mais il y en a quelques-uns d'entre eux, je crois, que vous auriez peine à contrefaire.

MOLIÈRE.

Mon Dieu, il n'y en a point qu'on ne pût attraper par quelque endroit, si je les avois bien étudiés. Mais vous me faites perdre un temps qui nous est cher. Songeons à nous, de grâce, et ne nous amusons point davantage à discourir. (A la Grange.) Vous, prenez garde à bien représenter avec moi votre rôle de marquis.

MADEMOISELLE MOLIÈRE.

Toujours des marquis !

MOLIÈRE.

Oui, toujours des marquis. Que diable voulez-vous qu'on prenne pour un caractère agréable de théâtre ? Le marquis aujourd'hui est le plaisant de la comédie; et comme, dans toutes les comédies anciennes, on voit toujours un valet bouffon qui fait rire les auditeurs, de même, dans toutes nos pièces de maintenant, il faut toujours un marquis ridicule qui divertisse la compagnie.

MADEMOISELLE BÉJART.

Il est vrai, on ne s'en sauroit passer.

MOLIÈRE.

Pour vous, mademoiselle...

MADEMOISELLE DU PARC.

Mon Dieu ! pour moi, je m'acquitterai fort mal de mon personnage, et je ne sais pas pourquoi vous m'avez donné ce rôle de façonnière.

MOLIÈRE.

Mon Dieu ! mademoiselle, voilà comme vous disiez lorsque l'on vous donna celui de la *Critique de l'École des Femmes ;* cependant vous vous en êtes acquittée à merveille, et tout le monde est demeuré d'accord qu'on ne peut pas mieux faire que vous avez fait. Croyez-moi, celui-ci sera de même ; et vous le jouerez mieux que vous ne pensez.

MADEMOISELLE DU PARC.

Comment cela se pourroit-il faire ? car il n'y a point de personne au monde qui soit moins façonnière que moi.

MOLIÈRE.

Cela est vrai ; et c'est en quoi vous faites mieux voir que vous êtes excellente comédienne de bien représenter un personnage qui est si contraire à votre humeur. Tâchez donc de bien prendre, tous, le caractère de vos rôles, et de vous figurer que vous êtes ce que vous représentez. (A du Croisy.) Vous faites le poëte, vous, et vous devez vous remplir de ce personnage, marquer cet air pédant qui se conserve parmi le commerce du beau monde, ce ton de voix sentencieux et cette exactitude de prononciation qui appuie sur toutes les syllabes, et ne laisse échapper aucune lettre de la plus sévère orthographe. (A Brécourt). Pour vous, vous faites un honnête homme de cour, comme vous avez déjà fait dans la *Critique de l'École des Femmes,* c'est-à-dire que vous devez prendre un air posé, un ton de voix naturel, et gesticuler le moins qu'il vous sera possible. (A la Grange.) Pour vous, je n'ai rien à vous dire. (A mademoiselle Béjart.) Vous, vous représentez une de ces femmes qui, pourvu qu'elles ne fassent point l'amour, croient que tout le reste leur est permis, de ces femmes qui se retranchent toujours fièrement sur leur pruderie, regardent un chacun de haut en bas, et veulent que toutes les plus belles qualités que possèdent les autres ne soient rien en comparaison d'un misérable honneur dont personne ne se soucie. Ayez toujours ce caractère devant les yeux pour en bien faire les grimaces. (A mademoiselle de Brie.) Pour vous, vous faites une de ces femmes qui pensent être les plus vertueuses personnes du monde, pourvu qu'elles sauvent les apparences; de ces femmes qui croient que le péché n'est que dans le scandale, qui veulent conduire doucement les affaires qu'elles ont, sur le pied d'attachement honnête, et appellent amis ce que les autres nomment galants. Entrez bien dans ce caractère. (A mademoiselle Molière.) Vous, vous faites le même personnage que dans la *Critique,* et je n'ai rien à vous dire, non plus qu'à mademoiselle du Parc. (A mademoiselle du Croisy). Pour vous, vous représentez une de ces personnes qui prêtent doucement des charités à tout le monde, de ces femmes qui donnent toujours le petit coup de langue en passant, et seroient bien fâchées d'avoir souffert qu'on eût dit du bien du prochain. Je crois que vous ne vous acquitterez pas mal de ce rôle. (A mademoiselle Hervé.) Et vous, vous êtes la soubrette de la précieuse, qui se mêle de temps en temps dans la conversation, et attrape, comme elle peut, tous les termes de sa maîtresse. Je vous dis tous vos caractères, afin que vous vous les imprimiez fortement dans l'esprit. Commençons maintenant à répéter, et voyons comme cela ira. Ah! voici justement un fâcheux! il ne nous falloit plus que cela.

## SCÈNE II

LA THORILLIÈRE, MOLIÈRE, BRÉCOURT, LAGRANGE, DU CROISY; MESDEMOISELLES DU PARC, BÉJART, DE BRIE, MOLIÈRE, DU CROISY, HERVÉ.

LA THORILLIÈRE.
Bonjour, monsieur Molière.

MOLIÈRE.
Monsieur, votre serviteur. (A part.) La peste soit de l'homme!

LA THORILLIÈRE.
Comment vous en va?

MOLIÈRE.
Fort bien, pour vous servir. (Aux actrices.) Mesdemoiselles ne...

LA THORILLIÈRE.
Je viens d'un lieu où j'ai dit du bien de vous.

MOLIÈRE.
Je vous suis obligé. (A part.) Que le diable t'emporte! (Aux acteurs.) Ayez un peu soin...

LA THORILLIÈRE.
Vous jouez une pièce nouvelle aujourd'hui?

MOLIÈRE.
Oui, monsieur. (Aux actrices.) N'oubliez pas...

LA THORILLIÈRE.
C'est le roi qui vous l'a fait faire?

MOLIÈRE.
Oui, monsieur. (Aux acteurs.) De grâce, songez...

LA THORILLIÈRE.
Comment l'appelez-vous?

MOLIÈRE.
Oui monsieur.

LA THORILLIÈRE.
Je vous demande comment vous la nommez.

MOLIÈRE.
Ah! ma foi, je ne sais. (Aux actrices.) Il faut, s'il vous plaît que vous...

LA THORILLIÈRE.
Comment serez-vous habillés?

MOLIÈRE.
Comme vous voyez. (Aux acteurs.) Je vous prie...
LA THORILLIÈRE.
Quand commencerez-vous ?
MOLIÈRE.
Quand le roi sera venu. (A part.) Au diantre le questionneur !
LA THORILLIÈRE.
Quand croyez-vous qu'il vienne ?
MOLIÈRE.
La peste m'étouffe, monsieur, si je le sais.
LA THORILLIÈRE.
Savez-vous point...
MOLIÈRE.
Tenez, monsieur, je suis le plus ignorant homme du monde. Je ne sais rien de tout ce que vous pourrez me demander, je vous jure. (A part.) J'enrage ! Ce bourreau vient avec un air tranquille vous faire des questions, et ne se soucie pas qu'on ait en tête d'autres affaires.
LA THORILLIÈRE.
Mesdemoiselles, votre serviteur.
MOLIÈRE.
Ah ! bon, le voilà d'un autre côté.
LA THORILLIÈRE, à mademoiselle du Croisy.
Vous voilà belle comme un petit ange. (En regardant mademoiselle Hervé.) Jouez-vous toutes les deux aujourd'hui ?
MADEMOISELLE DU CROISY.
Oui, monsieur.
LA THORILLIÈRE.
Sans vous, la comédie ne vaudroit pas grand'chose.
MOLIÈRE, bas aux actrices.
Vous ne pouvez pas faire en aller cet homme-là.
MADEMOISELLE DE BRIE, à la Thorillière.
Monsieur, nous avons ici quelque chose à répéter ensemble.
LA THORILLIÈRE.
Ah ! parbleu, je ne veux pas vous empêcher ; vous n'avez qu'à poursuivre.
MADEMOISELLE DE BRIE.
Mais...
LA THORILLIÈRE.
Non, non, je serois fâché d'incommoder personne. Faites librement ce que vous avez à faire.

MADEMOISELLE DE BRIE.

Oui, mais...

LA THORILLIÈRE.

Je suis homme sans cérémonie, vous dis-je; et vous pouvez répéter ce qu'il vous plaira.

MOLIÈRE.

Monsieur, ces demoiselles ont peine à vous dire qu'elles souhaiteraient fort que personne ne fût ici pendant cette répétition.

LA THORILLIÈRE.

Pourquoi? il n'y a point de danger pour moi.

MOLIÈRE.

Monsieur, c'est une coutume qu'elles observent; et vous aurez plus de plaisir quand les choses vous surprendront.

LA THORILLIÈRE.

Je m'en vais donc dire que vous êtes prêts.

MOLIÈRE.

Point du tout, monsieur; ne vous hâtez pas, de grâce.

## SCÈNE III

MOLIÈRE, BRÉCOURT, LA GRANGE, DU CROISY; MESDEMOISELLES DU PARC, BÉJART, DE BRIE, MOLIÈRE, DU CROISY, HERVÉ.

MOLIÈRE.

Ah! que le monde est plein d'impertinents! Or sus, commençons. Figurez-vous premièrement que la scène est dans l'antichambre du roi; car c'est un lieu où il se passe tous les jours des choses assez plaisantes. Il est aisé de faire venir là toutes les personnes qu'on veut, et on peut trouver des raisons même pour y autoriser la venue des femmes que j'introduis. La comédie s'ouvre par deux marquis qui se rencontrent. (A la Grange.) Souvenez-vous bien, vous, de venir comme je vous ai dit là, avec cet air qu'on nomme le bel air, peignant votre perruque, et grondant une petite chanson entre vos dents. La, la, la, la, la, la. Rangez-vous donc, vous autres, car il faut du terrain à deux marquis; et ils ne sont pas gens à tenir leur personne dans un petit espace. (A la Grange.) Allons, parlez.

LA GRANGE.

« Bonjour, marquis. »

MOLIÈRE.

Mon Dieu, ce n'est point là le ton d'un marquis ; il faut le prendre un peu plus haut ; et la plupart de ces messieurs affectent une manière de parler particulière, pour se distinguer du commun ; *Bonjour, marquis.* Recommencez donc.

LA GRANGE.

« Bonjour, marquis.

MOLIÈRE.

« Ah ! marquis, ton serviteur.

LA GRANGE.

« Que fais-tu là ?

MOLIÈRE.

« Parbleu, tu vois ; j'attends que tous ces messieurs
« aient débouché la porte, pour présenter là mon
« visage.

LA GRANGE.

« Têtebleu, quelle foule ! Je n'ai garde de m'y aller
« frotter, et j'aime bien mieux entrer des derniers.

MOLIÈRE.

« Il y a là vingt gens qui sont fort assurés de n'en-
« trer point, et qui ne laissent pas de presser et d'oc-
« cuper toutes les avenues de la porte.

LA GRANGE.

« Crions nos deux noms à l'huissier, afin qu'il nous
« appelle.

MOLIÈRE.

« Cela est bon pour toi ; mais, pour moi, je ne
« veux pas être joué par Molière.

LA GRANGE.

« Je pense pourtant, marquis, que c'est toi qu'il
« joue dans la *Critique*.

MOLIÈRE.

« Moi ? Je suis ton valet ; c'est toi-même en propre
« personne.

LA GRANGE.

« Ah ! ma foi, tu es bon de m'appliquer ton per-
« sonnage.

MOLIÈRE.

« Parbleu ! je te trouve plaisant de me donner ce
« qui t'appartient.

LA GRANGE, riant.

« Ah, ah, ah ! cela est drôle.

MOLIÈRE, riant.

« Ah, ah, ah ! cela est bouffon.

LA GRANGE.

« Quoi ! tu veux soutenir que ce n'est pas toi
« qu'on joue dans le marquis de la *Critique*.

MOLIÈRE.

« Il est vrai, c'est moi. *Détestable, morbleu ! détestable !*
« *tarte à la crème !* C'est moi, c'est moi, assurément,
« c'est moi.

LA GRANGE.

« Oui, parbleu ! c'est toi, tu n'as que faire de railler ;
« et, si tu veux, nous gagerons, et verrons qui a rai-
« son des deux.

MOLIÈRE.

« Et que veux-tu gager encore ?

LA GRANGE.

« Je gage cent pistoles que c'est toi.

MOLIÈRE.

« Et moi, cent pistoles que c'est toi.

LA GRANGE.

« Cent pistoles comptant ?

MOLIÈRE.

« Comptant. Quatre-vingt-dix pistoles sur Amyn-
« tas et dix pistoles comptant.

LA GRANGE.

« Je le veux.

MOLIÈRE.

« Cela est fait.

LA GRANGE.

« Ton argent court grand risque.

MOLIÈRE.

« Le tien est bien aventuré.

LA GRANGE.

« A qui nous en rapporter ?

MOLIÈRE, à Brécourt.

« Voici un homme qui nous jugera. Chevalier...

BRÉCOURT.

« Quoi ? »

MOLIÈRE.

Bon ! voilà l'autre qui prend le ton de marquis !
Vous ai-je pas dit que vous faites un rôle où l'on
doit parler naturellement ?

BRÉCOURT.

Il est vrai.

MOLIÈRE.

Allons donc. « Chevalier...

BRÉCOURT.

« Quoi ?

MOLIÈRE.

« Juge-nous un peu sur une gageure que nous
« avons faite.

BRÉCOURT.

« Et quelle ?

MOLIÈRE.

« Nous disputons qui est le marquis de la *Critique*
« de Molière ; il gage que c'est moi, et moi, je gage
« que c'est lui.

BRÉCOURT.

« Et moi, je juge que ce n'est ni l'un ni l'autre.
« Vous êtes fous tous deux de vouloir vous appliquer
« ces sortes de choses ; et voilà de quoi j'ouïs l'autre
« jour se plaindre Molière, parlant à des personnes
« qui le chargeoient de même chose que vous. Il di-
« soit que rien ne lui donnoit du déplaisir comme
« d'être accusé de regarder quelqu'un dans les por-
« traits qu'il fait : que son dessein est de peindre les
« mœurs sans vouloir toucher aux personnes, et que
« tous les personnages qu'il représente sont des per-
« sonnages en l'air, et des fantômes proprement,
« qu'il habille à sa fantaisie, pour réjouir les spec-
« tateurs ; qu'il seroit bien fâché d'y avoir jamais
« marqué qui que ce soit ; et que si quelque chose étoit
« capable de le dégoûter de faire des comédies, c'é-
« toit les ressemblances qu'on y vouloit toujours trou-
« ver, et dont ses ennemis tâchoient malicieusement
« d'appuyer la pensée, pour lui rendre de mauvais
« offices auprès de certaines personnes à qui il n'a
« jamais pensé. Et, en effet, je trouve qu'il a raison ;
« car pourquoi vouloir, je vous prie, appliquer tous
« ses gestes et toutes ses paroles, et chercher à lui
« faire des affaires en disant hautement : Il joue un
« tel, lorsque ce sont des choses qui peuvent conve-
« nir à cent personnes ? Comme l'affaire de la co-
« médie est de représenter en général tous les défauts
« des hommes et principalement des hommes de
« notre siècle, il est impossible à Molière de faire
« aucun caractère qui ne rencontre quelqu'un dans
« le monde ; et, s'il faut qu'on l'accuse d'avoir songé
« à toutes les personnes où l'on peut trouver les dé-

« fauts qu'il peint, il faut sans doute qu'il ne fasse
« plus de comédies.
MOLIÈRE.
« Ma foi, chevalier, tu veux justifier Molière, et
« épargner notre ami que voilà.
LA GRANGE.
« Point du tout. C'est toi qu'il épargne, et nous
« trouverons d'autres juges.
MOLIÈRE.
« Soit. Mais dis-moi, chevalier, crois-tu pas que
« ton Molière est épuisé maintenant, et qu'il ne trou-
« vera plus de matière pour...
BRÉCOURT.
« Plus de matière ? Eh ! mon pauvre marquis, nous
« lui en fournirons toujours assez, et nous ne pre-
« nons guère le chemin de nous rendre sages pour
« tout ce qu'il fait et tout ce qu'il dit. »
MOLIÈRE.
Attendez ; il faut marquer davantage tout cet endroit. Écoutez-le moi dire un peu. « Et qu'il ne trou-
« vera plus de matière pour...— Plus de matière ?
« Eh ! mon pauvre marquis, nous lui en fournirons
« toujours assez, et nous ne prenons guère le chemin
« de nous rendre sages pour tout ce qu'il fait et tout
« ce qu'il dit. Crois-tu qu'il ait épuisé dans ses comé-
« dies tout le ridicule des hommes ? Et, sans sortir
« de la cour, n'a-t-il pas encore vingt caractères de
« gens où il n'a point touché ? N'a-t-il pas, par
« exemple, ceux qui se font les plus grandes amitiés
« du monde, et qui, le dos tourné, font galanterie de
« se déchirer l'un l'autre ? N'a-t-il pas ces adulateurs
« à outrance, ces flatteurs insipides, qui n'assai-
« sonnent d'aucun sel les louanges qu'ils donnent, et
« dont toutes les flatteries ont une douceur fade qui
« fait mal au cœur à ceux qui les écoutent ? N'a-t-il
« pas ces lâches courtisans de la faveur, ces perfides
« adorateurs de la fortune, qui vous encensent dans
« la prospérité, et vous accablent dans la disgrâce ?
« N'a-t-il pas ceux qui sont toujours mécontents de
« la cour, ces suivants inutiles, ces incommodes assi-
« dus, ces gens, dis-je, qui pour services ne peuvent
« compter que des importunités, et qui veulent que
« l'on les récompense d'avoir obsédé le prince dix ans
« durant ? N'a-t-il pas ceux qui caressent également
« tout le monde, qui promènent leurs civilités à droite

« et à gauche, et courent à tous ceux qu'ils voient,
« avec les mêmes embrassades et les mêmes protesta-
« tions d'amitié? — Monsieur, votre très-humble ser-
« viteur. Monsieur, je suis tout à votre service. Te-
« nez-moi des vôtres, mon cher. Faites état de moi,
« monsieur, comme le plus chaud de vos amis. Mon-
« sieur, je suis ravi de vous embrasser. Ah ! monsieur,
« je ne vous voyois pas ! Faites-moi la grâce de
« m'employer. Soyez persuadé que je suis entière-
« ment à vous. Vous êtes l'homme du monde que je
« révère le plus. Il n'y a personne que j'honore à l'é-
« gal de vous. Je vous conjure de le croire. Je vous
« supplie de n'en point douter. Serviteur. Très-
« humble valet. Va, va, marquis, Molière aura toujours
« plus de sujets qu'il n'en voudra ; et tout ce qu'il a
« touché jusqu'ici n'est rien que bagatelle, au prix de
« ce qui reste. » Voilà à peu près comme cela doit
être joué.

BRÉCOURT.

C'est assez.

MOLIÈRE.

Poursuivez.

BRÉCOURT.

« Voici Climène et Élise. »

MOLIÈRE, à mesdemoiselles du Parc et Molière.

Là-dessus vous arriverez toutes deux. (A mademoiselle du Parc.) Prenez bien garde, vous, à vous déhancher comme il faut, et à faire bien des façons. Cela vous contraindra un peu ; mais qu'y faire? Il faut parfois se faire violence.

MADEMOISELLE MOLIÈRE.

« Certes, madame, je vous ai reconnue de loin, et
« j'ai bien vu à votre air que ce ne pouvait être une
« autre que vous.

MADEMOISELLE DU PARC.

« Vous voyez. Je viens attendre ici la sortie d'un
« homme avec qui j'ai une affaire à démêler.

MADEMOISELLE MOLIÈRE.

« Et moi de même. »

MOLIÈRE.

Mesdames, voilà des coffres qui vous serviront de fauteuils.

MADEMOISELLE DU PARC.

« Allons, madame, prenez place, s'il vous plaît.

MADEMOISELLE MOLIÈRE.
« Après vous, madame. »
MOLIÈRE.
Bon. Après ces petites cérémonies muettes, chacun prendra place et parlera assis, hors les marquis, qui tantôt se lèveront et tantôt s'assoiront, suivant leur inquiétude naturelle. « Parbleu, chevalier, tu de-
« vrois faire prendre médecine à tes canons.
BRÉCOURT.
« Comment?
MOLIÈRE.
« Ils se portent fort mal.
BRÉCOURT.
« Serviteur à la turlupinade!
MADEMOISELLE MOLIÈRE.
« Mon Dieu! madame, que je vous trouve le teint
« d'une blancheur éblouissante, et les lèvres d'un
« couleur de feu surprenant!
MADEMOISELLE DU PARC.
« Ah! que dites-vous là, madame? ne me regardez
« point, je suis du dernier laid aujourd'hui.
MADEMOISELLE MOLIÈRE.
« Eh! madame, levez un peu votre coiffe.
MADEMOISELLE DU PARC.
« Fi! je suis épouvantable, vous dis-je, et je me
« fais peur à moi-même.
MADEMOISELLE MOLIÈRE.
« Vous êtes si belle!
MADEMOISELLE DU PARC.
« Point, point.
MADEMOISELLE MOLIÈRE.
« Montrez-vous.
MADEMOISELLE DU PARC.
« Ah! fi donc, je vous prie!
MADEMOISELLE MOLIÈRE.
« De grâce!
MADEMOISELLE DU PARC.
« Mon Dieu, non.
MADEMOISELLE MOLIÈRE.
« Si fait.
MADEMOISELLE DU PARC.
« Vous me désespérez.
MADEMOISELLE MOLIÈRE.
« Un moment.

MADEMOISELLE DU PARC.

« Hai.

MADEMOISELLE MOLIÈRE.

« Résolûment vous vous montrerez. On ne peut
« point se passer de vous voir.

MADEMOISELLE DU PARC.

« Mon Dieu ! que vous êtes une étrange personne !
« Vous voulez furieusement ce que vous voulez.

MADEMOISELLE MOLIÈRE.

« Ah ! madame, vous n'avez aucun désavantage à
« paroître au grand jour, je vous jure ! Les mé-
« chantes gens, qui assuroient que vous mettiez
« quelque chose ! Vraiment, je les démentirai bien
« maintenant.

MADEMOISELLE DU PARC.

« Hélas ! je ne sais pas seulement ce qu'on appelle
« mettre quelque chose ! Mais où vont ces dames ?

MADEMOISELLE DE BRIE.

« Vous voulez bien, madame, que nous vous don-
« nions en passant la plus agréable nouvelle du
» monde. Voilà monsieur Lysidas qui vient de nous
« avertir qu'on a fait une pièce contre Molière, que
« les grands comédiens vont jouer.

MOLIÈRE.

« Il est vrai, on me l'a voulu lire ; et c'est un
» nommé Br... Brou... Broussaut qui l'a faite.

DU CROISY.

« Monsieur, elle est affichée sous le nom de Bour-
« sault. Mais, à vous dire le secret, bien des gens ont
« mis la main à cet ouvrage, et l'on en doit conce-
« voir une assez haute attente. Comme tous les au-
« teurs et tous les comédiens regardent Molière
« comme leur plus grand ennemi, nous nous sommes
« tous unis pour le desservir. Chacun de nous a
« donné un coup de pinceau à son portrait ; mais nous
« nous sommes bien gardés d'y mettre nos noms ; il
« lui auroit été trop glorieux de succomber, aux yeux
« du monde, sous les efforts de tout le Parnasse ; et,
« pour rendre sa défaite plus ignominieuse, nous
« avons voulu choisir tout exprès un auteur sans ré-
« putation.

MADEMOISELLE DU PARC.

« Pour moi, je vous avoue que j'en ai toutes les
« joies imaginables.

MOLIÈRE.

« Et moi aussi. Par la sambleu ! le railleur sera
« raillé, il aura sur les doigts, ma foi.

MADEMOISELLE DU PARC.

« Cela lui apprendra à vouloir satiriser tout. Com-
« ment, cet impertinent ne veut pas que les femmes
« aient de l'esprit ! Il condamne toutes nos expres-
« sions élevées, et prétend que nous parlions toujours
« terre à terre !

MADEMOISELLE DE BRIE.

« Le langage n'est rien; mais il censure tous nos
« attachements, quelque innocents qu'ils puissent
« être; et de la façon qu'il en parle, c'est être cri-
« minelle que d'avoir du mérite.

MADEMOISELLE DU CROISY.

« Cela est insupportable. Il n'y a pas une femme
« qui puisse plus rien faire. Que ne laisse-t-il en repos
« nos maris, sans leur ouvrir les yeux, et leur faire
« prendre garde à des choses dont ils ne s'avisent
« pas ?

MADEMOISELLE BÉJART.

« Passe pour tout cela ; mais il satirise même les
« femmes de bien, et ce méchant plaisant leur donne
« le titre d'honnêtes diablesses ?

MADEMOISELLE MOLIÈRE.

« C'est un impertinent. Il faut qu'il en ait tout le
« soûl.

DU CROISY.

« La représentation de cette comédie, madame,
« aura besoin d'être appuyée; et les comédiens de
« l'hôtel...

MADEMOISELLE DU PARC.

« Mon Dieu, qu'ils n'appréhendent rien ! Je leur
« garantis le succès de leur pièce, corps pour corps.

MADEMOISELLE MOLIÈRE.

« Vous avez raison, madame. Trop de gens sont
« intéressés à la trouver belle. Je vous laisse à penser
« si tous ceux qui se croient satirisés par Molière ne
« prendront pas l'occasion de se venger de lui en
« applaudissant à cette comédie.

BRÉCOURT, ironiquement.

« Sans doute ; et pour moi, je réponds de douze
« marquis, de six précieuses, de vingt coquettes, et
« de trente cocus, qui ne manqueront pas d'y battre
« des mains.

MADEMOISELLE MOLIÈRE.

« En effet. Pourquoi aller offenser toutes ces per-
« sonnes-là, et particulièrement les cocus, qui sont les
« meilleures gens du monde ?

MOLIÈRE.

« Par la sambleu ! on m'a dit qu'on le va dauber,
« lui et toutes ses comédies, de la belle manière ; et
« que les comédiens et les auteurs, depuis le cèdre
« jusqu'à l'hysope, sont diablement animés contre lui.

MADEMOISELLE MOLIÈRE.

« Cela lui sied fort bien ! Pourquoi fait-il de mé-
« chantes pièces que tout Paris va voir, et où il peint
« si bien les gens, que chacun s'y connoît ? Que ne
« fait-il des comédies comme celles de monsieur
« Lysidas ? il n'auroit personne contre lui, et tous les
« auteurs en diroient du bien. Il est vrai que de
« semblables comédies n'ont pas ce grand concours
« de monde ; mais, en revanche, elles sont toujours
« bien écrites, personne n'écrit contre elles, et tous
« ceux qui les voient meurent d'envie de les trouver
« belles.

DU CROISY.

« Il est vrai que j'ai l'avantage de ne me poin
« faire d'ennemis, et que mes ouvrages ont l'appro-
« bation des savants.

MADEMOISELLE MOLIÈRE.

« Vous faites bien d'être content de vous. Cela
« vaut mieux que tous les applaudissements du
« public, et que tout l'argent qu'on sauroit gagner aux
« pièces de Molière. Que vous importe qu'il vienne
« du monde à vos comédies, pourvu qu'elles soient
« approuvées par messieurs vos confrères ?

LA GRANGE.

« Mais quand jouera-t-on le *Portrait du Peintre* ?

DU CROISY.

« Je ne sais ; mais je me prépare fort à paroître des
« premiers sur les rangs pour crier : Voilà qui est
« beau !

MOLIÈRE.

« Et moi de même, parbleu !

LA GRANGE.

« Et moi aussi, Dieu me sauve !

MADEMOISELLE DU PARC.

« Pour moi, j'y payerai de ma personne comme il
« faut ; et je réponds d'une bravoure d'approbation

« qui mettra en déroute tous les jugements ennemis..
« C'est bien la moindre chose que nous devions faire,
« que d'épauler de nos louanges le vengeur de nos
« intérêts !
MADEMOISELLE MOLIÈRE.
« C'est fort bien dit.
MADEMOISELLE DE BRIE.
« Et ce qu'il nous faut faire toutes.
MADEMOISELLE BÉJART.
« Assurément.
MADEMOISELLE DU CROISY.
« Sans doute.
MADEMOISELLE HERVÉ.
« Point de quartier à ce contrefaiseur de gens.
MOLIÈRE.
« Ma foi, chevalier, mon ami, il faudra que ton
« Molière se cache.
BRÉCOURT.
« Qui, lui? Je te promets, marquis, qu'il fait des-
« sein d'aller sur le théâtre rire avec tous les autres
« du portrait qu'on a fait de lui.
MOLIÈRE.
« Parbleu ! ce sera donc du bout des dents qu'il rira.
BRÉCOURT.
« Va, va, peut-être qu'il trouvera plus de sujets de
« rire que tu ne penses. On m'a montré la pièce ; et,
« comme tout ce qu'il y a d'agréable sont effective-
« ment les idées qui ont été prises de Molière, la joie
« que cela pourra donner n'aura pas lieu de lui dé-
« plaire, sans doute; car, pour l'endroit où l'on s'ef-
« force de le noircir, je suis le plus trompé du
« monde, si cela est approuvé de personne ; et quant à
« tous les gens qu'ils ont tâché d'animer contre lui,
« sur ce qu'il fait, dit-on, des portraits trop ressem-
« blants, outre que cela est de fort mauvaise grâce,
« je ne vois rien de plus ridicule et de plus mal repris ;
« et je n'avois pas cru jusqu'ici que ce fût un sujet
« de blâme pour un comédien que de peindre trop
« bien les hommes.
LA GRANGE.
« Les comédiens m'ont dit qu'ils l'attendoient sur
« la réponse, et que...
BRÉCOURT.
« Sur la réponse ? Ma foi, je le trouverois un grand
« fou, s'il se mettoit en peine de répondre à leurs

« invectives. Tout le monde sait assez de quel motif
« elles peuvent partir; et la meilleure réponse qu'il leur
« puisse faire, c'est une comédie qui réussisse comme
« toutes ses autres. Voilà le vrai moyen de se venger
« comme il faut; et, de l'humeur dont je les connois,
« je suis fort assuré qu'une pièce nouvelle qui leur
« enlèvera le monde les fâchera bien plus que toutes
« les satires qu'on pourroit faire de leurs personnes.
MOLIÈRE.
« Mais, chevalier... »
MADEMOISELLE BÉJART.
Souffrez que j'interrompe pour un peu la répétition. (A Molière.) Voulez-vous que je vous die ? Si j'avois été en votre place, j'aurois poussé les choses autrement. Tout le monde attend de vous une réponse vigoureuse; et, après la manière dont on m'a dit que vous étiez traité dans cette comédie, vous étiez en droit de tout dire contre les comédiens, et vous deviez n'en épargner aucun.

MOLIÈRE.
J'enrage de vous ouïr parler de la sorte; et voilà votre manie, à vous autres femmes. Vous voudriez que je prisse feu d'abord contre eux, et qu'à leur exemple, j'allasse éclater promptement en invectives et en injures. Le bel honneur que j'en pourrois tirer, et le grand dépit que je leur ferois ! Ne sont-ils pas préparés de bonne volonté à ces sortes de choses ? Et lorsqu'ils ont délibéré s'ils joueroient le *Portrait du Peintre*, sur la crainte d'une riposte, quelques-uns d'entre eux n'ont-ils pas répondu : Qu'il nous rende toutes les injures qu'il voudra, pourvu que nous gagnions de l'argent ? N'est-ce pas là la marque d'une âme fort sensible à la honte ? et ne me vengerois-je pas bien d'eux en leur donnant ce qu'ils veulent bien recevoir ?

MADEMOISELLE DE BRIE.
Ils se sont fort plaints, toutefois, de trois ou quatre mots que vous avez dits d'eux dans la *Critique* et dans vos *Précieuses*.

MOLIÈRE.
Il est vrai, ces trois ou quatre mots sont fort offensants, et ils ont grande raison de les citer. Allez, allez, ce n'est pas cela. Le plus grand mal que je leur aie fait, c'est que j'ai eu le bonheur de plaire un peu plus qu'ils n'auroient voulu; et tout leur procédé, depuis que nous sommes venus à Paris, a trop mar-

qué ce qui les touche. Mais laissons-les faire tant qu'ils voudront; toutes leurs entreprises ne doivent point m'inquiéter. Ils critiquent mes pièces, tant mieux ; et Dieu me garde d'en faire jamais qui leur plaisent ! ce seroit une mauvaise affaire pour moi.

MADEMOISELLE DE BRIE.

Il n'y a pas grand plaisir pourtant à voir déchirer ses ouvrages.

MOLIÈRE.

Et qu'est-ce que cela me fait ? N'ai-je pas obtenu de ma comédie tout ce que j'en voulois obtenir, puisqu'elle a eu le bonheur d'agréer aux augustes personnes à qui particulièrement je m'efforce de plaire ? N'ai-je pas lieu d'être satisfait de sa destinée, et toutes leurs censures ne viennent-elles pas trop tard ? Est-ce moi, je vous prie, que cela regarde maintenant ? et lorsqu'on attaque une pièce qui a eu du succès, n'est-ce pas attaquer plutôt le jugement de ceux qui l'ont approuvée que l'art de celui qui l'a faite ?

MADEMOISELLE DE BRIE.

Ma foi, j'aurois joué ce petit monsieur l'auteur, qui se mêle d'écrire contre des gens qui ne songent pas à lui.

MOLIÈRE.

Vous êtes folle. Le beau sujet à divertir la cour, que monsieur Boursault ? Je voudrois bien savoir de quelle façon on pourroit l'ajuster pour le rendre plaisant, et si, quand on le berneroit sur un théâtre, il seroit assez heureux pour faire rire le monde. Ce lui seroit trop d'honneur que d'être joué devant une auguste assemblée; il ne demanderoit pas mieux ; et il m'attaque de gaieté de cœur, pour se faire connoître, de quelque façon que ce soit. C'est un homme qui n'a rien à perdre, et les comédiens ne me l'ont déchaîné que pour m'engager à une sotte guerre, et me détourner, par cet artifice, des autres ouvrages que j'ai à faire; et cependant vous êtes assez simples pour donner toutes dans ce panneau. Mais enfin j'en ferai ma déclaration publiquement. Je ne prétends faire aucune réponse à toutes leurs critiques et leurs contre-critiques. Qu'ils disent tous les maux du monde de mes pièces, j'en suis d'accord. Qu'ils s'en saisissent après nous; qu'ils les retournent comme un habit pour les mettre sur leur théâtre, et tâchent à profiter de quelque agrément qu'on y trouve, et d'un peu de bonheur que j'ai ; j'y consens, ils en ont besoin, et je serai bien aise de contribuer à les faire subsister, pourvu qu'ils se contentent de ce que je puis leur accorder avec bienséance. La courtoisie doit avoir des bornes ; et il y a des choses qui ne font rire ni les spectateurs, ni celui dont on parle. Je leur abandonne de bon cœur mes ouvrages, ma figure, mes gestes, mes paroles, mon ton de voix, et ma leçon de réciter, pour en faire et dire tout ce qu'il leur plaira, s'ils en peuvent tirer quelque avantage. Je ne m'oppose point à toutes ces choses, et je serai ravi que cela puisse réjouir le monde ; mais, en leur abandonnant tout cela, ils me doivent faire la grâce de me laisser le reste, et de ne point toucher à des matières de la nature de celles sur lesquelles on m'a dit qu'ils m'attaquoient dans leurs comédies. C'est de quoi je prierai civilement cet honnête monsieur qui se mêle d'écrire pour eux, et voilà toute la réponse qu'ils auront de moi.

MADEMOISELLE BÉJART.
Mais enfin...
MOLIÈRE.
Mais enfin vous me feriez devenir fou. Ne parlons point de cela davantage ; nous nous amusons à faire des discours, au lieu de répéter notre comédie. Où en étions-nous ? Je ne m'en souviens plus.
MADEMOISELLE DE BRIE.
Vous en étiez à l'endroit...
MOLIÈRE.
Mon Dieu ! j'entends du bruit ; c'est le roi qui arrive assurément ; et je vois bien que nous n'aurons pas le temps de passer outre. Voilà ce que c'est de s'amuser. Oh bien, faites donc, pour le reste, du mieux qu'il vous sera possible.
MADEMOISELLE BÉJART.
Par ma foi, la frayeur me prend, et je ne saurois aller jouer mon rôle, si je ne le répète tout entier.
MOLIÈRE.
Comment, vous ne sauriez aller jouer votre rôle ?
MADEMOISELLE BÉJART.
Non.
MADEMOISELLE DU PARC.
Ni moi, le mien.
MADEMOISELLE DE BRIE.
Ni moi non plus.

MADEMOISELLE MOLIÈRE.

Ni moi.

MADEMOISELLE HERVÉ.

Ni moi.

MADEMOISELLE DU CROISY.

Ni moi.

MOLIÈRE.

Que pensez-vous donc faire? Vous moquez-vous toutes de moi?

## SCÈNE IV

BÉJART, MOLIÈRE, LA GRANGE, DU CROISY; MESDEMOISELLES DU PARC, BÉJART, DE BRIE, MOLIÈRE, DU CROISY, HERVÉ.

BÉJART.

Messieurs, je viens vous avertir que le roi est venu, et qu'il attend que vous commenciez.

MOLIÈRE.

Ah! monsieur, vous me voyez dans la plus grande peine du monde; je suis désespéré, à l'heure que je vous parle! Voici des femmes qui s'effrayent, et qui disent qu'il leur faut répéter leurs rôles avant que d'aller commencer. Nous demandons, de grâce, encore un moment. Le roi a de la bonté, et il sait bien que la chose a été précipitée.

## SCÈNE V

MOLIÈRE, LA GRANGE, DU CROISY; MESDEMOISELLES DU PARC, BÉJART, DE BRIE, MOLIÈRE, DU CROISY, HERVÉ.

MOLIÈRE.

Eh! de grâce, tâchez de vous remettre, prenez courage, je vous prie.

MADEMOISELLE DU PARC.

Vous devez vous aller excuser.

MOLIÈRE.

Comment m'excuser?

## SCÈNE VI

MOLIÈRE, LA GRANGE, DU CROISY; MESDEMOISELLES DU PARC, BÉJART, DE BRIE, MOLIÈRE, DU CROISY, HERVÉ; UN NÉCESSAIRE.

UN NÉCESSAIRE.

Messieurs, commencez donc.

MOLIÈRE.

Tout à l'heure, monsieur. Je crois que je perdrai l'esprit de cette affaire-ci, et...

## SCÈNE VII
MOLIÈRE, LA GRANGE, DU CROISY; MESDEMOISELLES DU PARC, BÉJART, DE BRIE, MOLIÈRE, DU CROISY, HERVÉ; UN NÉCESSAIRE, UN SECOND NÉCESSAIRE.

LE SECOND NÉCESSAIRE.

Messieurs, commencez donc.

MOLIÈRE.

Dans un moment, monsieur. (A ses camarades.) Eh, quoi donc! voulez-vous que j'aie l'affront...

## SCÈNE VIII
MOLIÈRE, LA GRANGE, DU CROISY; MESDEMOISELLES DU PARC, BÉJART, DE BRIE, MOLIÈRE, DU CROISY, HERVÉ; UN NÉCESSAIRE, UN SECOND NÉCESSAIRE, UN TROISIÈME NÉCESSAIRE.

LE TROISIÈME NÉCESSAIRE.

Messieurs, commencez donc.

MOLIÈRE.

Oui, monsieur, nous y allons. Eh! que de gens se font de fête, et viennent dire: Commencez donc, à qui le roi ne l'a pas commandé!

## SCÈNE IX
MOLIÈRE, LA GRANGE, DU CROISY; MESDEMOISELLES DU PARC, BÉJART, DE BRIE, MOLIÈRE, DU CROISY, HERVÉ; UN NÉCESSAIRE, UN SECOND NÉCESSAIRE, UN TROISIÈME NÉCESSAIRE, UN QUATRIÈME NÉCESSAIRE.

LE QUATRIÈME NÉCESSAIRE.

Messieurs, commencez donc.

MOLIÈRE.

Voilà qui est fait, monsieur. (A ses camarades.) Quo. donc recevrai-je la confusion)?..

## SCÈNE X
BÉJART, MOLIÈRE; LA GRANGE, DU CROISY, MESDEMOISELLES DU PARC, BÉJART, DE BRIE, MOLIÈRE, DU CROISY, HERVÉ.

MOLIÈRE.

Monsieur, vous venez pour nous dire de commencer; mais...

BÉJART.

Non, messieurs, je viens pour vous dire qu'on a dit au roi l'embarras où vous vous trouviez, et que, par une bonté toute particulière, il remet votre nouvelle comédie à une autre fois, et se contente, pour aujourd'hui, de la première que vous pourrez donner.

MOLIÈRE.

Ah! monsieur, vous me redonnez la vie! Le roi nous fait la plus grande grâce du monde de nous donner du temps pour ce qu'il avoit souhaité; et nous allons tous le remercier des extrêmes bontés qu'il nous fait paroître.

# LE MARIAGE FORCÉ

## COMÉDIE EN UN ACTE

### PERSONNAGES

SGANARELLE; GÉRONIMO; DORIMÈNE, jeune coquette, promise à Sganarelle; ALCANTOR, père de Dorimène; ALCIDAS, frère de Dorimène; LYCASTE, amant de Dorimène; PANCRACE, docteur aristotélicien; MARPHURIUS, docteur pyrrhonien; Deux Égyptiennes.

La scène est dans une place publique.

### SCÈNE I.

SGANARELLE, parlant à ceux qui sont dans sa maison.

Je suis de retour dans un moment. Que l'on ait bien soin du logis, et que tout aille comme il faut. Si l'on m'apporte de l'argent, que l'on me vienne quérir vite chez le seigneur Géronimo; et, si l'on vient m'en demander, qu'on dise que je suis sorti, et que je ne dois revenir de toute la journée.

### SCÈNE II

SGANARELLE, GÉRONIMO.

GÉRONIMO, ayant entendu les dernières paroles de Sganarelle.

Voilà un ordre fort prudent.

SGANARELLE.

Ah! seigneur Géronimo, je vous trouve à propos; et j'allois chez vous vous chercher.

GÉRONIMO.

Et pour quel sujet, s'il vous plaît?

SGANARELLE.

Pour vous communiquer une affaire que j'ai en tête, et vous prier de m'en dire votre avis.

GÉRONIMO.

Très-volontiers. Je suis bien aise de cette rencontre, et nous pouvons parler ici en toute liberté.

SGANARELLE.

Mettez donc dessus, s'il vous plaît. Il s'agit d'une chose de conséquence que l'on m'a proposée; et il est bon de ne rien faire sans le conseil de ses amis.

GÉRONIMO.

Je vous suis obligé de m'avoir choisi pour cela. Vous n'avez qu'à me dire ce que c'est.

SGANARELLE.

Mais, auparavant, je vous conjure de ne me point flatter du tout, et de me dire nettement votre pensée.

GÉRONIMO.

Je le ferai, puisque vous le voulez.

SGANARELLE.

Je ne vois rien de plus condamnable qu'un ami qui ne nous parle pas franchement.

GÉRONIMO.

Vous avez raison.

SGANARELLE.

Et dans ce siècle, on trouve peu d'amis sincères.

GÉRONIMO.

Cela est vrai.

SGANARELLE.

Promettez-moi donc, seigneur Géronimo, de me parler avec toute sorte de franchise.

GÉRONIMO.

Je vous le promets.

SGANARELLE.

Jurez-en votre foi.

GÉRONIMO.

Oui, foi d'ami. Dites-moi seulement votre affaire.

SGANARELLE.

C'est que je veux savoir de vous si je ferai bien de me marier.

GÉRONIMO.

Qui, vous?

SGANARELLE.

Oui, moi-même, en propre personne. Quel est votre avis là-dessus?

GÉRONIMO.

Je vous prie auparavant de me dire une chose.

SGANARELLE.

Et quoi?

GÉRONIMO.

Quel âge pouvez-vous bien avoir maintenant?

SGANARELLE.

Moi?

GÉRONIMO.

Oui.

SGANARELLE.
Ma foi, je ne sais, mais je me porte bien.
GÉRONIMO.
Quoi! vous ne savez pas à peu près votre âge?
SGANARELLE.
Non : est-ce qu'on songe à cela?
GÉRONIMO.
Eh! dites-moi un peu, s'il vous plaît : combien aviez-vous d'années lorsque nous fîmes connoissance?
SGANARELLE.
Ma foi, je n'avois que vingt ans alors.
GÉRONIMO.
Combien fûmes-nous ensemble à Rome?
SGANARELLE.
Huit ans.
GÉRONIMO.
Quel temps avez-vous demeuré en Angleterre?
SGANARELLE.
Sept ans.
GÉRONIMO.
Et en Hollande, où vous fûtes ensuite ?
SGANARELLE.
Cinq ans et demi.
GÉRONIMO.
Combien y a-t-il que vous êtes revenu ici ?
SGANARELLE.
Je revins en cinquante-deux.
GÉRONIMO.
De cinquante-deux à soixante quatre, il y a douze ans, ce me semble. Cinq en Hollande font dix-sept ; sept en Angleterre font vingt-quatre ; huit dans notre séjour à Rome font trente-deux ; et vingt que vous aviez lorsque nous nous connûmes, cela fait justement cinquante-deux. Si bien, seigneur Sganarelle, que, sur votre propre confession, vous êtes environ à votre cinquante-deuxième ou cinquante-troisième année.
SGANARELLE.
Qui, moi? cela ne se peut pas.
GÉRONIMO.
Mon Dieu! le calcul est juste; et là-dessus je vous dirai franchement et en ami, comme vous m'avez fait promettre de vous parler, que le mariage n'est guère votre fait. C'est une chose à laquelle il faut que les jeunes gens pensent bien mûrement avant que de la

faire; mais les gens de votre âge n'y doivent point penser du tout; et, si l'on dit que la plus grande de toutes les folies est celle de se marier, je ne vois rien de plus mal à propos que de la faire, cette folie, dans la saison où nous devons être plus sages. Enfin, je vous en dis nettement ma pensée. Je ne vous conseille point de songer au mariage; et je vous trouverois le plus ridicule du monde si, ayant été libre jusqu'à cette heure, vous alliez vous charger maintenant de la plus pesante des chaînes.

SGANARELLE.

Et moi, je vous dis que je suis résolu de me marier, et que je ne serai point ridicule en épousant la fille que je recherche.

GÉRONIMO.

Ah! c'est une autre chose! Vous ne m'aviez pas dit cela.

SGANARELLE.

C'est une fille qui me plaît, et que j'aime de tout mon cœur.

GÉRONIMO.

Vous l'aimez de tout votre cœur?

SGANARELLE.

Sans doute, et je l'ai demandée à son père.

GÉRONIMO.

Vous l'avez demandée?

SGANARELLE.

Oui. C'est un mariage qui doit se conclure ce soir; et j'ai donné ma parole.

GÉRONIMO.

Oh! mariez-vous donc! je ne dis plus mot.

SGANARELLE.

Je quitterois le dessein que j'ai fait! Vous semble-t-il seigneur Géronimo, que je ne sois plus propre à songer à une femme? Ne parlons point de l'âge que je puis avoir, mais regardons seulement les choses. Y a-t-il homme de trente ans qui paroisse plus frais et plus vigoureux que vous me voyez? N'ai-je pas tous les mouvements de mon corps aussi bons que jamais; et voit-on que j'aie besoin de carrosse ou de chaise pour cheminer? N'ai-je pas encore toutes mes dents les meilleures du monde? (Il montre ses dents.) Ne fais-je pas vigoureusement mes quatre repas par jour, et peut-on voir un estomac qui ait plus de force que le mien? (Il tousse.) Hem, hem, hem. Eh! qu'en dites-vous?

GÉRONIMO.

Vous avez raison, je m'étois trompé. Vous ferez bien de vous marier.

SGANARELLE.

J'y ai répugné autrefois; mais j'ai maintenant de puissantes raisons pour cela. Outre la joie que j'aurai de posséder une belle femme, qui me fera mille caresses, qui me dorlotera, et me viendra frotter lorsque je serai las; outre cette joie, dis-je, je considère qu'en demeurant comme je suis je laisse périr dans le monde la race des Sganarelle; et qu'en me mariant je pourrai me voir revivre en d'autres moi-même; que j'aurai le plaisir de voir des créatures qui seront sorties de moi, de petites figures qui me ressembleront comme deux gouttes d'eau, qui se joueront continuellement dans la maison, qui m'appelleront leur papa quand je reviendrai de la ville, et me diront de petites folies les plus agréables du monde. Tenez, il me semble déjà que j'y suis, et que j'en vois une demi-douzaine autour de moi.

GÉRONIMO.

Il n'y a rien de plus agréable que cela, et je vous conseille de vous marier le plus vite que vous pourrez.

SGANARELLE.

Tout de bon, vous me le conseillez?

GÉRONIMO.

Assurément. Vous ne sauriez mieux faire.

SGANARELLE.

Vraiment, je suis ravi que vous me donniez ce conseil en véritable ami.

GÉRONIMO.

Eh! quelle est la personne, s'il vous plaît, avec qui vous allez vous marier?

SGANARELLE.

Dorimène.

GÉRONIMO.

Cette jeune Dorimène, si galante et si bien parée?

SGANARELLE.

Oui.

GÉRONIMO.

Fille du seigneur Alcantor?

SGANARELLE.
Justement.
GÉRONIMO.
Et sœur d'un certain Alcidas, qui se mêle de porter l'épée ?
SGANARELLE.
C'est cela.
GÉRONIMO.
Vertu de ma vie !
SGANARELLE.
Qu'en dites-vous ?
GÉRONIMO.
Bon parti ! Mariez-vous promptement.
SGANARELLE.
N'ai-je pas raison d'avoir fait ce choix ?
GÉRONIMO.
Sans doute ! Ah ! que vous serez bien marié ! Dépêchez-vous de l'être.
SGANARELLE.
Vous me comblez de joie de me dire cela. Je vous remercie de votre conseil, et je vous invite ce soir à mes noces.
GÉRONIMO.
Je n'y manquerai pas ; et je veux y aller en masque, afin de les mieux honorer.
SGANARELLE.
Serviteur.
GÉRONIMO, à part.
La jeune Dorimène, la fille du seigneur Alcantor, avec le seigneur Sganarelle, qui n'a que cinquante-trois ans ! Ô le beau mariage ! ô le beau mariage !
(Ce qu'il répète plusieurs fois en s'en allant.)

## SCÈNE III
SGANARELLE, seul.

Ce mariage doit être heureux, car il donne de la joie à tout le monde, et je fais rire tous ceux à qui j'en parle. Me voilà maintenant le plus heureux des hommes.

## SCÈNE IV
DORIMÈNE, SGANARELLE.

DORIMÈNE, dans le fond du théâtre, à un petit laquais qui la suit,
Allons, petit garçon, qu'on tienne bien ma queue, et qu'on ne s'amuse pas à badiner.

SGANARELLE, à part, apercevant Dorimène.
Voici ma maîtresse qui vient. Ah ! qu'elle est agréa-

ble! Quelle air et quelle taille! Peut-il y avoir un homme qui n'ait, en la voyant, des démangeaisons de se marier? (A Dorimène.) Où allez-vous, belle mignonne, chère épouse future de votre époux futur?

DORIMÈNE.
Je vais faire quelques emplettes.

SGANARELLE.
Eh bien, ma belle, c'est maintenant que nous allons être heureux l'un et l'autre. Vous ne serez plus en droit de me rien refuser; et je pourrai faire avec vous tout ce qu'il me plaira, sans que personne s'en scandalise. Vous allez être à moi depuis la tête jusques aux pieds, et je serai maître de tout : de vos petits yeux éveillés, de votre petit nez fripon, de vos lèvres appétissantes, de vos oreilles amoureuses, de votre petit menton joli, de vos petits tetons rondelets, de votre... Enfin, toute votre personne sera à ma discrétion, et je serai à même pour vous caresser comme je voudrai. N'êtes-vous pas bien aise de ce mariage, mon aimable pouponne?

DORIMÈNE.
Tout à fait aise, je vous jure. Car enfin la sévérité de mon père m'a tenue jusques ici dans une sujétion la plus fâcheuse du monde. Il y a je ne sais combien que j'enrage du peu de liberté qu'il me donne, et j'ai cent fois souhaité qu'il me mariât, pour sortir promptement de la contrainte où j'étois avec lui, et me voir en état de faire ce que je voudrai. Dieu merci, vous êtes venu heureusement pour cela, et je me prépare désormais à me donner du divertissement, et à réparer, comme il faut, le temps que j'ai perdu. Comme vous êtes un fort galant homme, et que vous savez comme il faut vivre, je crois que nous ferons le meilleur ménage du monde ensemble, et que vous ne serez point de ces maris incommodes qui veulent que leurs femmes vivent comme des loups-garous. Je vous avoue que je ne m'accommoderois pas de cela, et que la solitude me désespère. J'aime le jeu, les visites, les assemblées, les cadeaux, et les promenades; en un mot, toutes les choses de plaisir; et vous devez être ravi d'avoir une femme de mon humeur. Nous n'aurons jamais aucun démêlé ensemble; et je ne vous contraindrai point dans vos actions, comme j'espère que, de votre côté, vous ne me contraindrez point dans les miennes; car, pour

moi, je tiens qu'il faut avoir une complaisance mutuelle, et qu'on ne se doit point marier pour se faire enrager l'un l'autre. Enfin, nous vivrons, étant mariés, comme deux personnes qui savent leur monde. Aucun soupçon jaloux ne nous troublera la cervelle; et c'est assez que vous serez assuré de ma fidélité, comme je serai persuadée de la vôtre. Mais qu'avez-vous? je vous vois tout changé de visage.

SGANARELLE.

Ce sont quelques vapeurs qui me viennent de monter à la tête.

DORIMÈNE.

C'est un mal aujourd'hui qui attaque beaucoup de gens; mais notre mariage vous dissipera tout cela. Adieu. Il me tarde déjà que je n'aie des habits raisonnables, pour quitter vite ces guenilles. Je m'en vais de ce pas achever d'acheter toutes les choses qu'il me faut, et je vous enverrai les marchands.

SCÈNE V

GÉRONIMO, SGANARELLE.

GÉRONIMO.

Ah! seigneur Sganarelle, je suis ravi de vous trouver encore ici; et j'ai rencontré un orfévre, qui, sur le bruit que vous cherchez quelque beau diamant en bague pour faire un présent à votre épouse, m'a fort prié de vous venir parler pour lui, et de vous dire qu'il en a un à vendre, le plus parfait du monde.

SGANARELLE.

Mon Dieu! cela n'est pas pressé.

GÉRONIMO.

Comment! Que veut dire cela? Où est l'ardeur que vous montriez tout à l'heure?

SGANARELLE.

Il m'est venu, depuis un moment, de petits scrupules sur le mariage. Avant que de passer plus avant, je voudrois bien agiter à fond cette matière, et que l'on m'expliquât un songe que j'ai fait cette nuit, et qui vient tout à l'heure de me revenir dans l'esprit. Vous savez que les songes sont comme des miroirs, où l'on découvre quelquefois tout ce qui doit nous arriver. Il me sembloit que j'étois dans un vaisseau, sur une mer bien agitée, et que...

GÉRONIMO.

Seigneur Sganarelle, j'ai maintenant quelque petite affaire qui m'empêche de vous ouïr. Je n'entends rien du tout aux songes ; et quant au raisonnement du mariage, vous avez deux savants, deux philosophes, vos voisins, qui sont gens à vous débiter tout ce qu'on peut dire sur ce sujet. Comme ils sont de sectes différentes, vous pouvez examiner leurs diverses opinions là-dessus. Pour moi, je me contente de ce que je vous ai dit tantôt, et demeure votre serviteur.

SGANARELLE, seul.

Il a raison. Il faut que je consulte un peu ces gens-là sur l'incertitude où je suis.

## SCÈNE VI

PANCRACE, SGANARELLE.

PANCRACE, se tournant du côté où il est entré, sans voir Sganarelle.

Allez, vous êtes un impertinent, mon ami, un homme ignare de toute bonne discipline, bannissable de la république des lettres.

SGANARELLE.

Ah ! bon, en voici un fort à propos.

PANCRACE, de même, sans voir Sganarelle.

Oui, je te soutiendrai par vives raisons, je te montrerai par Aristote, le philosophe des philosophes, que tu es un ignorant, un ignorantissime, ignorantifiant et ignorantifié, par tous les cas et modes imaginables

SGANARELLE, à part.

Il a pris querelle contre quelqu'un. (A Pancrace.) Seigneur...

PANCRACE, de même, sans voir Sganarelle.

Tu veux te mêler de raisonner, et tu ne sais pas seulement les éléments de la raison.

SGANARELLE, à part.

La colère l'empêche de me voir. ( A Pancrace.) Seigneur...

PANCRACE, de même, sans voir Sganarelle.

C'est une proposition condamnable dans toutes les terres de la philosophie.

SGANARELLE, à part.

Il faut qu'on l'ait fort irrité. (A Pancrace.) Je...

PANCRACE, de même, sans voir Sganarelle.

*Toto cœlo, tota via aberras.*

SGANARELLE.

Je baise les mains à monsieur le docteur.

PANCRACE.

Serviteur.

SGANARELLE.
Peut-on ?...
PANCRACE, se retournant vers l'endroit par où il est entré.
Sais-tu bien ce que tu as fait ? un syllogisme *in Balordo*.
SGANARELLE.
Je vous...
PANCRACE, de même.
La majeure en est inepte, la mineure impertinente, et la conclusion ridicule.
SGANARELLE.
Je...
PANCRACE, de même.
Je crèverois plutôt que d'avouer ce que tu dis; et je soutiendrai mon opinion jusqu'à la dernière goutte de mon encre.
SGANARELLE.
Puis-je...
PANCRACE, de même.
Oui, je défendrai cette proposition, *pugnis et calcibus, unguibus et rostro*.
SGANARELLE.
Seigneur Aristote, peut-on savoir ce qui vous met si fort en colère?
PANCRACE.
Un sujet le plus juste du monde.
SGANARELLE.
Et quoi encore?
PANCRACE.
Un ignorant m'a voulu soutenir une proposition erronée, une proposition épouvantable, effroyable, exécrable.
SGANARELLE.
Puis-je demander ce que c'est ?
PANCRACE.
Ah! seigneur Sganarelle, tout est renversé aujourd'hui, et le monde est tombé dans une corruption générale. Une licence épouvantable règne partout; et les magistrats, qui sont établis pour maintenir l'ordre dans cet État, devroient mourir de honte, en souffrant un scandale aussi intolérable que celui dont je veux parler.
SGANARELLE.
Quoi donc?
PANCRACE.
N'est-ce pas une chose horrible, une chose qui

crie vengeance au ciel, que d'endurer qu'on dise publiquement la forme d'un chapeau ?

SGANARELLE.

Comment !

PANCRACE.

Je soutiens qu'il faut dire la figure d'un chapeau, et non pas la forme ; d'autant qu'il y a cette différence entre la forme et la figure, que la forme est la disposition extérieure des corps qui sont animés, et la figure la disposition extérieure des corps qui sont inanimés : et, puisque le chapeau est un corps inanimé, il faut dire la figure d'un chapeau, et non pas la forme. (Se retournant encore du côté par où il est entré.) Oui, ignorant que vous êtes, c'est ainsi qu'il faut parler ; et ce sont les termes exprès d'Aristote dans le chapitre de la qualité.

SGANARELLE, à part.

Je pensois que tout fût perdu. (A Pancrace.) Seigneur docteur, ne songez plus à tout cela. Je...

PANCRACE.

Je suis dans une colère, que je ne me sens pas.

SGANARELLE.

Laissez la forme et le chapeau en paix. J'ai quelque chose à vous communiquer. Je...

PANCRACE.

Impertinent fieffé !

SGANARELLE.

De grâce, remettez-vous. Je...

PANCRACE.

Ignorant !

SGANARELLE.

Eh ! mon Dieu ! Je...

PANCRACE.

Me vouloir soutenir une proposition de la sorte !

SGANARELLE.

Il a tort. Je...

PANCRACE.

Une proposition condamnée par Aristote !

SGANARELLE.

Cela est vrai. Je...

PANCRACE.

En termes exprès !

SGANARELLE.

Vous avez raison. (Se tournant du côté par où Pancrace est entré.) Oui, vous êtes un sot et un impudent de vouloir disputer contre un docteur qui sait lire et écrire. Voilà qui est fait : je vous prie de m'écouter. Je viens vous consulter sur une affaire qui m'embarrasse. J'ai dessein de prendre une femme, pour me tenir compagnie dans mon ménage. La personne est belle et bien faite ; elle me plaît beaucoup, et est ravie de m'épouser. Son père me l'a accordée ; mais je crains un peu ce que vous savez, la disgrâce dont on ne plaint personne ; et je voudrois bien vous prier, comme philosophe, de me dire votre sentiment. Eh ! quel est votre avis là-dessus ?

PANCRACE.

Plutôt que d'accorder qu'il faille dire la forme d'un chapeau, j'accorderois que *datur vacuum in rerum natura*, et que je ne suis qu'une bête.

SGANARELLE, à part.

La peste soit de l'homme ! (A Pancrace.) Eh ! monsieur le docteur, écoutez un peu les gens. On vous parle une heure durant, et vous ne répondez point à ce qu'on vous dit.

PANCRACE.

Je vous demande pardon. Une juste colère m'occupe l'esprit.

SGANARELLE.

Eh ! laissez tout cela, et prenez la peine de m'écouter.

PANCRACE.

Soit. Que voulez-vous me dire ?

SGANARELLE.

Je veux vous parler de quelque chose.

PANCRACE.

Et de quelle langue voulez-vous vous servir avec moi ?

SGANARELLE.

De quelle langue ?

PANCRACE.

Oui.

SGANARELLE.

Parbleu ! de la langue que j'ai dans ma bouche. Je crois que je n'irai pas emprunter celle de mon voisin.

PANCRACE.

Je vous dis, de quel idiome, de quel langage ?

SGANARELLE.

Ah ! c'est une autre affaire ?

PANCRACE.
Voulez-vous me parler italien ?
SGANARELLE.
Non.
PANCRACE.
Espagnol ?
SGANARELLE.
Non.
PANCRACE.
Allemand ?
SGANARELLE.
Non.
PANCRACE.
Anglois ?
SGANARELLE.
Non.
PANCRACE.
Latin ?
SGANARELLE.
Non.
PANCRACE.
Grec ?
SGANARELLE.
Non.
PANCRACE.
Hébreu ?
SGANARELLE.
Non.
PANCRACE.
Syriaque ?
SGANARELLE.
Non.
PANCRACE.
Turc ?
SGANARELLE.
Non.
PANCRACE.
Arabe ?
SGANARELLE.
Non, non, françois, françois, françois.
PANCRACE.
Ah ! françois !
SGANARELLE.
Fort bien.

PANCRACE.

Passez donc de l'autre côté ; car cette oreille-ci est destinée pour les langues scientifiques et étrangères, et l'autre est pour la vulgaire et la maternelle.

SGANARELLE, à part.

Il faut bien des cérémonies avec ces sortes de gens-ci !

PANCRACE.

Que voulez-vous ?

SGANARELLE.

Vous consulter sur une petite difficulté.

PANCRACE.

Ah ! ah ! sur une difficulté de philosophie, sans doute?

SGANARELLE.

Pardonnez-moi. Je...

PANCRACE.

Vous voulez peut-être savoir si la substance et l'accident sont termes synonymes ou équivoques à l'égard de l'être?

SGANARELLE.

Point du tout. Je...

PANCRACE.

Si la logique est un art ou une science ?

SGANARELLE.

Ce n'est pas cela. Je...

PANCRACE.

Si elle a pour objet les trois opérations de l'esprit, ou la troisième seulement ?

SGANARELLE.

Non. Je...

PANCRACE.

S'il y a dix catégories, ou s'il n'y en a qu'une?

SGANARELLE.

Point. Je...

PANCRACE.

Si la conclusion est de l'essence du syllogisme?

SGANARELLE.

Nenni. Je...

PANCRACE.

Si l'essence du bien est mise dans l'appétibilité, ou dans la convenance?

SGANARELLE.

Non. Je...

PANCRACE.

Si le bien se réciproque avec la fin?

SGANARELLE.

Eh non ! Je...

PANCRACE.

Si la fin nous peut émouvoir par son être réel, ou par son être intentionnel ?

SGANARELLE.

Non, non, non, non, non, de par tous les diables, non !

PANCRACE.

Expliquez donc votre pensée, car je ne puis pas la deviner.

SGANARELLE.

Je vous la veux expliquer aussi ; mais il faut m'écouter. (Pendant que Sganarelle dit : ) L'affaire que j'ai à vous dire, c'est que j'ai envie de me marier avec une fille qui est jeune et belle. Je l'aime fort, et l'ai demandée à son père ; mais, comme j'appréhende...

PANCRACE dit en même temps, sans écouter Sganarelle :

La parole a été donnée à l'homme pour expliquer sa pensée ; et, tout ainsi que les pensées sont les portraits des choses, de même nos paroles sont-elles les portraits de nos pensées. (Sganarelle, impatienté, ferme la bouche du docteur avec sa main à plusieurs reprises, et le docteur continue à parler d'abord que Sganarelle ôte sa main.) Mais ces portraits diffèrent des autres portraits en ce que les autres portraits sont distingués partout de leurs originaux, et que la parole renferme en soi son original, puisqu'elle n'est autre chose que la pensée expliquée par un signe extérieur ; d'où vient que ceux qui pensent bien sont aussi ceux qui parlent le mieux. Expliquez-moi donc votre pensée par la parole, qui est le plus intelligible de tous les signes.

SGANARELLE pousse le docteur dans sa maison, et tire la porte pour l'empêcher de sortir.

Peste de l'homme !

PANCRACE, au dedans de sa maison.

Oui, la parole est *animi index et speculum*. C'est le truchement du cœur, c'est l'image de l'âme. (Il monte à la fenêtre et continue.) C'est un miroir qui nous présente naïvement les secrets les plus arcanes de nos individus ; et, puisque vous avez la faculté de ratiociner et de parler tout ensemble, à quoi tient-il que vous ne vous serviez de la parole pour me faire entendre votre pensée ?

SGANARELLE.

C'est ce que je veux faire ; mais vous ne voulez pas m'écouter.

PANCRACE.
Je vous écoute, parlez.
SGANARELLE.
Je dis donc, monsieur le docteur, que...
PANCRACE.
Mais surtout soyez bref.
SGANARELLE.
Je le serai.
PANCRACE.
Évitez la prolixité.
SGANARELLE.
Eh! monsi...
PANCRACE.
Tranchez-moi votre discours d'un apophthegme à la laconienne.
SGANARELLE.
Je vous...
PANCRACE.
Point d'ambages, de circonlocution. (Sganarelle, de dépit de ne point parler, ramasse des pierres pour en casser la tête du docteur.)
. PANCRACE.
Eh quoi! vous vous emportez, au lieu de vous expliquer! Allez, vous êtes plus impertinent que celui qui m'a voulu soutenir qu'il faut dire la forme d'un chapeau; et je vous prouverai, en toute rencontre, par raisons démonstratives et convaincantes, et par arguments *in Barbara*, que vous n'êtes et ne serez jamais qu'une pécore, et que je suis et serai toujours, *in utroque jure*, le docteur Pancrace.
SGANARELLE.
Quel diable de babillard!
PANCRACE, en rentrant sur le théâtre.
Homme de lettres, homme d'érudition.
SGANARELLE.
Encore?
PANCRACE.
Homme de suffisance, homme de capacité; (S'en allant.) homme consommé dans toutes les sciences naturelles, morales et politiques; (Revenant ) homme savant, savantissime, *per omnes modos et casus*; (S'en allant.) homme qui possède *superlativè*, fables, mythologies et histoires, (Revenant.) grammaire, poésie, rhétorique, dialectique et sophistique, (S'en allant.) mathématique, arithmétique, optique, onirocritique physique

et mathématique, (Revenant.) cosmométrie, géométrie, architecture, spéculoire et spéculatoire, (S'en allant.) médecine, astronomie, astrologie, physionomie, métoposcopie, chiromancie, géomancie, etc.

### SCÈNE VII
#### SGANARELLE, seul.

Au diable les savants qui ne veulent point écouter les gens ! On me l'avoit bien dit, que son maître Aristote n'étoit qu'un bavard. Il faut que j'aille trouver l'autre ; peut-être qu'il sera plus posé et plus raisonnable. Holà !

### SCÈNE VIII
#### MARPHURIUS, SGANARELLE.

MARPHURIUS.

Que voulez-vous de moi, seigneur Sganarelle?

SGANARELLE.

Seigneur docteur, j'aurois besoin de votre conseil sur une petite affaire dont il s'agit, et je suis venu ici pour cela. (A part.) Ah ! voilà qui va bien. Il écoute le monde celui-ci.

MARPHURIUS.

Seigneur Sganarelle, changez, s'il vous plaît, cette façon de parler. Notre philosophie ordonne de ne point énoncer de proposition décisive, de parler de tout avec incertitude, de suspendre toujours son jugement ; et, par cette raison, vous ne devez pas dire : Je suis venu : mais : Il me semble que je suis venu.

SGANARELLE.

Il me semble?

MARPHURIUS.

Oui.

SGANARELLE.

Parbleu! il faut bien qu'il me semble, puisque cela est.

MARPHURIUS.

Ce n'est pas une conséquence ; et il peut vous le sembler sans que la chose soit véritable.

SGANARELLE.

Comment ! il n'est pas vrai que je suis venu?

MARPHURIUS.

Cela est incertain, et nous devons douter de tout.

SGANARELLE.

Quoi ! je ne suis pas ici, et vous ne me parlez pas?

MARPHURIUS.

Il m'apparoît que vous êtes là, et il me semble que je vous parle ; mais il n'est pas assuré que cela soit.

SGANARELLE.

Eh! que diable! vous vous moquez. Me voilà, et vous voilà bien nettement, et il n'y a point de *me semble* à tout cela. Laissons ces subtilités, je vous prie, et parlons de mon affaire. Je viens vous dire que j'ai envie de me marier.

MARPHURIUS.

Je n'en sais rien.

SGANARELLE.

Je vous le dis.

MARPHURIUS.

Il se peut faire.

SGANARELLE.

La fille que je veux prendre est fort jeune et fort belle.

MARPHURIUS.

Il n'est pas impossible.

SGANARELLE.

Ferai-je bien ou mal de l'épouser?

MARPHURIUS.

L'un ou l'autre.

SGANARELLE, à part.

Ah! ah! voici une autre musique. (A Marphurius.) Je vous demande si je ferai bien d'épouser la fille dont je vous parle.

MARPHURIUS.

Selon la rencontre.

SGANARELLE.

Ferai-je mal?

MARPHURIUS.

Par aventure.

SGANARELLE.

De grâce, répondez-moi comme il faut.

MARPHURIUS.

C'est mon dessein.

SGANARELLE.

J'ai une grande inclination pour la fille.

MARPHURIUS.

Cela peut être.

SGANARELLE.

Le père me l'a accordée.

MARPHURIUS.
Il se pourroit.
SGANARELLE.
Mais, en l'épousant, je crains d'être cocu.
MARPHURIUS.
La chose est faisable.
SGANARELLE.
Qu'en pensez-vous ?
MARPHURIUS.
Il n'y a pas d'impossibilité.
SGANARELLE.
Mais que feriez-vous si vous étiez à ma place?
MARPHURIUS.
Je ne sais.
SGANARELLE.
Que me conseillez-vous de faire?
MARPHURIUS.
Ce qu'il vous plaira.
SGANARELLE.
J'enrage !
MARPHURIUS.
Je m'en lave les mains.
SGANARELLE.
Au diable soit le vieux rêveur !
MARPHURIUS.
Il en sera ce qui pourra.
SGANARELLE, à part.
La peste du bourreau ! Je te ferai changer de note, chien de philosophe enragé ! (Il donne des coups de bâton à Marphurius.)
MARPHURIUS.
Ah ! ah ! ah !
SGANARELLE.
Te voilà payé de ton galimatias, et me voilà content.
MARPHURIUS.
Comment ! quelle insolence ! M'outrager de la sorte ! Avoir eu l'audace de battre un philosophe comme moi !
SGANARELLE.
Corrigez, s'il vous plaît, cette manière de parler. Il faut douter de toutes choses ; et vous ne devez pas dire que je vous ai battu, mais qu'il vous semble que je vous ai battu.
MARPHURIUS.
Ah ! je m'en vais faire ma plainte au commissaire du quartier des coups que j'ai reçus.

SGANARELLE.
Je m'en lave les mains.
MARPHURIUS.
J'en ai les marques sur ma personne.
SGANARELLE.
Il se peut faire.
MARPHURIUS.
C'est toi qui m'as traité ainsi.
SGANARELLE.
Il n'y a pas d'impossibilité.
MARPHURIUS.
J'aurai un décret contre toi.
SGANARELLE.
Je n'en sais rien.
MARPHURIUS.
Et tu seras condamné en justice.
SGANARELLE.
Il en sera ce qui pourra.
MARPHURIUS.
Laisse-moi faire.

## SCÈNE IX
SGANARELLE, seul.

Comment! on ne sauroit tirer une parole positive de ce chien d'homme-là, et l'on est aussi savant à la fin qu'au commencement. Que dois-je faire dans l'incertitude des suites de mon mariage? Jamais homme ne fut plus embarrassé que je suis. Ah! voici des Égyptiennes; il faut que je me fasse dire par elles ma bonne aventure.

## SCÈNE X
DEUX ÉGYPTIENNES, SGANARELLE.

Les Égytiennes avec leurs tambours de basque entrent en chantant et en dansant.

SGANARELLE.
Elles sont gaillardes. Écoutez, vous autres, y a-t-il moyen de me dire ma bonne fortune?
PREMIÈRE ÉGYPTIENNE.
Oui, mon beau monsieur, nous voici deux qui te la dirons.
DEUXIÈME ÉGYPTIENNE.
Tu n'as seulement qu'à nous donner ta main, avec a croix dedans, et nous te dirons quelque chose pour ton profit.
SGANARELLE.
Tenez, les voilà toutes deux avec ce que vous demandez.

PREMIÈRE ÉGYPTIENNE.

Tu as une bonne physionomie, mon bon monsieur, une bonne physionomie.

DEUXIÈME ÉGYPTIENNE.

Oui, une bonne physionomie; une physionomie d'un homme qui sera un jour quelque chose.

PREMIÈRE ÉGYPTIENNE.

Tu seras marié avant qu'il soit peu, mon bon monsieur, tu seras marié avant qu'il soit peu.

DEUXIÈME ÉGYPTIENNE.

Tu épouseras une femme gentille, une femme gentille.

PREMIÈRE ÉGYPTIENNE.

Oui, une femme qui sera chérie et aimée de tout le monde.

DEUXIÈME ÉGYPTIENNE.

Une femme qui te fera beaucoup d'amis, mon bon monsieur, qui te fera beaucoup d'amis.

PREMIÈRE ÉGYPTIENNE.

Une femme qui fera venir l'abondance chez toi.

DEUXIÈME ÉGYPTIENNE.

Une femme qui te donnera une grande réputation.

PREMIÈRE ÉGYPTIENNE.

Tu seras considéré par elle, mon bon monsieur, tu seras considéré par elle.

SGANARELLE.

Voilà qui est bien. Mais dites-moi un peu; suis-je menacé d'être cocu?

DEUXIÈME ÉGYPTIENNE.

Cocu?

SGANARELLE.

Oui.

PREMIÈRE ÉGYPTIENNE.

Cocu?

SGANARELLE.

Oui, si je suis menacé d'être cocu? (Les deux Égyptiennes dansent et chantent.) Que diable! ce n'est pas là me répondre! Venez çà. Je vous demande à toutes deux si je serai cocu?

DEUXIÈME ÉGYPTIENNE.

Cocu? vous?

SGANARELLE.

Oui, si je serai cocu?

PREMIÈRE ÉGYPTIENNE.

Vous ? cocu ?

SGANARELLE.

Oui, si je le serai, ou non. (Les deux Égyptiennes sortent, en chantant et en dansant.)

SCÈNE XI

SGANARELLE, seul.

Peste soit des carognes qui me laissent dans l'inquiétude ! Il faut absolument que je sache la destinée de mon mariage ; et pour cela je veux aller trouver ce grand magicien dont tout le monde parle tant, et qui, par son art admirable, fait voir tout ce que l'on souhaite. Ma foi, je crois que je n'ai que faire d'aller au magicien, et voici qui me montre tout ce que je puis demander.

SCÈNE XII

DORIMÈNE, LYCASTE ; SGANARELLE, retiré dans un coin du théâtre sans être vu.

LYCASTE.

Quoi ! belle Dorimène, c'est sans raillerie que vous parlez ?

DORIMÈNE.

Sans raillerie.

LYCASTE.

Vous vous mariez tout de bon ?

DORIMÈNE.

Tout de bon.

LYCASTE.

Et vos noces se feront dès ce soir ?

DORIMÈNE.

Dès ce soir.

LYCASTE.

Et vous pouvez, cruelle que vous êtes, oublier de la sorte l'amour que j'ai pour vous, et les obligeantes paroles que vous m'aviez données ?

DORIMÈNE.

Moi ? point du tout. Je vous considère toujours de même, et ce mariage ne doit point vous inquiéter ; c'est un homme que je n'épouse point par amour, et sa seule richesse me fait résoudre à l'accepter. Je n'ai point de bien, vous n'en avez point aussi, et vous savez que sans cela on passe mal le temps au monde, et qu'à quelque prix que ce soit il faut tâcher d'en avoir. J'ai embrassé cette occasion-ci de me mettre à mon aise ; et je l'ai fait sur l'espérance de me voir bientôt délivrée du barbon que je prends. C'est un homme qui mourra avant qu'il soit peu, et qui n'a tout au plus que six mois dans le ventre. Je vous le garantis défunt dans le temps que je dis ; et je n'aurai pas longuement à demander pour moi au ciel l'heureux état de veuve. (A Sganarelle, qu'elle aperçoit.) Ah ! nous parlions de vous, et nous en disions tout le bien qu'on en sauroit dire.

LYCASTE.

Est-ce là monsieur...

DORIMÈNE.

Oui, c'est monsieur qui me prend pour femme.

LYCASTE.

Agréez, monsieur, que je vous félicite de votre mariage, et vous présente en même temps mes très-humbles services. Je vous assure que vous épousez là une très-honnête personne : et vous, mademoiselle, je me réjouis avec vous aussi de l'heureux choix que vous avez fait. Vous ne pouviez pas mieux trouver, et monsieur a toute la mine d'être un fort bon mari. Oui, monsieur, je veux faire amitié avec vous, et lier ensemble un petit commerce de visites et de divertissements.

DORIMÈNE.

C'est trop d'honneur que vous nous faites à tous deux. Mais allons, le temps me presse, et nous aurons tout le loisir de nous entretenir ensemble.

SCÈNE XIII

SGANARELLE, seul.

Me voilà tout à fait dégoûté de mon mariage ; et je crois que je ne ferai pas mal de m'aller dégager de ma parole. Il m'en a coûté quelque argent ; mais il vaut encore mieux perdre cela que de m'exposer à quelque chose de pis. Tâchons adroitement de nous débarrasser de cette affaire. Holà ! (Il frappe à la porte de la maison d'Alcantor.)

SCÈNE XIV

ALCANTOR, SGANARELLE.

ALCANTOR.

Ah ! mon gendre, soyez le bienvenu !

SGANARELLE.

Monsieur, votre serviteur.

ALCANTOR.

Vous venez pour conclure le mariage ?

SGANARELLE.

Excusez-moi.

ALCANTOR.

Je vous promets que j'en ai autant d'impatience que vous.

SGANARELLE.

Je viens ici pour autre sujet.

ALCANTOR.

J'ai donné ordre à toutes les choses nécessaires pour cette fête.

SGANARELLE.

Il n'est pas question de cela.

ALCANTOR.

Les violons sont retenus, le festin est commandé, et ma fille est parée pour vous recevoir.

SGANARELLE.

Ce n'est pas ce qui m'amène.

ALCANTOR.

Enfin, vous allez être satisfait; et rien ne peut retarder votre contentement.

SGANARELLE.

Mon Dieu ! c'est autre chose.

ALCANTOR.

Allons, entrez donc, mon gendre.

SGANARELLE.

J'ai un petit mot à vous dire.

ALCANTOR.

Ah ! mon Dieu, ne faisons point de cérémonie ! Entrez vite, s'il vous plaît.

SGANARELLE.

Non, vous dis-je, je vous veux parler auparavant.

ALCANTOR.

Vous voulez me dire quelque chose ?

SGANARELLE.

Oui.

ALCANTOR.

Et quoi ?

SGANARELLE.

Seigneur Alcantor, j'ai demandé votre fille en mariage, il est vrai, et vous me l'avez accordée; mais je me trouve un peu avancé en âge pour elle, et je considère que je ne suis point du tout son fait.

ALCANTOR.

Pardonnez-moi, ma fille vous trouve bien comme

vous êtes; et je suis sûr qu'elle vivra fort contente avec vous.

SGANARELLE.

Point. J'ai parfois des bizarreries épouvantables, et elle auroit trop à souffrir de ma mauvaise humeur.

ALCANTOR.

Ma fille a de la complaisance, et vous verrez qu'elle s'accommodera entièrement à vous.

SGANARELLE.

J'ai quelques infirmités sur mon corps qui pourroient la dégoûter.

ALCANTOR.

Cela n'est rien. Une honnête femme ne se dégoûte jamais de son mari.

SGANARELLE.

Enfin, voulez-vous que je vous dise? Je ne vous conseille pas de me la donner.

ALCANTOR.

Vous moquez-vous? J'aimerais mieux mourir que d'avoir manqué à ma parole.

SGANARELLE.

Mon Dieu! Je vous en dispense, et je...

ALCANTOR.

Point du tout. Je vous l'ai promise, et vous l'aurez en dépit de tous ceux qui y prétendent.

SGANARELLE, à part.

Que diable!

ALCANTOR.

Voyez-vous, j'ai une estime et une amitié pour vous toute particulière; et je refuserois ma fille à un prince pour vous la donner.

SGANARELLE.

Seigneur Alcantor, je vous suis obligé de l'honneur que vous me faites; mais je vous déclare que je ne me veux point marier.

ALCANTOR.

Qui, vous?

SGANARELLE.

Oui, moi.

ALCANTOR.

Et la raison?

SGANARELLE.

La raison? C'est que je ne me sens point propre pour le mariage, et que je veux imiter mon père, et tous ceux de ma race, qui ne se sont jamais voulu marier.

ALCANTOR.

Écoutez. Les volontés sont libres; et je suis homme à ne contraindre jamais personne. Vous vous êtes engagé avec moi pour épouser ma fille, et tout est préparé pour cela; mais, puisque vous voulez retirer votre parole, je vais voir ce qu'il y a à faire; et vous aurez bientôt de mes nouvelles.

## SCÈNE XV

SGANARELLE, seul.

Encore est-il plus raisonnable que je ne pensois, et je croyois avoir bien plus de peine à m'en dégager. Ma foi, quand j'y songe, j'ai fait fort sagement de me tirer de cette affaire ; et j'allois faire un pas dont je me serois peut-être longtemps repenti. Mais voici le fils qui me vient rendre réponse.

## SCÈNE XVI

ALCIDAS, SGANARELLE.

ALCIDAS, parlant d'un ton doucereux.

Monsieur, je suis votre serviteur très-humble.

SGANARELLE.

Monsieur, je suis le vôtre de tout mon cœur.

ALCIDAS, toujours avec le même ton.

Mon père m'a dit, monsieur, que vous vous étiez venu dégager de la parole que vous aviez donnée.

SGANARELLE.

Oui, monsieur; c'est avec regret, mais...

ALCIDAS.

Oh ! monsieur, il n'y a pas de mal à cela.

SGANARELLE.

J'en suis fâché, je vous assure ; et je souhaiterais...

ALCIDAS.

Cela n'est rien, vous dis-je. (Alcidas présente à Sganarelle deux épées.) Monsieur, prenez la peine de choisir, de ces deux épées, laquelle vous voulez.

SGANARELLE.

De ces deux épées ?

ALCIDAS.

Oui, s'il vous plaît.

SGANARELLE.

A quoi bon ?

ALCIDAS.

Monsieur, comme vous refusez d'épouser ma sœur après la parole donnée, je crois que vous ne trouverez pas mauvais le petit compliment que je viens vous faire.

SGANARELLE.

Comment.

ALCIDAS.

D'autres gens feroient du bruit, et s'emporteroient contre vous; mais nous sommes personnes à traiter les choses dans la douceur; et je viens vous dire civilement qu'il faut, si vous le trouvez bon, que nous nous coupions la gorge ensemble.

SGANARELLE.

Voilà un compliment fort mal tourné.

ALCIDAS.

Allons, monsieur, choisissez, je vous prie.

SGANARELLE.

Je suis votre valet, je n'ai point de gorge à me couper. (A part.) La vilaine façon de parler que voilà !

ALCIDAS.

Monsieur, il faut que cela soit, s'il vous plaît.

SGANARELLE.

Eh ! monsieur, rengaînez ce compliment, je vous prie.

ALCIDAS.

Dépêchons vite, monsieur. J'ai une petite affaire qui m'attend.

SGANARELLE.

Je ne veux point de cela, vous dis-je.

ALCIDAS.

Vous ne voulez pas vous battre ?

SGANARELLE.

Nenni, ma foi.

ALCIDAS.

Tout de bon ?

SGANARELLE.

Tout de bon.

ALCIDAS, après lui avoir donné des coups de bâton.

Au moins, monsieur, vous n'avez pas lieu de vous plaindre; vous voyez que je fais les choses dans l'ordre. Vous nous manquez de parole, je me veux battre contre vous; vous refusez de vous battre, je vous donne des coups de bâton; tout cela est dans les formes; et vous êtes trop honnête homme pour ne pas approuver mon procédé.

SGANARELLE, à part.

Quel diable d'homme est-ce ci ?

ALCIDAS lui présente encore les deux épées.

Allons, monsieur, faites les choses galamment, et sans vous faire tirer l'oreille.

SGANARELLE.

Encore ?

ALCIDAS.

Monsieur, je ne contrains personne ; mais il faut que vous vous battiez, ou que vous épousiez ma sœur.

SGANARELLE.

Monsieur, je ne puis faire ni l'un ni l'autre, je vous assure.

ALCIDAS.

Assurément ?

SGANARELLE.

Assurément.

ALCIDAS.

Avec votre permission donc... (Alcidas lui donne encore des coups de bâton.)

SGANARELLE.

Ah ! ah ! ah !

ALCIDAS.

Monsieur, j'ai tous les regrets du monde d'être obligé d'en user ainsi avec vous ; mais je ne cesserai point, s'il vous plaît, que vous n'ayez promis de vous battre, ou d'épouser ma sœur. (Alcidas lève le bâton.)

SGANARELLE.

Eh bien, j'épouserai, j'épouserai.

ALCIDAS.

Ah ! monsieur, je suis ravi que vous vous mettiez à la raison, et que les choses se passent doucement. Car enfin vous êtes l'homme du monde que j'estime le plus, je vous jure ; et j'aurois été au désespoir que vous m'eussiez contraint à vous maltraiter. Je vais appeler mon père, pour lui dire que tout est d'accord. (Il va frapper à la porte d'Alcantor.)

## SCÈNE XVII
ALCANTOR, DORIMÈNE, ALCIDAS, SGANARELLE.

ALCIDAS.

Mon père, voilà monsieur qui est tout à fait raisonnable. Il a voulu faire les choses de bonne grâce, et vous pouvez lui donner ma sœur.

ALCANTOR.

Monsieur, voilà sa main ; vous n'avez qu'à donner la vôtre. Loué soit le ciel ! m'en voilà déchargé, et c'est vous désormais que regarde le soin de sa conduite. Allons nous réjouir, et célébrer cet heureux mariage.

# LA PRINCESSE D'ÉLIDE
## COMÉDIE-BALLET EN CINQ ACTES.

### PERSONNAGES.

LA PRINCESSE D'ÉLIDE ; AGLANTE, cousine de la princesse ; CYNTHIE, cousine de la princesse ; PHILIS, suivante de la princesse; IPHITAS, père de la princesse, EURYALE, prince d'Ithaque, ARISTOMÈNE, prince de Messène ; THÉOCLE, prince de Pyle , ARBATE, gouverneur du prince d'Ithaque , MORON, plaisant de la princesse; LYCAS, suivant d'Iphitas.

## ACTE PREMIER
### SCÈNE I
EURYALE, ARBATE.

ARBATE.

Ce silence rêveur, dont la sombre habitude
Vous fait à tous moments chercher la solitude ;
Ces longs soupirs que laisse échapper votre cœur,
Et ces fixes regards si chargés de langueur,
Disent beaucoup, sans doute, à des gens de mon âge ;
Et je pense, seigneur, entendre ce langage ;
Mais, sans votre congé, de peur de trop risquer
Je n'ose m'enhardir jusques à l'expliquer.

EURYALE.

Explique, explique, Arbate, avec toute licence
Ces soupirs, ces regards, et ce morne silence.
Je te permets ici de dire que l'Amour
M'a rangé sous ses lois, et me brave à son tour ;
Et je consens encor que tu me fasses honte
Des foiblesses d'un cœur qui souffre qu'on le dompte.

ARBATE.

Moi, vous blâmer, seigneur, des tendres mouvements
Où je vois qu'aujourd'hui penchent vos sentiments !
Le chagrin des vieux jours ne peut aigrir mon âme
Contre les doux transports de l'amoureuse flamme ;
Et, bien que mon sort touche à ses derniers soleils,
Je dirai que l'amour sied bien à vos pareils ;

Que ce tribut qu'on rend aux traits d'un beau visage
De la beauté d'une âme est un clair témoignage,
Et qu'il est malaisé que, sans être amoureux,
Un jeune prince soit et grand et généreux.
C'est une qualité que j'aime en un monarque ;
La tendresse du cœur est une grande marque
Que d'un prince à votre âge on peut tout présumer,
Dès qu'on voit que son âme est capable d'aimer.
Oui, cette passion, de toutes la plus belle,
Traîne dans un esprit cent vertus après elle ;
Aux nobles actions elle pousse les cœurs,
Et tous les grands héros ont senti ses ardeurs.
Devant mes yeux, seigneur, a passé votre enfance,
Et j'ai de vos vertus vu fleurir l'espérance ;
Mes regards observoient en vous des qualités
Où je reconnoissois le sang dont vous sortez ;
J'y découvrois un fond d'esprit et de lumière ;
Je vous trouvois bien fait, l'air grand, et l'âme fière ;
Votre cœur, votre adresse, éclatoient chaque jour ;
Mais je m'imquiétois de ne voir point d'amour ;
Et, puisque les langueurs d'une plaie invincible
Nous montrent que votre âme à ses traits est sensible,
Je triomphe, et mon cœur, d'allégresse rempli,
Vous regarde à présent comme un prince accompli.
EURYALE.
Si de l'Amour un temps j'ai bravé la puissance,
Hélas ! mon cher Arbate, il en prend bien vengeance !
Et, sachant dans quels maux mon cœur s'est abîmé,
Toi même tu voudrois qu'il n'eût jamais aimé.
Car enfin, vois le sort où mon astre me guide :
J'aime, j'aime ardemment la princesse d'Élide :
Et tu sais que l'orgueil, sous des traits si charmants,
Arme contre l'amour ses jeunes sentiments,
Et comme elle fuit en cette illustre fête
Cette foule d'amants qui briguent sa conquête.
Ah ! qu'il est peu vrai que ce qu'on doit aimer,
Aussitôt qu'on le voit prend droit de nous charmer,
Et qu'un premier coup d'œil allume en nous les flammes
Où le ciel, en naissant, a destiné nos âmes !
A mon retour d'Argos, je passai dans ces lieux,
Et ce passage offrit la princesse à mes yeux ;
Je vis tous les appas dont elle est revêtue,
Mais de l'œil dont on voit une belle statue.
Leur brillante jeunesse observée à loisir
Ne porta dans mon âme aucun secret désir,

Et d'Ithaque en repos je revis le rivage,
Sans m'en être en deux ans rappelé nulle image,
Un bruit vient cependant à répandre à ma cour
Le célèbre mépris qu'elle fait de l'amour ;
On publie en tous lieux que son âme hautaine
Garde pour l'hyménée une invincible haine,
Et qu'un arc à la main, sur l'épaule un carquois,
Comme une autre Diane elle hante les bois,
N'aime rien que la chasse, et de toute la Grèce
Fait soupirer en vain l'héroïque jeunesse.
Admire nos esprits, et la fatalité !
Ce que n'avoient point fait sa vue et sa beauté,
Le bruit de ses fiertés en mon âme fit naître
Un transport inconnu dont je ne fus point maître :
Ce dédain si fameux eut des charmes secrets
A me faire avec soin rappeler tous ses traits ;
Et mon esprit, jetant de nouveaux yeux sur elle,
M'en refit une image et si noble et si belle,
Me peignit tant de gloire et de telles douceurs
A pouvoir triompher de toutes ses froideurs,
Que mon cœur, aux brillants d'une telle victoire,
Vit de sa liberté s'évanouir la gloire :
Contre une telle amorce il eut beau s'indigner,
Sa douceur sur mes sens prit tel droit de régner,
Qu'entraîné par l'effort d'une occulte puissance,
J'ai d'Ithaque en ces lieux fait voile en diligence ;
Et je couvre en effet de mes vœux enflammés
Du désir de paroître à ces jeux renommés,
Où l'illustre Iphitas, père de la princesse,
Assemble la plupart des princes de la Grèce.

ARBATE.
Mais à quoi bon, seigneur, les soins que vous prenez?
Et pourquoi ce secret où vous vous obstinez?
Vous aimez, dites-vous cette illustre princesse,
Et venez à ses yeux signaler votre adresse ;
Et nuls empressements, paroles, ni soupirs,
Ne l'ont instruite encor de vos brûlants désirs?
Pour moi je n'entends rien à cette politique
Qui ne veut point souffrir que votre cœur s'explique ;
Et je ne sais quel fruit peut prétendre un amour
Qui fuit tous les moyens de se produire au jour.

EURYALE.
Et que ferai-je, Arbate, en déclarant ma peine,
Qu'attirer les dédains de cette âme hautaine,
Et me jeter au rang de ces princes soumis,

Que le titre d'amant lui peint en ennemis?
Tu vois les souverains de Messène et de Pyle
Lui faire de leurs cœurs un hommage inutile,
Et de l'éclat pompeux des plus grandes vertus
En appuyant en vain les respects assidus :
Ce rebut de leurs soins, sous un triste silence,
Retient de mon amour toute la violence :
Je me tiens condamné dans ces rivaux fameux,
Et je lis mon arrêt au mépris qu'on fait d'eux.

**ARBATE.**
Et c'est dans ce mépris et dans cette humeur fière
Que votre âme à ses vœux doit voir plus de lumière,
Puisque le sort vous donne à conquérir un cœur
Que défend seulement une simple froideur,
Et qui n'oppose point à l'ardeur qui vous presse
De quelque attachement l'invincible tendresse,
Un cœur préoccupé résiste puissamment ;
Mais, quand une âme est libre, on la force aisément ;
Et toute la fierté de son indifférence
N'a rien dont ne triomphe un peu de patience,
Ne lui cachez donc plus le pouvoir de ses yeux,
Faites de votre flamme un éclat glorieux ;
Et, bien loin de trembler de l'exemple des autres,
Du rebut de leurs vœux fortifiez les vôtres.
Peut-être, pour toucher ses sévères appas,
Aurez-vous des secrets que ces princes n'ont pas ;
Et, si de ces fiertés l'impérieux caprice
Ne vous fait éprouver un destin plus propice,
Au moins est-ce un bonheur en ces extrémités,
Que de voir avec soi ses rivaux rebutés.

**EURYALE.**
J'aime à te voir presser cet aveu de ma flamme :
Combattant mes raisons, tu chatouilles mon âme ;
Et, par ce que j'ai dit, je voulois pressentir
Si de ce que j'ai fait tu pourrois m'applaudir.
Car enfin, puisqu'il faut t'en faire confidence,
On doit à la princesse expliquer mon silence ;
Et peut-être, au moment que je t'en parle ici,
Le secret de mon cœur, Arbate, est éclairci.
Cette chasse, où, pour fuir la foule qui l'adore
Tu sais qu'elle est allée au lever de l'aurore,
Est le temps que Moron, pour déclarer mon feu,
A pris...

**ARBATE.**
Moron, seigneur !

EURYALE.

       Ce choix t'étonne un peu :
Par son titre de fou tu crois le bien connoître ;
Mais sache qu'il l'est moins qu'il ne le veut paroître ;
Et que, malgré l'emploi qu'il exerce aujourd'hui,
Il a plus de bon sens que tel qui rit de lui.
La princesse se plaît à ses bouffonneries :
Il s'en est fait aimer par cent plaisanteries,
Et peut, dans cet accès, dire et persuader
Ce que d'autres que lui n'oseroient hasarder ;
Je le vois propre enfin à ce que j'en souhaite :
Il a pour moi, dit-il, une amitié parfaite,
Et veut, dans mes États ayant reçu le jour,
Contre tous mes rivaux appuyer mon amour.
Quelque argent mis en main pour soutenir ce zèle.

## SCÈNE II
EURYALE, ARBATE, MORON.

MORON, derrière le théâtre.

Au secours ! sauvez-moi de la bête cruelle !

EURYALE.

Je pense ouïr sa voix.

MORON, derrière le théâtre.

      A moi ! de grâce, à moi !

EURYALE.

C'est lui-même. Où court-il avec un tel effroi ?

MORON, entrant sans voir personne.

Où pourrai-je éviter ce sanglier redoutable ?
Grands dieux ! préservez-moi de sa dent effroyable !
Je vous promets, pourvu qu'il ne m'attrappe pas,
Quatre livres d'encens, et deux veaux des plus gras.

*Rencontrant Euryale, que dans sa frayeur il prend pour le sanglier qu'il évite.*

Ah ! je suis mort !

EURYALE.

  Qu'as-tu ?

MORON.

      Je vous croyois la bête
Dont à me diffamer j'ai vu la gueule prête,
Seigneur ; et je ne puis revenir de ma peur.

EURYALE.

Qu'est-ce ?

MORON.

   Oh ! que la princesse est d'une étrange humeur,
Et qu'à suivre la chasse et ses extravagances
Il nous faut essuyer de sottes complaisances !

Quel diable de plaisir trouvent tous les chasseurs
De se voir exposés à mille et mille peurs ?
Encore si c'étoit qu'on ne fût qu'à la chasse
Des lièvres, des lapins, et des jeunes daims, passe :
Ce sont des animaux d'un naturel fort doux,
Et qui prennent toujours la fuite devant nous.
Mais aller attaquer de ces bêtes vilaines
Qui n'ont aucun respect pour les faces humaines,
Et qui courent les gens, qui les veulent courir,
C'est un sot passe-temps que je ne puis souffrir.

EURYALE.

Dis-nous donc ce que c'est.

MORON.

Le pénible exercice
Où de notre princesse a volé le caprice !
J'en aurois bien juré qu'elle auroit fait le tour ;
Et la course des chars se faisant en ce jour,
Il falloit affecter ce contre-temps de chasse
Pour mépriser ces jeux avec meilleure grâce,
Et faire voir... Mais chut. Achevons mon récit,
Et reprenons le fil de ce que j'avois dit.
Qu'ai-je dit ?

EURYALE.

Tu parlois d'exercice pénible.

MORON.

Ah ! oui. Succombant donc à ce travail horrible
(Car en chasseur fameux j'étois enharnaché,
Et dès le point du jour je m'étois décoouché),
Je me suis écarté de tous en galant homme,
Et, trouvant le lieu propre à dormir d'un bon somme,
J'essayois ma posture, et, m'ajustant bientôt,
Prenois déjà mon ton pour ronfler comme il faut,
Lorsqu'un murmure affreux m'a fait lever la vue,
Et j'ai, d'un vieux buisson de la forêt touffue,
Vu sortir un sanglier d'une énorme grandeur,
Pour...

EURYALE.

Qu'est-ce ?

MORON.

Ce n'est rien. N'ayez point de frayeur,
Mais laissez-moi passer entre vous deux, pour cause ;
Je serai mieux en main pour vous conter la chose.
J'ai donc vu ce sanglier, qui, par nos gens chassé,
Avoit d'un air affreux tout son poil hérissé ;
Ses deux yeux flamboyants ne lançoient que menace,

Et sa gueule faisoit une laide grimace,
Qui parmi de l'écume, à qui l'osoit presser,
Montroit de certains crocs... je vous laisse à penser,
A ce terrible aspect j'ai ramassé mes armes ;
Mais le faux animal, sans en prendre d'alarmes,
Est venu droit à moi, qui ne lui disois mot.

ARBATE.

Et tu l'as de pied ferme attendu ?

MORON.

        Quelque sot.
J'ai jeté tout par terre et couru comme quatre.

ARBATE.

Fuir devant un sanglier, ayant de quoi l'abattre !
Ce trait, Moron, n'est pas généreux...

MORON.

        J'y consens ;
Il n'est pas généreux, mais il est de bon sens.

ARBATE.

Mais, par quelques exploits si l'on ne s'éternise...

MORON.

Je suis votre valet. J'aime mieux que l'on dise :
C'est ici qu'en fuyant, sans se faire prier,
Moron sauva ses jours des fureurs d'un sanglier
Que si l'on y disoit : Voilà l'illustre place
Où le brave Moron, signalant son audace,
Affrontant d'un sanglier l'impétueux effort,
Par un coup de ses dents vit terminer son sort.

EURYALE.

Fort bien.

MORON.

   Oui. J'aime mieux, n'en déplaise à la gloire,
Vivre au monde deux jours, que mille ans dans l'his-
            [toire.

EURYALE.

En effet, ton trépas fâcheroit tes amis ;
Mais, si de ta frayeur ton esprit est remis,
Puis-je te demander si du feu qui me brûle...

MORON.

Il ne faut pas, seigneur, que je vous dissimule ;
Je n'ai rien fait encore, et n'ai point rencontré
De temps pour lui parler qui fût selon mon gré.
L'office de bouffon a des prérogatives ;
Mais souvent on rabat nos libres tentatives.
Le discours de vos feux est un peu délicat,
Et c'est chez la princesse une affaire d'État.

Vous savez de quel titre elle se glorifie,
Et qu'elle a dans la tête une philosophie
Qui déclare la guerre au conjugal lien,
Et vous traite l'amour de déité de rien.
Pour n'effaroucher point son humeur de tigresse,
Il me faut manier la chose avec adresse ;
Car on doit regarder comme l'on parle aux grands,
Et vous êtes parfois d'assez fâcheuses gens.
Laissez-moi doucement conduire cette trame.
Je me sens là pour vous un zèle tout de flamme ;
Vous êtes né mon prince, et quelques autres nœuds
Pourroient contribuer au bien que je vous veux.
Ma mère, dans son temps, passoit pour assez belle,
Et naturellement n'étoit pas fort cruelle ;
Feu votre père alors, ce prince généreux,
Sur la galanterie étoit fort dangereux,
Et je sais qu'Elpénor, qu'on appeloit mon père
A cause qu'il étoit le mari de ma mère,
Contoit pour grand honneur aux pasteurs d'aujour-
[d'hui
Que le prince autrefois étoit venu chez lui,
Et que, durant ce temps, il avoit l'avantage
De se voir salué de tous ceux du village
Baste. Quoi qu'il en soit, je veux par mes travaux...
Mais voici la princesse et deux de vos rivaux.

## SCÈNE III
LA PRINCESSE, AGLANTE, CYNTHIE, ARISTOMÈNE,
THÉOCLE, EURYALE, PHILIS, ARBATE, MORON.

ARISTOMÈNE.

Reprochez-vous, madame, à nos justes alarmes
Ce péril dont tous deux avons sauvé vos charmes ?
J'aurois pensé, pour moi, qu'abattre sous nos coups
Ce sanglier qui portoit sa fureur jusqu'à vous
Étoit une aventure (ignorant votre chasse)
Dont à nos bons destins nous dussions rendre grâce ;
Mais, à cette froideur, je connois clairement
Que je dois concevoir un autre sentiment,
Et quereller du sort la fatale puissance
Qui me fait avoir part à ce qui vous offense.

THÉOCLE.

Pour moi, je tiens, madame, à sensible bonheur
L'action où pour vous a volé tout mon cœur,
Et ne puis consentir, malgré votre murmure,
A quereller le sort d'une telle aventure.
D'un objet odieux je sais que tout déplaît.

Mais, dût votre courroux être plus grand qu'il n'est,
C'est extrême plaisir, quand l'amour est extrême,
De pouvoir d'un péril affranchir ce qu'on aime.

LA PRINCESSE.

Et pensez-vous, seigneur, puisqu'il me faut parler,
Qu'il eût eu, ce péril, de quoi tant m'ébranler ?
Que l'arc et que le dard, pour moi si pleins de charmes,
Ne soient entre mes mains que d'inutiles armes,
Et que je fasse enfin mes plus fréquents emplois
De parcourir nos monts, nos plaines et nos bois,
Pour n'oser, en chassant, concevoir l'espérance
De suffire, moi seule, à ma propre défense ?
Certes, avec le temps, j'aurois bien profité
De ces soins assidus dont je fais vanité,
S'il falloit que mon bras, dans une telle quête,
Ne pût pas triompher d'une chétive bête !
Du moins, si, pour prétendre à de sensibles coups,
Le commun de mon sexe est trop mal avec vous,
D'un étage plus haut accordez-moi la gloire ;
Et me faites tous deux cette grâce de croire,
Seigneurs, que, quel que fût le sanglier d'aujourd'hui,
J'en ai mis bas sans vous de plus méchants que lui.

THÉOCLE.

Mais, madame...

LA PRINCESSE.

Eh bien, soit. Je vois que votre envie
Est de persuader que je vous dois la vie ;
J'y consens. Oui sans vous, c'étoit fait de mes jours.
Je rends de tout mon cœur grâce à ce grands secours ;
Et je vais de ce pas au prince pour lui dire
Les bontés que pour moi votre amour vous inspire.

## SCÈNE IV

### EURYALE, ARBATE, MORON.

MORON.

Eh ! a-t-on jamais vu de plus farouche esprit ?
De ce vilain sanglier l'heureux trépas l'aigrit.
Oh ! comme volontiers j'aurois d'un beau salaire
Récompensé tantôt qui m'en eût su défaire !

ARBATE, à Euryale.

Je vous vois tout pensif, seigneur, de ses dédains ;
Mais ils n'ont rien qui doive empêcher vos desseins,
Son heure doit venir ; et c'est à vous, possible,
Qu'est réservé l'honneur de la rendre sensible.

MORON.
Il faut qu'avant la course elle apprenne vos feux ;
Et je...
EURYALE.
Non. Ce n'est plus, Moron, ce que je veux ;
Garde-toi de rien dire, et me laisse un peu faire;
J'ai résolu de prendre un chemin tout contraire.
Je vois trop que son cœur s'obstine à dédaigner
Tous ces profonds respects qui pensent la gagner ;
Et le dieu qui m'engage à soupirer pour elle
M'inspire pour la vaincre une adresse nouvelle.
Oui, c'est lui d'où me vient ce soudain mouvement,
Et j'en attends de lui l'heureux événement.
ARBATE.
Peut-on savoir, seigneur, par où votre espérance...
EURYALE.
Tu le vas voir. Allons, et garde le silence.

## ACTE SECOND
### SCÈNE I
LA PRINCESSE, AGLANTE, CYNTHIE, PHILIS.
LA PRINCESSE.
Oui, j'aime à demeurer dans ces paisibles lieux ;
On n'y découvre rien qui n'enchante les yeux :
Et de tous nos palais la savante structure
Cède aux simples beautés qu'y forme la nature.
Ces arbres, ces rochers, cette eau, ces gazons frais,
Ont pour moi des appas à ne lasser jamais.
AGLANTE.
Je chéris comme vous ces retraites tranquilles,
Où l'on se vient sauver de l'embarras des villes.
De mille objets charmants ces lieux sont embellis ;
Et ce qui doit surprendre est qu'aux portes d'Élis
La douce passion de fuir la multitude
Rencontre une si belle et vaste solitude.
Mais, à vous dire vrai, dans ces jours éclatants
Vos retraites ici me semblent hors de temps ;
Et c'est fort maltraiter l'appareil magnifique
Que chaque prince a fait pour la fête publique.
Ce spectacle pompeux de la course des chars
Devoit bien mériter l'honneur de vos regards.
LA PRINCESSE.
Quel droit ont-ils chacun d'y vouloir ma présence,
Et que dois-je, après tout, à leur magnificence?

Ce sont soins que produit l'ardeur de m'acquérir,
Et mon cœur est le prix qu'ils veulent tous courir.
Mais, quelque espoir qui flatte un projet de la sorte,
Je me romperai fort si pas un deux l'emporte.

CYNTHIE.

Jusques à quand ce cœur veut-il s'effaroucher
Des innocents desseins qu'on a de le toucher,
Et regarder les soins que pour vous on se donne
Comme autant d'attentats contre votre personne?
Je sais qu'en défendant le parti de l'amour
On s'expose chez vous à faire mal sa cour;
Mais ce que par le sang j'ai l'honneur de vous être
S'oppose aux duretés que vous faites paroître;
Et je ne puis nourrir d'un flatteur entretien
Vos résolutions de n'aimer jamais rien.
Est-il rien de plus beau que l'innocente flamme
Qu'un mérite éclatant allume dans une âme!
Et seroit-ce un bonheur de respirer le jour,
Si d'entre les mortels on bannissoit l'amour?
Non, non, tous les plaisirs se goûtent à le suivre;
Et vivre sans aimer n'est pas proprement vivre.

AGLANTE.

Pour moi, je tiens que cette passion est la plus agréable affaire de la vie, qu'il est nécessaire d'aimer pour vivre heureusement, et que tous les plaisirs son fades, s'il ne s'y mêle un peu d'amour.

LA PRINCESSE.

Pouvez-vous bien toutes deux, étant ce que vous êtes, prononcer ces paroles? et ne devez-vous pas rougir d'appuyer une passion qui n'est qu'erreur, que foiblesse et qu'emportement, et dont tous les désordres ont tant de répugnance avec la gloire de notre sexe? J'en prétends soutenir l'honneur jusqu'au dernier moment de ma vie, et ne veux point du tout me commettre à ces gens qui font les esclaves auprès de nous, pour devenir un jour nos tyrans. Toutes ces larmes, tous ces soupirs, tous ces hommages, tous ces respects, sont des embûches qu'on tend à notre cœur, et qui souvent l'engagent à commettre des lâchetés. Pour moi, quand je regarde certains exemples, et les bassesses épouvantables où cette passion ravale les personnes sur qui elle étend sa puissance, je sens tout mon cœur qui s'émeut; et je ne puis souffrir qu'une âme qui fait profession d'un peu de fierté ne trouve pas une honte horrible à de telles foiblesses.

CYNTHIE.
Eh ! madame, il est de certaines foiblesses qui ne sont point honteuses, et qu'il est beau même d'avoir dans les plus hauts degrés de gloire. J'espère que vous changerez un jour de pensée ; et, s'il plaît au ciel, nous verrons votre cœur, avant qu'il soit peu...
LA PRINCESSE.
Arrêtez. N'achevez pas ce souhait étrange. J'ai une horreur trop invincible pour ces sortes d'abaissements ; et, si jamais j'étois capable d'y descendre, je serois personne, sans doute, à ne me le point pardonner.
AGLANTE.
Prenez garde, madame, l'Amour sait se venger des mépris que l'on fait de lui ; et peut-être...
LA PRINCESSE.
Non, non, je brave tous ses traits ; et le grand pouvoir qu'on lui donne n'est rien qu'une chimère et qu'une excuse des foibles cœurs, qui le font invincible pour autoriser leur foiblesse.
CYNTHIE.
Mais, enfin, toute la terre reconnoît sa puissance, et vous voyez que les dieux mêmes sont assujettis à son empire. On nous fait voir que Jupiter n'a pas aimé pour une fois, et que Diane même, dont vous affectez tant l'exemple, n'a pas rougi de pousser des soupirs d'amour.
LA PRINCESSE.
Les croyances publiques sont toujours mêlées d'erreur. Les dieux ne sont point faits comme les fait le vulgaire ; et c'est leur manquer de respect que de leur attribuer les foiblesses des hommes.

## SCÈNE II
LA PRINCESSE, AGLANTE, CYNTHIE, PHILIS, MORON.
AGLANTE.
Viens, approche, Moron, viens nous aider à défendre l'amour contre les sentiments de la princesse.
LA PRINCESSE.
Voilà votre parti fortifié d'un grand défenseur.
MORON.
Ma foi, madame, je crois qu'après mon exemple il n'y a plus rien à dire, et qu'il ne faut plus mettre en doute le pouvoir de l'amour. J'ai bravé ses armes assez longtemps, et fait de mon drôle comme un autre ; mais enfin ma fierté a baissé l'oreille, et vous (Il montre Philis.) avez une traîtresse qui m'a rendu plus

doux qu'un agneau. Après cela on ne doit plus faire aucun scrupule d'aimer; et, puisque j'ai bien passé par là, il peut bien y en passer d'autres.
### CYNTHIE.
Quoi ! Moron se mêle d'aimer ?
### MORON.
Fort bien.
### CYNTHIE.
Et de vouloir être aimé ?
### MORON.
Et pourquoi non ? Est-ce qu'on n'est pas assez bien fait pour cela ? Je pense que ce visage est assez passable, et que pour le bel air, Dieu merci, nous ne le cédons à personne.
### CYNTHIE.
Sans doute, on auroit tort.

## SCÈNE III
LA PRINCESSE, AGLANTE, CYNTHIE, PHILIS, MORON, LYCAS.
### LYCAS.
Madame, le prince votre père vient vous trouver ci, et conduit avec lui les princes de Pyle et d'Ithaque, et celui de Messène.
### LA PRINCESSE.
O ciel ! que prétend-il faire en me les amenant ? Auroit-il résolu ma perte, et voudroit-il bien me forcer au choix de quelqu'un d'eux ?

## SCÈNE IV
IPHITAS, EURYALE, ARISTOMÈNE, THÉOCLE, LA PRINCESSE, AGLANTE, CYNTHIE, PHILIS, MORON.
LA PRINCESSE, à Iphitas.
Seigneur, je vous demande la licence de prévenir par deux paroles la déclaration des pensées que vous pouvez avoir. Il y a deux vérités, seigneur, aussi constantes l'une que l'autre, et dont je puis vous assurer également : l'une, que vous avez un absolu pouvoir sur moi, et que vous ne sauriez m'ordonner rien où je ne réponde aussitôt par une obéissance aveugle ; l'autre, que je regarde l'hyménée ainsi que le trépas, et qu'il m'est impossible de forcer cette aversion naturelle. Me donner un mari, et me donner la mort, c'est une même chose ; mais votre volonté est la première, et mon obéissance m'est bien plus chère que ma vie. Après cela parlez, seigneur ; prononcez librement ce que vous voulez.

IPHITAS.

Ma fille, tu as tort de prendre de telles alarmes ; et je me plains de toi, qui peux mettre dans ta pensée que je sois assez mauvais père pour vouloir faire violence à tes sentiments et me servir tyranniquement de la puissance que le ciel me donne sur toi. Je souhaite, à la vérité, que ton cœur puisse aimer quelqu'un. Tous mes vœux seroient satisfaits, si cela pouvoit arriver : et je n'ai proposé les fêtes et les jeux que je fais célébrer ici qu'afin d'y pouvoir attirer tout ce que la Grèce a d'illustre, et que, parmi cette noble jeunesse, tu puisses enfin rencontrer où arrêter tes yeux et déterminer tes pensées. Je ne demande, dis-je, au ciel autre bonheur que celui de te voir un époux. J'ai, pour obtenir cette grâce, fait encore ce matin un sacrifice à Vénus ; et, si je sais bien expliquer le langage des dieux, elle m'a promis un miracle. Mais, quoi qu'il en soit, je veux en user avec toi en père qui chérit sa fille. Si tu trouves où attacher tes vœux, ton choix sera le mien, et je ne considérerai ni intérêt d'État, ni avantages d'alliance ; si ton cœur demeure insensible, je n'entreprendrai point de le forcer ; mais au moins sois complaisante aux civilités qu'on te rend, et ne m'oblige point à faire les excuses de ta froideur. Traite ces princes avec l'estime que tu leur dois, reçois avec reconnaissance les témoignages de leur zèle, et viens voir cette course où leur adresse va paroître.

THÉOCLE, à la princesse.

Tout le monde va faire des efforts pour remporter le prix de cette course. Mais, à vous dire vrai, j'ai peu d'ardeur pour la victoire, puisque ce n'est pas votre cœur qu'on y doit disputer.

ARISTOMÈNE.

Pour moi, madame, vous êtes le seul prix que je me propose partout. C'est vous que je crois disputer dans ces combats d'adresse, et je n'aspire maintenant à remporter l'honneur de cette course que pour obtenir un degré de gloire qui m'approche de votre cœur.

EURYALE.

Pour moi, madame, je n'y vais point du tout avec cette pensée. Comme j'ai fait toute ma vie profession de ne rien aimer, tous les soins que je prends ne vont point où tendent les autres. Je n'ai aucune prétention sur votre cœur, et le seul honneur de la course est tout l'avantage où j'aspire.

## SCÈNE V
LA PRINCESSE, AGLANTE, CYNTHIE, PHILIS, MORON.

LA PRINCESSE.

D'où sort cette fierté où l'on ne s'attendoit point ? Princesse, que dites-vous de ce jeune prince ? avez-vous remarqué de quel ton il l'a pris ?

AGLANTE.

Il est vrai que cela est un peu fier.

MORON, à part.

Ah ! quelle brave botte il vient là de lui porter !

LA PRINCESSE.

Ne trouvez-vous pas qu'il y auroit plaisir d'abaisser son orgueil, et de soumettre un peu ce cœur qui tranche tant du brave ?

CYNTHIE.

Comme vous êtes accoutumée à ne jamais recevoir que des hommages et des adorations de tout le monde, un compliment pareil au sien doit vous surprendre, à la vérité.

LA PRINCESSE.

Je vous avoue que cela m'a donné de l'émotion, et que je souhaiterois fort de trouver les moyens de châtier cette hauteur. Je n'avois pas beaucoup d'envie de me trouver à cette course ; mais j'y veux aller exprès, et employer toute chose pour lui donner de l'amour.

CYNTHIE.

Prenez garde, madame. L'entreprise est périlleuse ; et, lorsqu'on veut donner de l'amour, on court risque d'en recevoir.

LA PRINCESSE.

Ah ! n'appréhendez rien, je vous prie. Allons, je vous réponds de moi.

# ACTE TROISIÈME
## SCÈNE I
LA PRINCESSE, AGLANTE, CYNTHIE, PHILIS.

CYNTHIE.

Il est vrai, madame, que ce prince a fait voir une adresse non commune, et que l'air dont il a paru a été quelque chose de surprenant. Il sort vainqueur de cette course. Mais je doute fort qu'il en sorte avec le même cœur qu'il a porté ; car enfin vous lui avez tiré des traits dont il est difficile de se défendre ;

et, sans parler de tout le reste, la grâce de votre danse et la douceur de votre voix ont eu des charmes aujourd'hui à toucher les plus insensibles.

LA PRINCESSE.

Le voici qui s'entretient avec Moron ; nous saurons un peu de quoi il lui parle. Ne rompons point encore leur entretien, et prenons cette route pour revenir à leur rencontre.

## SCÈNE II
EURYALE, ARBATE, MORON.

EURYALE.

Ah ! Moron, je te l'avoue, j'ai été enchanté ; et jamais tant de charmes n'ont frappé tout ensemble mes yeux et mes oreilles. Elle est adorable en tout temps, il est vrai ; mais ce moment l'a emporté sur tous les autres, et des grâces nouvelles ont redoublé l'éclat de ses beautés. Jamais son visage ne s'est paré de plus vives couleurs, ni ses yeux ne se sont armés de traits plus vifs et plus perçants. La douceur de sa voix a voulu se faire paroître dans un air tout charmant qu'elle a daigné chanter ; et les sons merveilleux qu'elle formoit passoient jusqu'au fond de mon âme et tenoient tous mes sens dans un ravissement à ne pouvoir en revenir. Elle a fait éclater ensuite une disposition toute divine, et ses pieds amoureux sur l'émail d'un tendre gazon traçoient d'aimables caractères qui m'enlevoient hors de moi-même, et m'attachoient par des nœuds invincibles aux doux et justes mouvements dont tout son corps suivoit les mouvements de l'harmonie. Enfin, jamais âme n'a eu de plus puissantes émotions que la mienne ; et j'ai pensé plus de vingt fois oublier ma résolution, pour me jeter à ses pieds, et lui faire un aveu sincère de l'ardeur que je sens pour elle.

MORON.

Donnez-vous-en bien de garde, seigneur, si vous m'en voulez croire. Vous avez trouvé la meilleure invention du monde, et je me trompe fort, si elle ne vous réussit. Les femmes sont des animaux d'un naturel bizarre ; nous les gâtons par nos douceurs ; et je crois tout de bon que nous les verrions nous courir, sans tous ces respects et ces soumissions où les hommes les acoquinent.

ARBATE.

Seigneur, voici la princesse, qui s'est un peu éloignée de sa suite.

MORON.

Demeurez ferme, au moins, dans le chemin que vous avez pris. Je m'en vais voir ce qu'elle me dira. Cependant, promenez-vous ici dans ces petites routes, sans faire aucun semblant d'avoir envie de la joindre ; et, si vous l'abordez, demeurez avec elle le moins qu'il vous sera possible.

## SCÈNE III
LA PRINCESSE, MORON.

LA PRINCESSE.

Tu as donc familiarité, Moron, avec le prince d'Ithaque ?

MORON.

Ah ! madame, il y a longtemps que nous nous connoissons.

LA PRINCESSE.

D'où vient qu'il n'est pas venu jusqu'ici, et qu'il a pris cette autre route quand il m'a vue ?

MORON.

C'est un homme bizarre, qui ne se plaît qu'à entretenir ses pensées.

LA PRINCESSE.

Étois-tu tantôt au compliment qu'il m'a fait ?

MORON.

Oui, madame, j'y étois ; et je l'ai trouvé un peu impertinent, n'en déplaise à sa principauté.

LA PRINCESSE.

Pour moi, je te le confesse, Moron, cette fuite m'a choquée ; et j'ai toutes les envies du monde de l'engager, pour rabattre un peu son orgueil.

MORON.

Ma foi, madame, vous ne feriez pas mal ; il le mériteroit bien ; mais, à vous dire vrai, je doute fort que vous y puissiez réussir.

LA PRINCESSE.

Comment ?

MORON.

Comment? C'est le plus orgueilleux petit vilain que vous ayez jamais vu. Il lui semble qu'il n'y a personne au monde qui le mérite, et que la terre n'est pas digne de le porter.

LA PRINCESSE.
Mais encore, ne t'a-t-il point parlé de moi ?
MORON.
Lui ? non.
LA PRINCESSE.
Il ne t'a rien dit de ma voix et de ma danse ?
MORON.
Pas le moindre mot.
LA PRINCESSE.
Certes, ce mépris est choquant, et je ne puis souffrir cette hauteur étrange de ne rien estimer.
MORON.
Il n'estime et n'aime que lui.
LA PRINCESSE.
Il n'y a rien que je ne fasse pour le soumettre comme il faut.
MORON.
Nous n'avons point de marbre dans nos montagnes qui soit plus dur et plus insensible que lui.
LA PRINCESSE.
Le voilà.
MORON.
Voyez-vous comme il passe, sans prendre garde à vous ?
LA PRINCESSE.
De grâce, Moron, va le faire aviser que je suis ici et l'oblige à me venir aborder.

### SCÈNE IV
LA PRINCESSE, MORON, EURYALE.
*MORON, allant au-devant d'Euryale, et lui parlant bas.*
Seigneur, je vous donne avis que tout va bien. La princesse souhaite que vous l'abordiez ; mais songez bien à continuer votre rôle ; et, de peur de l'oublier, ne soyez pas longtemps avec elle.
LA PRINCESSE.
Vous êtes solitaire, seigneur ; et c'est une humeur bien extraordinaire que la vôtre, de renoncer ainsi à notre sexe, et de fuir, à votre âge, cette galanterie dont se piquent tous vos pareils.
EURYALE.
Cette humeur, madame, n'est pas si extraordinaire qu'on n'en trouvât des exemples sans aller loin d'ici ; et vous ne sauriez condamner la résolution que j'ai prise de n'aimer jamais rien, sans condamner aussi vos sentiments.

LA PRINCESSE.

Il y a grande différence ; et ce qui sied bien à un sexe ne sied pas bien à l'autre. Il est beau qu'une femme soit insensible, et conserve son cœur exempt des flammes de l'amour ; mais ce qui est vertu en elle devient un crime dans un homme ; et, comme la beauté est le partage de notre sexe, vous ne sauriez ne nous point aimer sans nous dérober les hommages qui nous sont dus, et commettre une offense dont nous devons toutes nous ressentir.

EURYALE.

Je ne vois pas, madame, que celles qui ne veulent point aimer doivent prendre aucun intérêt à ces sortes d'offenses.

LA PRINCESSE.

Ce n'est pas une raison, seigneur ; et, sans vouloir aimer, on est toujours bien aise d'être aimé.

EURYALE.

Pour moi, je ne suis point de même ; et, dans le dessein où je suis de ne rien aimer, je serois fâché d'être aimé.

LA PRINCESSE.

Et la raison ?

EURYALE.

C'est qu'on a obligation à ceux qui nous aiment, et que je serois fâché d'être ingrat.

LA PRINCESSE.

Si bien donc que, pour fuir l'ingratitude, vous aimeriez qui vous aimeroit ?

EURYALE.

Moi, madame ? Point du tout. Je dis bien que je serois fâché d'être ingrat ; mais je me résoudrois plutôt de l'être que d'aimer.

LA PRINCESSE.

Telle personne vous aimeroit peut-être, que votre cœur...

EURYALE.

Non, madame. Rien n'est capable de toucher mon cœur. Ma liberté est la seule maîtresse à qui je consacre mes vœux ; et, quand le ciel emploieroit ses soins à composer une beauté parfaite, quand il assembleroit en elle tous les dons les plus merveilleux et du corps et de l'âme, enfin quand il exposeroit à mes yeux un miracle d'esprit, d'adresse et de beauté et que cette personne m'aimeroit avec toutes les tendresses imaginables, je vous l'avoue franchement, je ne l'aimerois pas.

LA PRINCESSE, à part.

A-t-on jamais rien vu de tel?

MORON, à la princesse.

Peste soit du petit brutal! J'aurois bien envie de lui bailler un coup de poing.

LA PRINCESSE, à part

Cet orgueil me confond, et j'ai un tel dépit, que je ne me sens pas.

MORON, bas au prince.

Bon courage, seigneur. Voilà qui va le mieux du monde.

EURYALE, bas, à Moron.

Ah! Moron, je n'en puis plus! et je me suis fait des efforts étranges.

LA PRINCESSE, à Euryale.

C'est avoir une insensibilité bien grande, que de parler comme vous faites.

EURYALE.

Le ciel ne m'a pas fait d'une autre humeur. Mais, madame, j'interromps votre promenade, et mon respect doit m'avertir que vous aimez la solitude.

SCÈNE V
LA PRINCESSE, MORON.

MORON.

Il ne vous en doit rien, madame, en dureté de cœur.

LA PRINCESSE.

Je donnerois volontiers tout ce que j'ai au monde pour avoir l'avantage d'en triompher.

MORON.

Je le crois.

LA PRINCESSE.

Ne pourrois-tu, Moron, me servir dans un tel dessein.

MORON.

Vous savez bien, madame, que je suis tout à votre service.

LA PRINCESSE.

Parle-lui de moi dans tes entretiens; vante-lui adroitement ma personne et les avantages de ma naissance, et tâche d'ébranler ses sentiments par la douceur de quelque espoir. Je te permets de dire tout ce que tu voudras pour tâcher à me l'engager.

MORON.
Laissez-moi faire.

LA PRINCESSE.
C'est une chose qui me tient au cœur. Je souhaite ardemment qu'il aime.

MORON.
Il est bien fait, oui, ce petit pendard-là ; il a bon air, bonne physionomie ; et je crois qu'il seroit assez le fait d'une jeune princesse.

LA PRINCESSE.
Enfin, tu peux tout espérer de moi, si tu trouves moyen d'enflammer pour moi son cœur.

MORON.
Il n'y a rien qui ne puisse se faire. Mais, madame, s'il venoit à vous aimer, que feriez-vous, s'il vous plaît ?

LA PRINCESSE.
Ah ! ce seroit lors que je prendrois plaisir à triompher pleinement de sa vanité, à punir son mépris par mes froideurs, et à exercer sur lui toutes les cruautés que je pourrois imaginer.

MORON.
Il ne se rendra jamais.

LA PRINCESSE.
Ah ! Moron, il faut faire en sorte qu'il se rende.

MORON.
Non, il n'en fera rien. Je le connois ; ma peine seroit inutile.

LA PRINCESSE.
Si faut-il pourtant tenter toute chose, et éprouver si son âme est entièrement insensible. Allons. Je veux lui parler et suivre une pensée qui vient de me venir.

# ACTE QUATRIÈME
## SCÈNE I.
LA PRINCESSE, EURYALE, MORON.

LA PRINCESSE.
Prince, comme jusqu'ici nous avons fait paroître une conformité de sentiments, et que le ciel a semblé mettre en nous mêmes attachements pour notre liberté et même aversion pour l'amour, je suis bien aise de vous ouvrir mon cœur, et de vous faire confidence d'un changement dont vous serez surpris. J'ai toujours

regardé l'hymen comme une chose affreuse, et j'avois fait serment d'abandonner plutôt la vie que de me résoudre jamais à perdre cette liberté pour qui j'avois des tendresses si grandes ; mais enfin un moment a dissipé toutes ces résolutions. Le mérite d'un prince m'a frappé aujourd'hui les yeux ; et mon âme tout d'un coup, comme par un miracle, est devenue sensible aux traits de cette passion que j'avois toujours méprisée. J'ai trouvé d'abord des raisons pour autoriser ce changement, et je puis l'appuyer de ma volonté de répondre aux ardentes sollicitations d'un père et aux vœux de tout un État ; mais, à vous dire vrai, je suis en peine du jugement que vous ferez de moi, et je voudrois savoir si vous condamnerez ou non le dessein que j'ai de me donner un époux.

EURYALE.

Vous pourriez faire un tel choix, madame, que je l'approuverois sans doute.

LA PRINCESSE.

Qui croyez-vous, à votre avis, que je veuille choisir ?

EURYALE.

Si j'étois dans votre cœur, je pourrois vous le dire ; mais, comme je n'y suis pas, je n'ai garde de vous répondre.

LA PRINCESSE.

Devinez pour voir, et nommez quelqu'un.

EURYALE.

J'aurois trop peur de me tromper.

LA PRINCESSE.

Mais encore, pour qui souhaiteriez-vous que je me déclarasse ?

EURYALE.

Je sais bien, à vous dire vrai, pour qui je le souhaiterois ; mais, avant que de m'expliquer, je dois savoir votre pensée.

LA PRINCESSE.

Eh bien, prince, je veux bien vous la découvrir. Je suis sûre que vous allez approuver mon choix ; et, pour ne point vous tenir en suspens davantage, le prince de Messène est celui de qui le mérite s'est attiré mes vœux.

EURYALE, à part.

O ciel !

LA PRINCESSE, bas, à Moron.

Mon invention a réussi, Moron. Le voilà qui se trouble.

MORON, à la princesse.

Bon, madame. (Au prince.) Courage, seigneur. (A la princesse.) Il en tient. (Au prince) Ne vous défaites pas.

LA PRINCESSE, à Euryale.

Ne trouvez-vous pas que j'ai raison, et que ce prince a tout le mérite qu'on peut avoir ?

MORON, bas, au prince.

Remettez-vous, et songez à répondre.

LA PRINCESSE.

D'où vient, prince, que vous ne dites mot, et semblez interdit ?

EURYALE.

Je le suis, à la vérité ; et j'admire, madame, comme le ciel a pu former deux âmes aussi semblables en tout que les nôtres, deux âmes en qui l'on ait vu une plus grande conformité de sentiments, qui aient fait éclater dans le même temps une résolution à braver les traits de l'Amour, et qui, dans le même moment, aient fait paroître une égale facilité à perdre le nom d'insensibles. Car enfin, madame, puisque votre exemple m'autorise, je ne feindrai point de vous dire que l'amour aujourd'hui s'est rendu maître de mon cœur, et qu'une des princesses, vos cousines, l'aimable et belle Aglante, a renversé d'un coup d'œil tous les projets de ma fierté. Je suis ravi, madame, que, par cette égalité de défaite, nous n'ayons rien à nous reprocher l'un à l'autre ; et je ne doute point que, comme je vous loue infiniment de votre choix, vous n'approuviez aussi le mien. Il faut que ce miracle éclate aux yeux de tout le monde, et nous ne devons point différer à nous rendre tous deux contents. Pour moi, madame, je vous sollicite de vos suffrages, pour obtenir celle que je souhaite, et vous trouverez bon que j'aille de ce pas en faire la demande au prince votre père.

MORON, bas, à Euryale.

Ah ! digne, ah ! brave cœur !

## SCÈNE II

LA PRINCESSE, MORON.

LA PRINCESSE.

Ah ! Moron, je n'en puis plus ; et ce coup, que je

n'attendois pas, triomphe absolument de toute ma fermeté.

MORON.

Il est vrai que le coup est surprenant, et j'avois cru d'abord que votre stratagème avoit fait son effet.

LA PRINCESSE.

Ah! ce m'est un dépit à me désespérer, qu'une autre ait l'avantage de soumettre ce cœur que je voulois soumettre.

## SCÈNE III
LA PRINCESSE, AGLANTE, MORON.

LA PRINCESSE.

Princesse, j'ai à vous prier d'une chose qu'il faut absolument que vous m'accordiez. Le prince d'Ithaque vous aime et veut vous demander au prince mon père.

AGLANTE.

Le prince d'Ithaque, madame?

LA PRINCESSE.

Oui. Il vient de m'en assurer lui-même, et m'a demandé mon suffrage pour vous obtenir; mais je vous conjure de rejeter cette proposition et de ne point prêter l'oreille à tout ce qu'il pourra vous dire.

AGLANTE.

Mais, madame, s'il étoit vrai que ce prince m'aimât effectivement, pourquoi, n'ayant aucun dessein de vous engager, ne voudriez-vous pas souffrir...

LA PRINCESSE.

Non, Aglante. Je vous le demande. Faites-moi ce plaisir, je vous prie, et trouvez bon que, n'ayant pu avoir l'avantage de le soumettre, je lui dérobe la joie de vous obtenir.

AGLANTE.

Madame, il faut vous obéir; mais je croirois que la conquête d'un tel cœur ne seroit pas une victoire à dédaigner.

LA PRINCESSE.

Non non, il n'aura pas la joie de me braver entièrement.

## SCÈNE IV
LA PRINCESSE, ARISTOMÈNE, AGLANTE, MORON.

ARISTOMÈNE.

Madame, je viens à vos pieds rendre grâce à l'Amour de mes heureux destins, et vous témoigner avec mes transports le ressentiment où je suis des bontés surprenantes dont vous daignez favoriser le plus soumis de vos captifs.

LA PRINCESSE.

Comment?

ARISTOMÈNE.

Le prince d'Ithaque, madame, vient de m'assurer tout à l'heure que votre cœur avoit eu la bonté de s'expliquer en ma faveur sur ce célèbre choix qu'attend toute la Grèce.

LA PRINCESSE.

Il vous a dit qu'il tenoit cela de ma bouche?

ARISTOMÈNE.

Oui, madame.

LA PRINCESSE.

C'est un étourdi ; et vous êtes un peu trop crédule, prince, d'ajouter foi si promptement à ce qu'il vous a dit. Une pareille nouvelle méritoit bien, ce me semble, qu'on en doutât un peu de temps ; et c'est tout ce que vous pourriez faire de la croire, si je vous l'avois dite moi-même.

ARISTOMÈNE.

Madame, si j'ai été trop prompt à me persuader...

LA PRINCESSE.

De grâce, prince, brisons là ce discours ; et, si vous voulez m'obliger, souffrez que je puisse jouir de deux moments de solitude.

## SCÈNE V

LA PRINCESSE, AGLANTE, MORON.

LA PRINCESSE.

Ah! qu'en cette aventure le ciel me traite avec une rigueur étrange! au moins, princesse, souvenez-vous de la prière que je vous ai faite.

AGLANTE.

Je vous l'ai dit, madame, il vous faut obéir.

## SCÈNE VI

LA PRINCESSE, MORON.

MORON.

Mais, madame, s'il vous aimoit, vous n'en voudriez point, et cependant vous ne voulez pas qu'il soit à une autre. C'est faire justement comme le chien du jardinier.

LA PRINCESSE.

Non, je ne puis souffrir qu'il soit heureux avec une

autre ; et, si la chose étoit, je crois que j'en mourrois de déplaisir.

MORON.

Ma foi, madame, avouons la dette. Vous voudriez qu'il fût à vous ; et dans toutes vos actions, il est aisé de voir que vous aimez un peu ce jeune prince.

LA PRINCESSE.

Moi, je l'aime? O ciel ! je l'aime? Avez-vous l'insolence de prononcer ces paroles? Sortez de ma vue, impudent, et ne vous présentez jamais devant moi !

MORON.

Madame...

LA PRINCESSE.

Retirez-vous d'ici, vous dis-je, ou je vous en ferai retirer d'une autre manière !

MORON, bas, à part.

Ma foi, son cœur en a sa provision ; et... (Il rencontre un regard de la princesse, qui l'oblige à se retirer.)

### SCÈNE VII
LA PRINCESSE, seule,

De quelle émotion inconnue sens-je mon cœur atteint ? Et quelle inquiétude secrète est venue troubler tout d'un coup la tranquillité de mon âme ? Ne seroit-ce point aussi ce qu'on vient de me dire ? et, sans en rien savoir, n'aimerois-je point ce jeune prince ? Ah si cela étoit, je serois personne à me désespérer ! mais il est impossible que cela soit, et je vois bien que je ne puis pas l'aimer. Quoi ! je serois capable de cette lâcheté ! J'ai vu toute la terre à mes pieds avec la plus grande insensibilité du monde ; les respects, les hommages et les soumissions n'ont jamais pu toucher mon âme, et la fierté et le dédain en auroient triomphé ! J'ai méprisé tous ceux qui m'ont aimée, et j'aimerois le seul qui me méprise ! Non, non, je sais bien que je ne l'aime pas. Il n'y a pas de raison à cela. Mais, si ce n'est pas de l'amour que je sens maintenant, qu'est-ce donc que ce peut être ? et d'où vient ce poison qui me court par toutes les veines, et ne me laisse point en repos avec moi-même ? Sors de mon cœur, qui que tu sois, ennemi qui te caches. Attaque-moi visiblement, et deviens à mes yeux la plus affreuse bête de tous nos bois, afin que mon dard et mes flèches me puissent défaire de toi.

## ACTE CINQUIÈME
### SCÈNE I
IPHITAS, EURYALE, AGLANTE, CYNTHIE, MORON.

MORON, à Iphitas

Oui, seigneur, ce n'est point raillerie ; j'en suis ce qu'on appelle disgracié. Il m'a fallu tirer mes chausses au plus vite, et jamais vous n'avez vu un emportement plus brusque que le sien.

IPHITAS, à Euryale.

Ah ! prince, que je devrai de grâce à ce stratagème amoureux, s'il faut qu'il ait trouvé le secret de toucher son cœur !

EURYALE.

Quelque chose, seigneur, que l'on vienne de vous en dire, je n'ose encore, pour moi, me flatter de ce doux espoir ; mais enfin, si ce n'est pas à moi trop de témérité que d'oser aspirer à l'honneur de votre alliance, si ma personne et mes États...

IPHITAS.

Prince, n'entrons point dans ces compliments. Je trouve en vous de quoi remplir tous les souhaits d'un père ; et si vous avez le cœur de ma fille, il ne vous manque rien.

### SCÈNE II
LA PRINCESSE, IPHITAS, EURYALE, AGLANTE, CYNTHIE, MORON.

LA PRINCESSE.

O ciel ! que vois-je ici ?

IPHITAS, à Euryale.

Oui, l'honneur de votre alliance m'est d'un prix très-considérable, et je souscris aisément de tous mes suffrages à la demande que vous me faites.

LA PRINCESSE, à Iphitas.

Seigneur, je me jette à vos pieds pour vous demander une grâce. Vous m'avez toujours témoigné une tendresse extrême, et je crois vous devoir bien plus par les bontés que vous m'avez fait voir que par le jour que vous m'avez donné. Mais, si jamais vous avez eu de l'amitié pour moi, je vous en demande aujourd'hui la plus sensible preuve que vous me puissiez accorder ; c'est de n'écouter point, seigneur, la demande de ce prince, et de ne pas souffrir que la princesse Aglante soit unie avec lui.

IPHITAS.

Et par quelle raison, ma fille, voudrois-tu t'opposer à cette union?

LA PRINCESSE.

Par la raison que je hais ce prince, et que je veux, si je puis, traverser ses desseins.

IPHITAS.

Tu le hais, ma fille?

LA PRINCESSE.

Oui, et de tout mon cœur, je vous l'avoue.

IPHITAS.

Et que t'a-t-il fait?

LA PRINCESSE.

Il m'a méprisée.

IPHITAS.

Et comment?

LA PRINCESSE.

Il ne m'a pas trouvée assez bien faite pour m'adresser ses vœux.

IPHITAS.

Et quelle offense te fait cela? tu ne veux accepter personne.

LA PRINCESSE.

N'importe. Il me devoit aimer comme les autres, et me laisser au moins la gloire de le refuser. Sa déclaration me fait un affront; et ce m'est une honte sensible qu'à mes yeux, et au milieu de votre cour, il a recherché une autre que moi.

IPHITAS.

Mais quel intérêt dois-tu prendre à lui?

LA PRINCESSE.

J'en prends, seigneur, à me venger de son mépris; et, comme je sais bien qu'il aime Aglante avec beaucoup d'ardeur, je veux empêcher, s'il vous plaît, qu'il ne soit heureux avec elle.

IPHITAS.

Cela te tient donc bien au cœur?

LA PRINCESSE.

Oui, seigneur, sans doute; et, s'il obtient ce qu'il demande, vous me verrez expirer à vos yeux.

IPHITAS.

Va, va, ma fille, avoue franchement la chose. Le mérite de ce prince t'a fait ouvrir les yeux, et tu l'aimes enfin, quoi que tu puisses dire.

LA PRINCESSE.

Moi, seigneur !

IPHITAS.

Oui, tu l'aimes.

LA PRINCESSE.

Je l'aime, dites-vous ? et vous m'imputez cette lâcheté ! O ciel ! quelle est mon infortune ! Puis-je bien, sans mourir, entendre ces paroles ? Et faut-il que je sois si malheureuse, qu'on me soupçonne de l'aimer ? Ah ! si c'étoit un autre que vous, seigneur, qui me tînt ce discours, je ne sais pas ce que je ne ferois point !

IPHITAS.

Eh bien, oui, tu ne l'aimes pas. Tu le hais, j'y consens, et je veux bien, pour te contenter, qu'il n'épouse pas la princesse Aglante.

LA PRINCESSE.

Ah ! seigneur, vous me donnez la vie !

IPHITAS.

Mais, afin d'empêcher qu'il ne puisse être jamais à elle, il faut que tu le prennes pour toi.

LA PRINCESSE.

Vous vous moquez, seigneur, et ce n'est pas ce qu'il demande.

EURYALE.

Pardonnez-moi, madame, je suis assez téméraire pour cela, et je prends à témoin le prince votre père si ce n'est pas vous que j'ai demandée. C'est trop vous tenir dans l'erreur ; il faut lever le masque, et, dussiez-vous vous en prévaloir contre moi, découvrir à vos yeux les véritables sentiments de mon cœur. Je n'ai jamais aimé que vous, et jamais je n'aimerai que vous. C'est vous, madame, qui m'avez enlevé cette qualité d'insensible que j'avois toujours affectée ; et tout ce que j'ai pu vous dire n'a été qu'une feinte qu'un mouvement secret m'a inspirée, et que je n'ai suivie qu'avec toutes les violences imaginables. Il falloit qu'elle cessât bientôt, sans doute, et je m'étonne seulement qu'elle ait pu durer la moitié d'un jour ; car, enfin, je mourois, je brûlois dans l'âme, quand je vous déguisois mes sentiments ; et jamais cœur n'a souffert une contrainte égale à la mienne. Que si cette feinte, madame, a quelque chose qui vous offense, je suis tout prêt de mourir pour vous en venger ; vous n'avez qu'à parler, et ma main sur-le-champ fera gloire d'exécuter l'arrêt que vous prononcerez.

LA PRINCESSE.

Non, non, prince, je ne vous sais pas mauvais gré de m'avoir abusée ; et tout ce que vous m'avez dit, je l'aime bien mieux une feinte que non pas une vérité.

IPHITAS.

Si bien donc, ma fille, que tu veux bien accepter ce prince pour époux ?

LA PRINCESSE.

Seigneur, je ne sais pas encore ce que je veux. Donnez-moi le temps d'y songer, je vous prie, et m'épargnez un peu la confusion où je suis.

IPHITAS.

Vous jugez, prince, ce que cela veut dire et vous pouvez fonder là-dessus.

EURYALE.

Je l'attendrai tant qu'il vous plaira, madame, cet arrêt de ma destinée ; et, s'il me condamne à la mort, je le suivrai sans murmure.

IPHITAS.

Viens, Moron. C'est ici un jour de paix, et je te remets en grâce avec la princesse.

MORON.

Seigneur, je serai meilleur courtisan une autre fois, et je me garderai bien de dire ce que je pense.

## SCÈNE III

ARISTOMÈNE, THÉOCLE, IPHITAS, LA PRINCESSE, EURYALE, AGLANTE, CYNTHIE, MORON.

IPHITAS, aux princes de Messène et de Pyle.

Je crains bien, princes, que le choix de ma fille ne soit pas en votre faveur ; mais voilà deux princesses qui peuvent bien vous consoler de ce petit malheur.

ARISTOMÈNE.

Seigneur, nous savons prendre notre parti ; et, si ces aimables princesses n'ont point trop de mépris pour des cœurs qu'on a rebutés, nous pouvons revenir par elles à l'honneur de votre alliance.

## SCÈNE IV.

IPHITAS, LA PRINCESSE, AGLANTE, CYNTHIE, PHILIS, EURYALE, ARISTOMÈNE, THÉOCLE, MORON.

PHILIS, à Iphitas.

Seigneur, la déesse Vénus vient d'annoncer partout le changement du cœur de la princesse. Tous les pasteurs et toutes les bergères en témoignent leur joie par des danses et des chansons ; et, si ce n'est point un spectacle que vous méprisiez, vous allez voir l'allégresse publique se répandre jusques ici.

# DON JUAN
## ou
## LE FESTIN DE PIERRE
### COMÉDIE EN CINQ ACTES

#### PERSONNAGES

DON JUAN, fils de don Louis ; SGANARELLE ; ELVIRE, maîtresse de don Juan ; GUSMAN, écuyer d'Elvire ; DON CARLOS, DON ALONSE, frères d'Elvire ; DON LOUIS, père de don Juan ; FRANCISQUE, pauvre ; CHARLOTTE, MATHURINE, paysannes ; PIERROT, paysan, amant de Charlotte ; LA STATUE DU COMMANDEUR ; LA VIOLETTE, RAGOTIN, valets de don Juan ; M. DIMANCHE, marchand ; LA RAMÉE, spadassin ; SUITE DE DON JUAN ; SUITE DE DON CARLOS ET DE DON ALONSE, frères ; UN SPECTRE.

La scène est en Sicile.
Le théâtre représente un palais.

## ACTE PREMIER
### SCÈNE I

SGANARELLE, GUSMAN.

SGANARELLE, tenant une tabatière.

Quoi que puisse dire Aristote et toute la philosophie, il n'est rien d'égal au tabac : c'est la passion des honnêtes gens, et qui vit sans tabac n'est pas digne de vivre. Non-seulement il réjouit et purge les cerveaux humains, mais encore il instruit les âmes à la vertu, et l'on apprend avec lui à devenir honnête homme. Ne voyez-vous pas bien, dès qu'on en prend, de quelle manière obligeante on en prend, avec tout le monde, et comme on est ravi d'en donner à droite et à gauche, partout où l'on se trouve ? On n'attend pas même qu'on en demande, et l'on court au-devant du souhait des gens ; tant il est vrai que le tabac inspire des sentiments d'honneur et de vertu à tous ceux qui en prennent. Mais c'est assez de cette matière, reprenons un peu notre discours. Si bien donc, cher Gusman, que done Elvire, ta maîtresse, surprise ne notre départ, s'est mise en campagne après nous ; et son cœur, que mon maître a su toucher trop fortement, n'a pu vivre, dis-tu, sans le venir chercher ici. Veux-tu qu'entre-nous je te dise ma pensée ? J'ai peur qu'elle ne soit mal payée de son amour, que son voyage en cette ville produise peu de fruit, et que vous eussiez autant gagné à ne bouger de là.

GUSMAN.

Et la raison encore ? Dis-moi, je te prie, Sganarelle, qui peut t'inspirer une peur d'un si mauvais augure ? Ton maître t'a-t-il ouvert son cœur là-dessus, et t'a-t-il dit qu'il eût pour nous quelque froideur qui l'ait obligé à partir ?

SGANARELLE.

Non pas ; mais, à vue de pays, je connois à peu près le train des choses, et, sans qu'il m'ait encore rien dit, je gagerois presque que l'affaire va là. Je pourrois peut-être me tromper ; mais enfin, sur de tels sujets, l'expérience m'a pu donner quelques lumières.

GUSMAN.

Quoi ! ce départ si peu prévu seroit une infidélité de don Juan ? Il pourroit faire cette injure aux chastes feux de done Elvire.

SGANARELLE.

Non, c'est qu'il est jeune encore, et qu'il n'a pas le courage...

GUSMAN.

Un homme de sa qualité feroit une action si lâche ?

SGANARELLE.

Eh ! oui, sa qualité ! La raison en est belle ; et c'est par là qu'il s'empêcheroit des choses !

GUSMAN.

Mais les saints nœuds du mariage le tiennent engagé.

SGANARELLE.

Eh ! mon pauvre Gusman, mon ami, tu ne sais pas encore, crois-moi, quel homme est don Juan.

GUSMAN.

Je ne sais pas, de vrai, quel homme il peut-être, s'il faut qu'il nous ait fait cette perfidie ; et je ne comprends point comme, après tant d'amour et tant d'impatience témoignée, tant d'hommages pressants, de vœux, de soupirs et de larmes, tant de lettres passionnées, de protestations ardentes et de serments réitérés, tant de transports enfin, et tant d'emportements qu'il a fait paroître, jusqu'à forcer, dans sa passion, l'obstacle sacré d'un couvent, pour mettre donc Elvire en sa puissance ; je ne comprends pas, dis-je, comme, après tout cela, il auroit le cœur de pouvoir manquer à sa parole.

SGANARELLE.

Je n'ai pas grande peine à le comprendre, moi ; et, si tu connoissais le pèlerin, tu trouverois la chose assez facile pour lui. Je ne dis pas qu'il ait changé de sentiments pour done Elvire, je n'en ai point de certitude encore. Tu sais que, par son ordre, je parti, avant lui ; et, depuis son arrivée, il ne m'a point entretenu ; mais, par précaution, je t'apprends, *inter nos* que tu vois en don Juan, mon maître, le plus granp scélérat que la terre ait jamais porté, un enragé, un chien, un diable, un turc, un hérétique, qui ne croit ni ciel, ni saint, ni Dieu, ni loup-garou, qui passe cette vie en véritable bête brute, un pourceau d'Épicure, un vrai Sardanapale, qui ferme l'oreille à toutes les remontrances chrétiennes qu'on lui peut faire, et traite de billevesées tout ce que nous croyons. Tu me dis qu'il a épousé ta maîtresse ; crois qu'il auroit plus fait pour contenter sa passion, et qu'avec elle il auroit encore épousé toi, son chien et son chat. Un mariage ne lui coûte rien à contracter ; il ne se sert point d'autres piéges pour attrapper les belles ; et c'est un épouseur à toutes mains. Dame, demoiselle, bourgeoise, paysanne, il ne trouve rien de trop chaud ni de trop froid pour lui ; et, si je te disois le nom de toutes celles qu'il a épousées en divers lieux, ce seroit un chapitre à durer jusqu'au soir. Tu demeures surpris, et changes de couleur à ce discours : ce n'est là qu'une ébauche du personnage ; et, pour en achever le portrait, il faudrait bien d'autres coups de pinceau. Suffit qu'il faut que le courroux du ciel l'accable quelque jour ; qu'il me vaudroit bien mieux d'être au diable que d'être à lui, et qu'il me fait voir tant d'horreurs, que je souhaiterois qu'il fût déjà je ne sais où. Mais un grand seigneur méchant homme est une terrible chose ; il faut que je lui sois fidèle, en dépit que j'en aie ; la crainte en moi fait l'office du zèle, bride mes sentiments, et me réduit d'applaudir bien souvent à ce que mon âme déteste. Le voilà qui vien se promener dans ce palais, séparons-nous. Écoute, au moins : je t'ai fait cette confidence avec franchise, et cela m'est sorti un peu bien vite de la bouche; mais, s'il falloit qu'il en vînt quelque chose à ses oreilles je dirois hautement que tu aurois menti.

## SCÈNE II
DON JUAN, SGANARELLE.

DON JUAN.

Quel homme te parloit là! Il a bien l'air, ce me semble, du bon Gusman de done Elvire.

SGANARELLE.

C'est quelque chose aussi à peu près comme cela.

DON JUAN.

Quoi! c'est lui!

SGANARELLE.

Lui-même.

DON JUAN.

Et depuis quand est-il en cette ville?

SGANARELLE.

D'hier au soir.

DON JUAN.

Et quel sujet l'amène?

SGANARELLE.

Je crois que vous jugez assez ce qui le peut inquiéter.

DON JUAN.

Notre départ, sans doute?

SGANARELLE.

Le bonhomme en est tout mortifié, et m'en demandoit le sujet.

DON JUAN.

Et quelle réponse as-tu faite?

SGANARELLE.

Que vous ne m'en aviez rien dit.

DON JUAN.

Mais encore, quelle est ta pensée là-dessus? Que t'imagines-tu de cette affaire?

SGANARELLE.

Moi? Je crois, sans vous faire tort, que vous avez quelque nouvel amour en tête.

DON JUAN.

Tu le crois?

SGANARELLE.

Oui.

DON JUAN.

Ma foi, tu ne te trompes pas, et je dois t'avouer qu'un autre objet a chassé Elvire de ma pensée.

SGANARELLE.

Eh ! mon Dieu ! je sais mon don Juan sur le bout du doigt, et connois votre cœur pour le plus grand coureur du monde; il se plaît à se promener de liens en liens, et n'aime guère à demeurer en place.

DON JUAN.

Et ne trouves-tu pas, dis-moi, que j'ai raison d'en user de la sorte ?

SGANARELLE.

Eh ! monsieur...

DON JUAN.

Quoi ? Parle.

SGANARELLE.

Assurément que vous avez raison, si vous le voulez; on ne peut pas aller là contre. Mais si vous ne vouliez pas, ce seroit peut-être une autre affaire.

DON JUAN.

Eh bien, je te donne la liberté de parler et de me dire tes sentiments.

SGANARELLE.

En ce cas, monsieur, je vous dirai franchement que je n'approuve point votre méthode, et que je trouve fort vilain d'aimer de tous côtés, comme vous faites.

DON JUAN.

Quoi ! tu veux qu'on se lie à demeurer au premier objet qui nous prend, qu'on renonce au monde pour lui, et qu'on n'ait plus d'yeux pour personne? La belle chose de vouloir se piquer d'un faux honneur d'être fidèle, de s'ensevelir pour toujours dans une passion, et d'être mort dès sa jeunesse à toutes les autres beautés qui nous peuvent frapper les yeux ! Non, non, la constance n'est bonne que pour des ridicules; toutes les belles ont droit de nous charmer et l'avantage d'être rencontrée la première ne doit point dérober aux autres les justes prétentions qu'elles ont toutes sur nos cœurs. Pour moi, la beauté me ravit partout où je la trouve, et je cède facilement à cette douce violence dont elle nous entraîne. J'ai beau être engagé, l'amour que j'ai pour une belle n'engage point mon âme à faire une injustice aux autres ; je conserve des yeux pour voir le mérite de toutes, et

rends à chacune les hommages et les tributs où la
nature nous oblige. Quoi qu'il en soit, je ne puis refuser mon cœur à tout ce que je vois d'aimable; et,
dès qu'un beau visage me le demande, si j'en avois
dix mille, je les donnerois tous. Les inclinations naissantes, après tout, ont des charmes inexplicables, et
tout le plaisir de l'amour est dans le changement.
On goûte une douceur extrême à réduire, par cent
hommages, le cœur d'une jeune beauté, à voir de
jour en jour les petits progrès qu'on y fait, à combattre, par des transports, par des larmes et des soupirs, l'innocente pudeur d'une âme qui a peine à rendre les armes, à forcer pied à pied toutes les petites résistances qu'elle nous oppose, à vaincre les scrupules
dont elle se fait un honneur, et la mener doucement
où nous avons envie de la faire venir. Mais, lorsqu'on
en est maitre une fois, il n'y a plus rien à souhaiter;
tout le beau de la passion est fini, et nous nous endormons dans la tranquillité d'un tel amour, si quelque objet nouveau ne vient réveiller nos désirs, et
présenter à notre cœur les charmes attrayants d'une
conquête à faire. Enfin il n'est rien de si doux que
de triompher de la résistance d'une belle personne;
et j'ai, sur ce sujet, l'ambition des conquérants, qui
volent perpétuellement de victoire en victoire, et ne
peuvent se résoudre à borner leurs souhaits. Il n'est
rien qui puisse arrêter l'impétuosité de mes désirs, je
me sens un cœur à aimer toute la terre; et comme
Alexandre, je souhaiterois qu'il y eût d'autres mondes
pour y pouvoir étendre mes conquêtes amoureuses.

SGANARELLE.

Vertu de ma vie, comme vous débitez ! Il semble
que vous ayez appris cela par cœur, et vous parlez
tout comme un livre.

DON JUAN.

Qu'as-tu à dire là-dessus ?

SGANARELLE.

Ma foi, j'ai à dire... Je ne sais que dire ; car vous
tournez les choses d'une manière, qu'il semble que
vous avez raison ; et cependant il est vrai que vous
ne l'avez pas. J'avois les plus belles pensées du monde,
et vos discours m'ont brouillé tout cela. Laissez faire;
une autre fois je mettrai mes raisonnements par écrit,
pour disputer avec vous.

DON JUAN.

Tu feras bien.
SGANARELLE.

Mais, monsieur, cela seroit-il de la permission que vous m'avez donnée, si je vous disois que je suis tant soit peu scandalisé de la vie que vous menez ?

DON JUAN.

Comment ! qu'elle vie est-ce que je mène ?

SGANARELLE.

Fort bonne. Mais, par exemple, de vous voir tous les mois vous marier comme vous le faites...

DON JUAN.

Y a-t-il rien de plus agréable ?

SGANARELLE.

Il est vrai. Je conçois que cela est fort agréable et fort divertissant, et je m'en accommoderois assez, moi, s'il n'y avoit point de mal ; mais, monsieur, se jouer ainsi d'un mystère sacré, et...

DON JUAN.

Va, va, c'est une affaire entre le ciel et moi, et nous la démêlerons bien ensemble sans que tu t'en mettes en peine. SGANARELLE.

Ma foi, monsieur, j'ai toujours ouï dire que c'est une méchante raillerie que de se railler du ciel, et que les libertins ne font jamais une bonne fin.

DON JUAN.

Holà ! maître sot. Vous savez que je vous ai dit que je n'aime pas les faiseurs de remontrances.

SGANARELLE.

Je ne parle pas aussi à vous, Dieu m'en garde ! vous savez ce que vous faites, vous ; et, si vous ne croyez rien, vous avez vos raisons ; mais il y a certains petits impertinents dans le monde, qui sont libertins sans savoir pourquoi, qui font les esprits forts, parce qu'ils croient que cela leur sied bien ; et, si j'avois un maître comme cela, je lui dirois fort nettement, le regardant en face : Osez-vous bien ainsi vous jouer au ciel, et ne tremblez-vous point de vous moquer comme vous faites des choses les plus saintes ? C'est bien à vous, petit ver de terre, petit myrmidon que vous êtes (je parle au maître que j'ai dit), c'est bien à vous à vouloir vous mêler de tourner en raillerie ce que tous les hommes révèrent ! Pensez-vous que, pour être de qualité, pour avoir une perruque blonde et bien frisée, des plumes à votre chapeau, un habit bien doré, et des rubans couleur de feu (ce n'est pas à vous que je parle, c'est à l'autre); pensez-vous, dis-je, que vous en soyez plus habile homme, que tout vous soit permis, et qu'on n'ose vous dire vos vérités? Apprenez de moi, qui suis votre valet, que le ciel punit tôt ou tard les impies, qu'une méchante vie amène une méchante mort, et que...

DON JUAN.

Paix!

SGANARELLE.

De quoi est-il question?

DON JUAN.

Il est question de te dire qu'une beauté me tient au cœur, et qu'entraîné par ses appas je l'ai suivie jusqu'en cette ville.

SGANARELLE.

Et n'y craignez-vous rien, monsieur, de la mort de ce commandeur que vous tuâtes il y a six mois?

DON JUAN.

Et pourquoi craindre? ne l'ai-je pas bien tué?

SGANARELLE.

Fort bien, le mieux du monde, et il auroit tort de se plaindre.

DON JUAN.

J'ai eu ma grâce de cette affaire.

SGANARELLE.

Oui; mais cette grâce n'éteint pas peut-être le ressentiment des parents et des amis; et...

DON JUAN.

Ah! n'allons point songer au mal qui nous peut arriver, et songeons seulement à ce qui nous peut donner du plaisir. La personne dont je te parle est une jeune fiancée, la plus agréable du monde, qui a été conduite ici par celui même qu'elle y vient épouser, et le hasard me fit voir ce couple d'amants trois ou quatre jours avant leur voyage. Jamais je n'ai vu deux personnes être si contents l'un de l'autre, et faire éclater plus d'amour. La tendresse visible de leurs mutuelles ardeurs me donna de l'émotion; j'en fus frappé au cœur, et mon amour commença par la jalousie. Oui, je ne pus souffrir d'abord de les voir si bien ensemble; le dépit alluma mes désirs, et je me figurai un plaisir extrême à pouvoir troubler leur intelligence et rompre cet attachement, dont la délicatesse de mon cœur se tenoit offensée; mais jusques ici tous mes efforts ont été inutiles, et j'ai recours au dernier remède. Cet époux prétendu doit aujourd'hui régaler sa maîtresse d'une promenade sur mer. Sans t'en avoir rien dit, toutes choses sont préparées pour satisfaire mon amour; et j'ai une petite barque et des gens, avec quoi fort facilement je prétends enlever la belle.

SGANARELLE.

Ah! monsieur...

DON JUAN.

Hein?

SGANARELLE.

C'est fort bien fait à vous, et vous le prenez comme il faut. Il n'est rien tel en ce monde que de se contenter.

DON JUAN.

Prépare-toi donc à venir avec moi, et prends soin toi-même d'apporter toutes mes armes, afin que... (Apercevant done Elvire.) Ah! rencontre fâcheuse! Traître! tu ne m'avois pas dit qu'elle étoit ici elle-même.

SGANARELLE.

Monsieur, vous ne me l'avez pas demandé.

DON JUAN.

Est-elle folle de n'avoir pas changé d'habit, et de venir en ce lieu-ci avec son équipage de campagne!

## SCÈNE III

DONE ELVIRE, DON JUAN, SGANARELLE.

DONE ELVIRE.

Me feriez-vous la grâce, don Juan, de vouloir bien me reconnaître? Et puis-je au moins espérer que vous daigniez tourner le visage de ce côté?

DON JUAN.

Madame, je vous avoue que je suis surpris, et que je ne vous attendois pas ici.

DONE ELVIRE.

Oui, je vois bien que vous ne m'y attendiez pas; et vous êtes surpris, à la vérité, mais tout autrement que je ne l'espérois; et la manière dont vous le paroissez me persuade pleinement ce que je refusois de croire. J'admire ma simplicité, et la foiblesse de mon cœur, à douter d'une trahison que tant d'apparences me confirment. J'ai été assez bonne, je le confesse, ou plutôt assez sotte, pour vouloir me tromper moi-même, et travailler à démentir mes yeux et mon jugement. J'ai cherché des raisons pour excuser à ma tendresse le relâchement d'amitié qu'elle voyoit en vous ; et je me suis forgé exprès cent sujets légitimes d'un départ si précipité, pour vous justifier du crime dont ma raison vous accusoit. Mes justes soupçons chaque jour avoient beau me parler, j'en rejetois la voix qui vous rendoit criminel à mes yeux, et j'écoutois avec plaisir mille chimères ridicules, qui vous peignoient innocent à mon cœur ; mais enfin cet abord ne me permet plus de douter, et le coup d'œil qui m'a reçue m'apprend bien plus de choses que je ne voudrois en savoir. Je serois bien aise pourtant d'ouïr de votre bouche les raisons de votre départ. Parlez, don Juan, je vous prie, et voyons de quel air vous saurez vous justifier.

DON JUAN.

Madame, voilà Sganarelle qui sait pourquoi je suis parti.

SGANARELLE, bas, à don Juan.

Moi, monsieur ? Je n'en sais rien, s'il vous plaît.

DONE ELVIRE.

Eh bien, Sganarelle, parlez. Il n'importe de quelle bouche j'entende ces raisons.

DON JUAN, faisant signe à Sganarelle d'approcher.

Allons, parle donc à madame.

SGANARELLE, bas, à don Juan.

Que voulez-vous que je dise ?

DONE ELVIRE.

Approchez, puisqu'on le veut ainsi, et me dites un peu les causes d'un départ si prompt.

DON JUAN.

Tu ne répondras pas ?

SGANARELLE, bas, à don Juan.

Je n'ai rien à répondre. Vous vous moquez de votre serviteur.

DON JUAN.

Veux-tu répondre, te dis-je !

SGANARELLE.

Madame...

DONE ELVIRE.

Quoi ?

SGANARELLE, se tournant vers son maître.

Monsieur...

DON JUAN, en le menaçant.

Si...

SGANARELLE.

Madame, les conquérants, Alexandre et les autres mondes sont cause de notre départ. Voilà, monsieur, tout ce que je puis dire.

DONE ELVIRE.

Vous plaît-il, don Juan, nous éclaircir ces beaux mystères ?

DON JUAN.

Madame, à vous dire la vérité...

DONE ELVIRE.

Ah ! que vous savez mal vous défendre pour un homme de cour, et qui doit être accoutumé à ces sortes de choses ! J'ai pitié de vous voir la confusion que vous avez. Que ne vous armez-vous le front d'une noble effronterie ? Que ne me jurez-vous que vous êtes toujours dans les mêmes sentiments pour moi, que vous m'aimez toujours avec une ardeur sans égale, et que rien n'est capable de vous détacher de moi que la mort ? Que ne me dites-vous que des affaires de la dernière conséquence vous ont obligé à partir sans m'en donner avis; qu'il faut que, malgré vous, vous demeuriez ici quelque temps, et que je n'ai qu'à m'en retourner d'où je viens, assurée que vous suivrez mes pas le plus tôt qu'il vous sera possible ; qu'il est certain que vous brûlez de me rejoindre, et qu'éloigné de moi vous souffrez ce que souffre un corps qui est séparé de son âme ? Voilà comme il faut vous défendre, et non pas être interdit comme vous êtes.

DON JUAN.

Je vous avoue, madame, que je n'ai point le talent de dissimuler, et que je porte un cœur sincère. Je ne vous dirai point que je suis toujours dans les mêmes sentiments pour vous, et que je brûle de vous rejoindre, puisque enfin il est assuré que je ne suis parti que pour vous fuir, non point pour les raisons que vous pouvez vous figurer, mais par un pur motif de conscience, et pour ne croire pas qu'avec vous davantage je puisse vivre sans péché. Il m'est venu des scrupules, madame, et j'ai ouvert les yeux de l'âme sur ce que je faisois. J'ai fait réflexion que, pour vous épouser, je vous ai dérobée à la clôture d'un couvent, que vous avez rompu des vœux qui vous engageoient autre part, et que le ciel est fort jaloux de ces sortes de choses. Le repentir m'a pris, et j'ai craint le courroux céleste. J'ai cru que notre mariage n'étoit qu'un adultère déguisé, qu'il nous attireroit quelque disgrâce d'en haut, et qu'enfin je devois tâcher de vous oublier, et vous donner moyen de retourner à vos premières chaînes. Voudriez-vous, madame, vous opposer à une si sainte pensée, et que j'allasse, en vous retenant, me mettre le ciel sur les bras ? que pour...

DONE ELVIRE.

Ah ! scélérat, c'est maintenant que je te connois tout entier ; et, pour mon malheur, je te connois lorsqu'il n'en est plus temps et qu'une telle connoissance ne peut plus me servir qu'à me désespérer, mais sache que ton crime ne demeurera pas impuni, et que le même ciel dont tu te joues me saura venger de ta perfidie ?

DON JUAN.

Sganarelle, le ciel !

SGANARELLE.

Vraiment oui, nous nous moquons bien de cela, nous autres.

DON JUAN.

Madame...

DONE ELVIRE.

Il suffit. Je n'en veux pas ouïr davantage, et je m'accuse même d'en avoir trop entendu. C'est une lâcheté que de se faire expliquer trop sa honte ; et, sur de tels sujets, un noble cœur, au premier mot, doit prendre son parti. N'attends pas que j'éclate ici en reproches et en injures ; non, non, je n'ai point un courroux à exhaler en paroles vaines, et toute sa chaleur se réserve pour sa vengeance. Je te dis encore, le ciel te punira, perfide, de l'outrage que tu me fais ; et, si le ciel n'a rien que tu puisses appréhender, appréhende du moins la colère d'une femme offensée !

## SCÈNE IV

DON JUAN, SGANARELLE.

SGANARELLE, à part.

Si le remords le pouvoit prendre !

DON JUAN, après un moment de réflexion.

Allons songer à l'exécution de notre entreprise amoureuse.

SGANARELLE, seul.

Ah! quel abominable maître me vois-je obligé de servir!

## ACTE SECOND

Le théâtre représente une campagne au bord de la mer.

### SCÈNE I

CHARLOTTE, PIERROT.

CHARLOTTE.

Notre dinse, Piarrot, tu t'es trouvé là bien à point.

PIERROT.

Parguienne, il ne s'en est pas fallu l'époisseur d'une éplingue qu'ils ne se sayant nayés tous deux.

CHARLOTTE.

C'est donc le coup de vent d'à matin qui les avoit renvarsés dans la mar?

PIERROT.

Aga, quien, Charlotte, je m'en vas te conter tout fin drait comme cela est venu ; car, comme dit l'autre, je les ai le premier avisés, avisés le premier je les ai. Enfin donc j'étions sur le bord de la mar, moi et le gros Lucas, et je nous amusions à batifoler avec des mottes de tarre que je nous jesquions à la tête ; car, comme tu sais bian, le gros Lucas aime à batifoler, et moi, par fouas, je batifole itou. En batifolant donc, pisque batifoler y a, j'ai aparçu de tout loin queuque chose qui grouilloit dans gliau, et qui venoit comme envars nous par secousse. Je voyois cela fixiblement, et pis tout d'un coup je voyois que je ne voyois plus rian. Eh! Lucas, ç'ai-je fait, je pense que vlà des hommes qui nageant là-bas. Voire, ce m'a-t-il fait, t'as été au trépassement d'un chat, t'as la vue trouble. Palsanguienne, ç'ai-je fait, je n'ai point la vue trouble, ce sont des hommes. Point du tout, ce m'a-t-il fait, t'as la barlue. Veux-tu gager, ç'ai-je fait, que je n'ai point la barlue, ç'ai-je fait, et que ce sont deux hommes, ç'ai-je fait, qui nageant droit ici? ç'ai-je fait. Morguienne, ce m'a-t-il fait, je gage que non. Oh! çà, ç'ai-je fait, veux-tu gager dix sous que si? Je le veux bian, ce m'a-t-il fait ; et, pour te montrer, vlà argent su jeu, ce m'a-t-il fait. Moi, je n'ai point été ni fou, ni étourdi ; j'ai bravement bouté à tarre quatre pièees tapées, et cinq sous en doubles, jerniguienne, aussi hardiment que j'avois avalé un varre de vin; car je sis hasardeux, moi, et je vas à la débandade. Je savois bian çe que je faisois pourtant. Queuque gniais! Enfin donc, je n'avons pas plutôt eu gagé, que j'avons vu les deux hommes tout à plain, qui nous faisiant signe de les aller quérir; et moi, de tirer auparavant les enjeux. Allons, Lucas, ç'ai-je dit, tu vois bian qu'ils nous appelont; allons vite à leu secours. Non, ce m'a-t-il dit, ils m'ont fait pardre. Oh! donc, tanquia, qu'à la parfin, pour le faire coure, je l'ai tant sarmonné, que je nous sommes boutés dans une barque, et pis j'avons tant fait cahin caha, que je les avons tirés de gliau, et pis je les avons menés cheux nous auprès du feu, et pis ils se sant dépouillés tout nus pour se sécher, et pis il y en est venu encore deux de la même bande qui s'équiant sauvés tout seuls, et pis Mathurine est arrivée là, à qui l'en a fait les doux yeux. Vlà justement, Charlotte, comme tout ça s'est fait.

CHARLOTTE.

Ne m'as-tu pas dit, Piarrot, qu'il y en a un qu'est bian pu mieux fait que les autres?

PIERROT.

Oui, c'est le maître. Il faut que ce soit queuque gros, gros monsieu, car il a du dor à son habit tout depis le haut jusqu'en bas; et ceux qui le servont sont des monsieux eux-mêmes; et stapandant, tout gros monsieur qu'il est, il seroit par ma fiqué nayé si je n'aviomme été là.

CHARLOTTE.

Ardez un en.

PIERROT.

Oh! parguinne, sans nous, il en avoit pour sa maine de fèves.

CHARLOTTE.

Est-il encore cheux toi tout nu, Piarrot?

PIERROT.

Nannain, ils l'avont r'habillé tout devant nous. Mon Guieu, je n'en avois jamais vu s'habiller. Que d'histoires et d'engingorniaux boutont ces messieux-là les courtisans! Je me pardaois là dedans, pour moi, et j'étois tout ébobi de voir çà. Quien, Charlotte, ils avont des cheveux qui ne tenont point à leu tête; et ils boutont çà, après tout, comme un gros bonnet de filasse. Ils ont des chemises qui ont des manches où j'entrerions tout brandis, toi et moi. En glieu d'haut-de-chausse, ils portont un garde-robe aussi large que d'ici à Pâques ; en glieu de pourpoint, de petites brassières qui ne leu venont pas jusqu'au brichet ; et, en glieu de rabats, un grand mouchoir de cou à réziau, aveuc quatre grosses houppes de linge qui leu pendont sur l'estomaque. Ils avont itout d'autres petits rabats au bout des bras, et de grands entonnois de passements aux jambes ; et, parmi tout çà, tant de rubans, tant de rubans, que c'est une vraie piquié. Ignia pas jusqu'aux souliers qui n'en soyont farcis tout depis un bout jusqu'à l'autre ; et ils sont faits d'une façon que je me romprois le cou aveuc.

CHARLOTTE.

Par ma fi, Piarrot, il faut que j'aille voir un peu çà.

PIERROT.

Oh ! acoute un peu auparavant, Charlotte. J'ai queuque autre chose à te dire, moi.

CHARLOTTE.

Eh bian, dis, qu'est-ce que c'est ?

PIERROT.

Vois-tu, Charlotte, il faut, comme dit l'autre, que je débonde mon cœur. Je t'aime, tu le sais bian, et je sommes pour être mariés ensemble, mais, marguienne, je ne suis point satisfait de toi.

CHARLOTTE.

Quement ? qu'est-ce que c'est donc qu'iglia ?

PIERROT.

Iglia que tu me chagraines l'esprit, franchement.

CHARLOTTE.

Et quement donc ?

PIERROT.

Tétiguienne, tu ne m'aimes point.

CHARLOTTE.

Ah ! ah ! n'est-ce que ça ?

PIERROT.

Oui, ce n'est que ça, et c'est bian assez.

CHARLOTTE.

Mon Guieu, Piarrot, tu me viens toujou dire la même chose.

PIERROT.

Je te dis toujou la même chose, parce que c'est toujou la même chose ; et, si ce n'étoit pas toujou la même chose, je ne te dirois pas toujou la même chose.

CHARLOTTE.

Mais qu'est-ce qu'il te faut ? Que veux-tu ?

PIERROT.

Jerniguienne ! je veux que tu m'aimes.

CHARLOTTE.

Est-ce que je ne t'aime pas ?

PIERROT.

Non, tu ne m'aimes pas, et si, je fais tout ce que je pis pour ça. Je t'achète, sans reproche, des rubans à tous les marciers qui passont ; je me romps le cou à t'aller dénicher des marles ; je fais jouer pour toi les vieilleux quand ce vient ta fête ; et tout ça comme si je me frappois la tête contre un mur. Vois-tu, ça n'est ni biau ni honnête de n'aimer pas les gens qui nous aimont.

CHARLOTTE.

Mais, mon Guieu, je t'aime aussi.

PIERROT.

Oui, tu m'aimes d'une belle dégaine !

CHARLOTTE.

Quement veux-tu donc qu'on fasse ?

PIERROT.

Je veux que l'en fasse comme l'en fait, quand l'en aime comme il faut.

CHARLOTTE.

Ne t'aimé-je pas aussi comme il faut ?

PIERROT.

Non. Quand ça est, ça se voit, et l'en fait mille petites singeries aux parsonnes quand on les aime du bon cœur. Regarde la grosse Thomasse, comme alle est assottée du jeune Robain ; alle est toujou autour de li à l'agacer, et ne le laisse jamais en repos. Toujou al li fait queuque niche, ou li baille queuque taloche en passant ; et l'autre jour qu'il étoit assis sur un escabiau, al fut le tirer de dessous li, et le fit choir tout de son long par tarre. Jarni, vlà où l'en voit les gens qui aimont ; mais toi, tu ne me dis jamais mot, t'es toujou là comme eune vraie souche de bois ; et je passerois vingt fois devant toi, que tu ne te grouillerois pas pour me bailler le moindre coup, ou me dire la moindre chose. Ventreguienne ! ça n'est pas bian, après tout ; et t'es trop froide pour les gens.

CHARLOTTE.

Que veux-tu que j'y fasse ? C'est mon himeur, et je ne me pis refondre.

PIERROT.

Ignia himeur qui quienne. Quand en a de l'amiquié pour les parsonnes, l'en en baille toujou queuque petite signifiance.

CHARLOTTE.

Enfin, je t'aime tout autant que je pis ; et, si tu n'es pas content de ça, tu n'as qu'à en aimer un queuque autre.

PIERROT.

Eh bian, vlà pas mon compte ? Tétigué ! si tu m'aimois, me dirois-tu ça ?

CHARLOTTE.

Pourquoi me viens-tu aussi tarabuster l'esprit ?

PIERROT.

Morgué ! queu mal te fais-je ? Je ne te demande qu'un peu d'amiquié.

CHARLOTTE.

Eh bien, laisse faire aussi, et ne me presse point tant. Peut-être que ça viendra tout d'un coup sans y songer.

PIERROT.

Touche donc là, Charlotte.

CHARLOTTE, donnant sa main.

Eh bien, quien.

PIERROT.

Promets-moi donc que tu tâcheras de m'aimer davantage.

CHARLOTTE.

J'y ferai tout ce que je pourrai ; mais il faut que ça vienne de lui-même. Piarrot, est-ce là ce monsieu ?

PIERROT.

Oui, le vlà.

CHARLOTTE.

Ah ! mon Guieu, qu'il est genti, et que ç'auroit été dommage qu'il eût été nayé !

PIERROT.

Je revians tout à l'heure ; je m'en vas boire chopaine, pour me rebouter tant soit peu de la fatigue que j'ais eue.

## SCÈNE II

DON JUAN, SGANARELLE ; CHARLOTTE, dans le fond du théâtre.

DON JUAN.

Nous avons manqué notre coup, Sganarelle, et cette

bourrasque imprévue a renversé avec notre barque le projet que nous avions fait ; mais, à te dire vrai, la paysanne que je viens de quitter répare ce malheur, et je lui ai trouvé des charmes qui effacent de mon esprit tout le chagrin que me donnoit le mauvais succès de notre entreprise. Il ne faut pas que ce cœur m'échappe, et j'y ai déjà jeté des dispositions à ne pas me souffrir longtemps de pousser des soupirs.

SGANARELLE.

Monsieur, j'avoue que vous m'étonnez. A peine sommes-nous échappés d'un péril de mort, qu'au lieu de rendre grâce au ciel de la pitié qu'il a daigné prendre de nous, vous travaillez tout de nouveau à attirer sa colère par vos fantaisies accoutumées, et vos amours cr... (Don Juan prend un ton menaçant.) Paix, coquin que vous êtes, vous ne savez ce que vous dites, et monsieur sait ce qu'il fait. Allons.

DON JUAN, apercevant Charlotte.

Ah ! ah ! d'où sort cette autre paysanne, Sganarelle ? As-tu rien vu de plus joli ? et ne trouves-tu pas, dis-moi, que celle-ci vaut bien l'autre ?

SGANARELLE.

Assurément. (A part) Autre pièce nouvelle.

DON JUAN, à Charlotte.

D'où me vient, la belle, une rencontre si agréable ? Quoi ! dans ces lieux champêtres, parmi ces arbres et ces rochers, on trouve des personnes faites comme vous êtes ?

CHARLOTTE.

Vous voyez, monsieu.

DON JUAN.

Êtes-vous de ce village ?

CHARLOTTE.

Oui, monsieu.

DON JUAN.

Et vous y demeurez ?

CHARLOTTE.

Oui, monsieu.

DON JUAN.

Vous vous appelez?...

CHARLOTTE.

Charlotte, pour vous servir.

DON JUAN.

Ah ! la belle personne, et que ses yeux sont pénétrants !

CHARLOTTE.

Monsieu, vous me rendez toute honteuse.

DON JUAN.

Ah! n'ayez point de honte d'entendre dire vos vérités. Sganarelle, qu'en dis-tu? Peut-on rien voir de plus agréable? Tournez-vous un peu, s'il vous plaît. Ah! que cette taille est jolie! Haussez un peu la tête, de grâce. Ah! que ce visage est mignon! Ouvrez vos yeux entièrement. Ah! qu'ils sont beaux! Que je voie un peu vos dents, je vous prie. Ah! qu'elles sont amoureuses, et ces lèvres appétissantes! Pour moi, je suis ravi, et je n'ai jamais vu une si charmante personne.

CHARLOTTE.

Monsieu, cela vous plaît à dire, et je ne sais pas si c'est pour vous railler de moi.

DON JUAN.

Moi, me railler de vous? Dieu m'en garde! Je vous aime trop pour cela, et c'est du fond du cœur que je vous parle.

CHARLOTTE.

Je vous suis bien obligée, si ça est.

DON JUAN.

Point du tout, vous ne m'êtes point obligée de tout ce que je dis; et ce n'est qu'à votre beauté que vous en êtes redevable.

CHARLOTTE.

Monsieu, tout ça est trop bien dit pour moi, et je n'ai pas d'esprit pour vous répondre.

DON JUAN.

Sganarelle, regarde un peu ses mains.

CHARLOTTE.

Fi! monsieu! elles sont noires comme je ne sais quoi.

DON JUAN.

Ah! que dites-vous là? Elles sont les plus belles du monde : souffrez que je les baise, je vous prie.

CHARLOTTE.

Monsieu, c'est trop d'honneur que vous me faites; et si j'avois su ça tantôt, je n'aurois pas manqué de les laver avec du son.

DON JUAN.

Eh! dites-moi un peu, belle Charlotte, vous n'êtes pas mariée, sans doute?

CHARLOTTE.

Non, monsieu ; mais je dois bientôt l'être avec Piarrot, le fils de la voisine Simonette.

DON JUAN.

Quoi ! une personne comme vous seroit la femme d'un simple paysan ! Non, non, c'est profaner tant de beautés, et vous n'êtes pas née pour demeurer dans un village. Vous méritez, sans doute, une meilleure fortune ; et le ciel, qui le connoît bien, m'a conduit ici tout exprès pour empêcher ce mariage et rendre justice à vos charmes ; car enfin, belle Charlotte, je vous aime de tout mon cœur, et il ne tiendra qu'à vous que je vous arrache de ce misérable lieu, et ne vous mette dans l'état où vous méritez d'être. Cet amour est bien prompt, sans doute ; mais quoi ! c'est un effet, Charlotte, de votre grande beauté ; et l'on vous aime autant en un quart d'heure qu'on feroit une autre en six mois.

CHARLOTTE.

Aussi vrai, monsieu, je ne sais comment faire quand vous parlez. Ce que vous me dites me fait aise, et j'aurois toutes les envies du monde de vous croire ; mais on m'a toujours dit qu'il ne faut jamais croire les monsieux, et que vous autres courtisans êtes des enjoleux qui ne songez qu'à abuser les filles.

DON JUAN.

Je ne suis pas de ces gens-là.

SGANARELLE, à part.

Il n'a garde.

CHARLOTTE.

Voyez-vous, monsieu, il n'y a pas de plaisir à se laisser abuser. Je suis une pauvre paysanne ; mais j'ai l'honneur en recommandation, et j'aimerois mieux me voir morte que de me voir déshonorée.

DON JUAN.

Moi, j'aurois l'âme assez méchante pour abuser une personne comme vous ? je serois assez lâche pour vous déshonorer ? Non, non, j'ai trop de conscience pour cela. Je vous aime, Charlotte, en tout bien et en tout honneur ; et, pour vous montrer que je vous dis vrai, sachez que je n'ai point d'autre dessein que de vous épouser. En voulez-vous un plus grand témoignage ? M'y voilà prêt, quand vous voudrez ; et je prends à témoin l'homme que voilà de la parole que je vous donne.

SGANARELLE.

Non, non, ne craignez point. Il se mariera avec vous tant que vous voudrez.

DON JUAN.

Ah! Charlotte, je vois bien que vous ne me connoissez pas encore. Vous me faites grand tort de juger de moi par les autres; et, s'il y a des fourbes dans le monde, des gens qui ne cherchent qu'à abuser des filles, vous devez me tirer du nombre, et ne pas mettre en doute la sincérité de ma foi; et puis votre beauté vous assure de tout. Quand on est faite comme vous, on doit être à couvert de toutes ces sortes de craintes : vous n'avez point l'air, croyez-moi, d'une personne qu'on abuse; et, pour moi, je vous l'avoue, je me percerois le cœur de mille coups, si j'avois eu la moindre pensée de vous trahir.

CHARLOTTE.

Mon Dieu! je ne sais si vous dites vrai ou non; mais vous faites que l'on vous croit.

DON JUAN.

Lorsque vous me croirez, vous me rendrez justice assurément, et je vous réitère encore la promesse que je vous ai faite. Ne l'acceptez-vous pas? et ne voulez-vous pas consentir à être ma femme?

CHARLOTTE.

Oui, pourvu que ma tante le veuille.

DON JUAN.

Touchez donc là, Charlotte, puisque vous le voulez bien de votre part.

CHARLOTTE.

Mais au moins, monsieu, ne m'allez point tromper, je vous prie! Il y auroit de la conscience à vous, et vous voyez comme j'y vais à la bonne foi.

DON JUAN.

Comment! il semble que vous doutiez encore de ma sincérité! Voulez-vous que je fasse des serments épouvantables! Que le ciel...

CHARLOTTE.

Mon Dieu! ne jurez point! je vous crois.

DON JUAN.

Donnez-moi donc un petit baiser pour gage de votre parole.

CHARLOTTE.

Oh! monsieu, attendez que je soyons mariés, je

vous prie. Après ça, je vous baiserai tant que vous voudrez.

DON JUAN.

Eh bien, belle Charlotte, je veux tout ce que vous voulez; abandonnez-moi seulement votre main, et souffrez que, par mille baisers, je lui exprime le ravissement où je suis...

## SCÈNE III
DON JUAN, SGANARELLE, PIERROT, CHARLOTTE.

PIERROT, poussant don Juan, qui baise la main de Charlotte.

Tout doucement, monsieu; tenez-vous, s'il vous plaît. Vous vous échauffez trop, et vous pourriez gagner la purésie.

DON JUAN, repoussant rudement Pierrot.

Qui m'amène cet impertinent?

PIERROT, se mettant entre don Juan et Charlotte.

Je vous dis qu'ous vous tegniez, et qu'ous ne caressiais point nos accordées.

DON JUAN, repoussant encore Pierrot.

Ah! que de bruit!

PIERROT.

Jerniguienne! ce n'est pas comme ça qu'il faut pousser les gens.

CHARLOTTE, prenant Pierrot par le bras.

Eh! laisse-le faire aussi, Piarrot.

PIERROT.

Quement! que je le laisse faire? Je ne veux pas, moi.

DON JUAN.

Ah!

PIERROT.

Tétiguienne! parce qu'ous êtes monsieu, vous viendrez caresser nos femmes à notre barbe? Allez-v's-en caresser les vôtres.

DON JUAN.

Heu?

PIERROT.

Heu. (Don Juan lui donne un soufflet.) Tétigué! ne me frappez pas. (Autre soufflet.) Oh! jerniguié! (Autre soufflet.) Ventregué! (Autre soufflet.) Palsangué! morguienne! ça n'est pas bian de battre les gens, et ce n'est pas là la récompense de v's avoir sauvé d'être nayé.

CHARLOTTE.

Piarrot, ne te fâche point.

PIERROT.

Je me veux fâcher; et t'es une vilaine, toi, d'endurer qu'on te cajole.

CHARLOTTE.

Oh! Piarrot, ce n'est pas ce que tu penses. Ce monsieu veut m'épouser, et tu ne dois pas te bouter en colère.

PIERROT.

Quement? jerni! tu m'es promise.

CHARLOTTE.

Ça n'y fait rien, Piarrot. Si tu m'aimes, ne dois-tu pas être bien aise que je devienne madame?

PIERROT.

Jerniguié! non. J'aime mieux te voir crevée que de te voir à un autre.

CHARLOTTE.

Va, va, Piarrot, ne te mets pas en peine. Si je sis madame, je te ferai gagner queuque chose, et tu apporteras du beurre et du fromage cheux nous.

PIERROT.

Ventreguienne! je gni en porterai jamais, quand tu m'en payerois deux fois autant. Est-ce donc comme ça que t'écoutes ce qu'il te dit? Morguienne! si j'avois su ça tantôt, je me serois bien gardé de le tirer de gliau, et je gli aurois baillé un bon coup d'aviron sur la tête.

DON JUAN, s'approchant de Pierrot pour le frapper.

Qu'est-ce que vous dites?

PIERROT, se mettant derrière Charlotte.

Jerniguienne! je ne crains personne.

DON JUAN, passant du côté où est Pierrot.

Attendez-moi un peu..

PIERROT, repassant de l'autre côté.

Je me moque de tout, moi.

DON JUAN, courant après Pierrot.

Voyons cela.

PIERROT, se sauvant encore derrière Charlotte.

J'en avons bian vu d'autres.

DON JUAN.

Ouais.

SGANARELLE.

Eh! monsieur, laissez là ce pauvre misérable. C'est conscience de le battre. (A Pierrot, en se mettant entre lui et don Juan.) Écoute, mon pauvre garçon, retire-toi, et ne lui dis rien.

PIERROT, passant devant Sganarelle, et regardant fièrement don Juan.

Je veux lui dire, moi.

DON JUAN, levant la main pour donner un soufflet à Pierrot.

Ah! je vous apprendrai. (Pierrot baisse la tête, et Sganarelle reçoit le soufflet.)

SGANARELLE, regardant Pierrot.

Peste soit du maroufle!

DON JUAN, à Sganarelle.

Te voilà payé de ta charité.

PIERROT.

Jarni! je vas dire à sa tante tout ce ménage-ci.

## SCÈNE IV

DON JUAN, CHARLOTTE, SGANARELLE.

DON JUAN, à Charlotte.

Enfin je m'en vais être le plus heureux de tous les hommes, et je ne changerois pas mon bonheur à toutes les choses du monde. Que de plaisirs quand vous serez ma femme, et que...

## SCÈNE V

DON JUAN, MATHURINE, CHARLOTTE, SGANARELLE.

SGANARELLE, apercevant Mathurine.

Ah! ah!

MATHURINE, à don Juan.

Monsieu, que faites-vous donc là avec Charlotte? Est-ce que vous lui parlez d'amour aussi?

DON JUAN, bas, à Mathurine.

Non. Au contraire, c'est elle qui me témoignoit une envie d'être ma femme, et je lui répondois que j'étois engagé avec vous.

CHARLOTTE, à don Juan.

Qu'est-ce que c'est que vous veut Mathurine?

DON JUAN, bas, à Charlotte.

Elle est jalouse de me voir vous parler, et voudroit bien que je l'épousasse; mais je lui dis que c'est vous que je veux.

MATHURINE.

Quoi! Charlotte.

DON JUAN, bas, à Mathurine.

Tout ce que vous lui direz sera inutile; elle s'est mis cela dans la tête.

CHARLOTTE.

Quement donc! Mathurine...

DON JUAN, bas, à Charlotte.
C'est en vain que vous lui parlerez ; vous ne lui ôterez point cette fantaisie.

MATHURINE.
Est-ce que....

DON JUAN, bas, à Mathurine.
Il n'y a pas moyen de lui faire entendre raison.

CHARLOTTE.
Je voudrois...

DON JUAN, bas, à Charlotte.
Elle est obstinée comme tous les diables.

MATHURINE.
Vraiment...

DON JUAN, bas, à Mathurine.
Ne lui dites rien, c'est une folle.

CHARLOTTE.
Je pense...

DON JUAN, bas, à Charlotte.
Laisse-la, c'est une extravagante.

MATHURINE.
Non, non, il faut que je lui parle.

CHARLOTTE.
Je veux voir un peu ses raisons.

MATHURINE.
Quoi !...

DON JUAN, bas, à Mathurine.
Je gage qu'elle va vous dire que je lui ai promis de l'épouser.

CHARLOTTE.
Je...

DON JUAN, bas, à Charlotte.
Gageons qu'elle vous soutiendra que je lui ai donné parole de la prendre pour femme.

MATHURINE.
Holà, Charlotte, ça n'est pas bian de courir sur le marché des autres.

CHARLOTTE.
Ça n'est pas honnête, Mathurine, d'être jalouse que monsieur me parle.

MATHURINE.
C'est moi que monsieur a vue la première.

CHARLOTTE.
S'il vous a vue la première, il m'a vue la seconde, et m'a promis de m'épouser.

DON JUAN, bas, à Mathurine.
Eh bien, que vous ai-je dit ?
MATHURINE, à Charlotte.
Je vous baise les mains ; c'est moi, et non pas vous, qu'il a promis d'épouser.
DON JUAN, bas, à Charlotte.
N'ai-je pas deviné ?
CHARLOTTE.
A d'autres, je vous prie ; c'est moi, vous dis-je.
MATHURINE.
Vous vous moquez des gens; c'est moi encore un coup.
CHARLOTTE.
Le vlà qui est pour le dire, si je n'ai pas raison.
MATHURINE.
Le vla qui est pour me démentir, si je ne dis pas vrai.
CHARLOTTE.
Est-ce, monsieu, que vous lui avez promis de l'épouser?
DON JUAN, bas, à Charlotte.
Vous vous raillez de moi.
MATHURINE.
Est-il vrai, monsieur, que vous lui avez donné parole d'être son mari ?
DON JUAN, bas, à Mathurine.
Pouvez-vous avoir cette pensée?
CHARLOTTE
Vous voyez qu'al le soutient.
DON JUAN, bas, à Charlotte.
Laissez-la faire.
MATHURINE.
Vous êtes témoin comme al l'assure.
DON JUAN, bas, à Mathurine.
Laissez-la dire.
CHARLOTTE.
Non, non, il faut savoir la vérité.
MATHURINE.
Il est questiou de juger ça.
CHARLOTTE.
Oui, Mathurine, je veux que monsieu vous montre votre bec jaune.

MATHURINE.

Oui, Charlotte, je veux que monsieur vous rende un peu camuse.

CHARLOTTE.

Monsieu, videz la querelle, s'il vous plaît.

MATHURINE.

Mettez-nous d'accord, monsieu.

CHARLOTTE, à Mathurine.

Vous allez voir.

MATHURINE, à Charlotte.

Vous allez voir vous-même.

CHARLOTTE, à don Juan.

Dites.

MATHURINE, à don Juan.

Parlez.

DON JUAN.

Que voulez-vous que je dise? Vous soutenez également toutes deux que je vous ai promis de vous prendre pour femmes. Est-ce que chacune de vous ne sait pas ce qu'il en est, sans qu'il soit nécessaire que je m'explique davantage? Pourquoi m'obliger là-dessus à des redites? Celle à qui j'ai promis effectivement n'a-t-elle pas, en elle-même, de quoi se moquer des discours de l'autre; et doit-elle se mettre en peine, pourvu que j'accomplisse ma promesse? Tous les discours n'avancent point les choses. Il faut faire, et non pas dire; et les effets décident mieux que les paroles. Aussi n'est-ce rien que par là que je vous veux mettre d'accord; et l'on verra, quand je me marierai, laquelle des deux a mon cœur. (Bas, à Mathurine.) Laissez-lui croire ce qu'elle voudra. (Bas, à Charlotte.) Laissez-la se flatter dans son imagination. (Bas, à Mathurine). Je vous adore. (Bas, à Charlotte.) Je suis tout à vous. (Bas, à Mathurine.) Tous les visages sont laids auprès du vôtre. (Bas, à Charlotte.) On ne peut plus souffrir les autres quand on vous a vue. (Haut.) J'ai un petit ordre à donner, je viens vous retrouver dans un quart d'heure.

## SCÈNE VI

CHARLOTTE, MATHURINE, SGANARELLE.

CHARLOTTE, à Mathurine.

Je suis celle qu'il aime, au moins.

MATHURINE, à Charlotte.

C'est moi qu'il épousera.

SGANARELLE, arrêtant Charlotte et Mathurine.

Ah! pauvres filles que vous êtes, j'ai pitié de votre innocence, et je ne puis souffrir de vous voir courir à votre malheur. Croyez-moi l'une et l'autre : ne vous amusez point à tous les contes qu'on vous fait, et demeurez dans votre village.

### SCÈNE VII
DON JUAN, MATHURINE, SGANARELLE.

DON JUAN, dans le fond du théâtre, à part.

Je voudrois bien savoir pourquoi Sganarelle ne me suit pas.

SGANARELLE.

Mon maître est un fourbe, il n'a dessein que de vous abuser, et en a bien abusé d'autres ; c'est l'épouseur du genre humain, et... (Apercevant don Juan.) Cela est faux ; et quiconque vous dira cela, vous lui devez dire qu'il en a menti. Mon maître n'est point l'épouseur du genre humain, il n'est point un fourbe, il n'a pas dessein de vous tromper, et n'en a point abusé d'autres. Ah! tenez, le voilà ; demandez-le plutôt à lui-même.

DON JUAN, regardant Sganarelle et le soupçonnant d'avoir parlé.

Oui!

SGANARELLE.

Monsieur, comme le monde est plein de médisants, je vais au-devant des choses ; et je leur disois que si quelqu'un leur venoit dire du mal de vous, elles se gardassent bien de le croire, et ne manquassent pas de lui dire qu'il en auroit menti.

DON JUAN.

Sganarelle !

SGANARELLE, à Charlotte et à Mathurine.

Oui, monsieur est un homme d'honneur ; je le garantis tel.

DON JUAN.

Hon !

SGANARELLE.

### SCÈNE VIII
DON JUAN, LA RAMÉE, CHARLOTTE, MATHURINE, SGANARELLE.

Ce sont des impertinents.

LA RAMÉE, bas à don Juan.

Monsieur, je viens vous avertir qu'il ne fait pas bon ici pour vous.

DON JUAN.

Comment?

LA RAMÉE.

Douze hommes à cheval vous cherchent, qui doivent arriver ici dans un moment : je ne sais pas par quel moyen ils peuvent vous avoir suivi ; mais j'ai appris cette nouvelle d'un paysan qu'ils ont interrogé, et auquel ils vous ont dépeint. L'affaire presse ; et le plus tôt que vous pourrez sortir d'ici sera le meilleur.

### SCÈNE IX
DON JUAN, CHARLOTTE, MATHURINE.
SGANARELLE.

DON JUAN, à Charlotte et à Mathurine.

Une affaire pressante m'oblige de partir d'ici ; mais je vous prie de vous ressouvenir de la parole que je vous ai donnée, et de croire que vous aurez de mes nouvelles avant qu'il soit demain au soir.

### SCÈNE X
DON JUAN, SGANARELLE.

DON JUAN.

Comme la partie n'est pas égale, il faut user de stratagème, et éluder adroitement le malheur qui me cherche. Je veux que Sganarelle se revête de mes habits, et moi...

SGANARELLE.

Monsieur, vous vous moquez. M'exposer à être tué sous vos habits, et...

DON JUAN.

Allons, vite, c'est trop d'honneur que je vous fais ; et bienheureux est le valet qui peut avoir la gloire de mourir pour son maître !

SGANARELLE.

Je vous remercie d'un tel honneur. (Seul.) O ciel ! puisqu'il s'agit de mort, fais-moi la grâce de n'être point pris pour un autre !

# ACTE TROISIÈME
Le théâtre représente une forêt.
### SCÈNE I
DON JUAN, en habit de campagne ; SGANARELLE, en médecin.

SGANARELLE.

Ma foi, monsieur, avouez que j'ai eu raison, et que

nous voilà l'un et l'autre déguisés à merveille. Votre premier dessein n'étoit point du tout à propos, et ceci nous cache bien mieux que tout ce que vous vouliez faire.

DON JUAN.

Il est vrai que te voilà bien ; et je ne sais où tu as été déterrer cet attirail ridicule.

SGANARELLE.

Oui, c'est l'habit d'un vieux médecin, qui a été laissé en gage au lieu où je l'ai pris, et il m'en a coûté de l'argent pour l'avoir. Moi savez-vous, monsieur, que cet habit me met déjà en considération, que je suis salué des gens que je rencontre, et que l'on me vient consulter ainsi qu'un habile homme?

DON JUAN.

Comment donc?

SGANARELLE.

Cinq ou six paysans et paysannes, en me voyant passer, me sont venus demander mon avis sur différentes maladies.

DON JUAN.

Tu leur as répondu que tu n'y entendois rien?

SGANARELLE.

Moi? Point du tout. J'ai voulu soutenir l'honneur de mon habit ; j'ai raisonné sur le mal, et leur ai fait des ordonnances à chacun.

DON JUAN.

Et quels remèdes encore leur as-tu ordonnés?

SGANARELLE.

Ma foi, monsieur, j'en ai pris par où j'en ai pu attraper ; j'ai fait mes ordonnances à l'aventure ; et ce seroit une chose plaisante si les malades guérissoient, et qu'on m'en vînt remercier.

DON JUAN.

Et pourquoi non? Par quelle raison n'aurois-tu pas les mêmes priviléges qu'ont tous les autres médecins? Ils n'ont pas plus de part que toi aux guérisons des malades, et tout leur art est pure grimace. Ils ne font rien que recevoir la gloire des heureux succès ; et tu peux profiter, comme eux, du bonheur du malade, et voir attribuer à tes remèdes tout ce qui peut venir des faveurs du hasard et des forces de la nature.

SGANARELLE.

Comment, monsieur, vous êtes aussi impie en médecine?

DON JUAN.

C'est une des grandes erreurs qui soient parmi les hommes.

SGANARELLE.

Quoi! vous ne croyez pas au séné, ni à la casse, ni au vin émétique.

DON JUAN.

Et pourquoi veux-tu que j'y croie?

SGANARELLE.

Vous avez l'âme bien mécréante. Cependant vous voyez, depuis un temps, que le vin émétique fait bruire ses fuseaux. Ses miracles ont converti les plus incrédules esprits; et il n'y a pas trois semaines que j'en ai vu, moi qui vous parle, un effet merveilleux.

DON JUAN.

Et quel?

SGANARELLE.

Il y avoit un homme qui, depuis six jours, étoit à l'agonie; on ne savoit plus que lui ordonner, et tous les remèdes ne faisoient rien; on s'avisa enfin de lui donner de l'émétique.

DON JUAN.

Il réchappa, n'est-ce pas?

SGANARELLE.

Non, il mourut.

DON JUAN.

L'effet est admirable.

SGANARELLE.

Comment! il y avoit six jours entiers qu'il ne pouvoit mourir, et cela le fit mourir tout d'un coup. Voulez-vous rien de plus efficace?

DON JUAN.

Tu as raison.

SGANARELLE.

Mais laissons là la médecine, où vous ne croyez point, et parlons des autres choses; car cet habit me donne de l'esprit, et je me sens en humeur de disputer contre vous. Vous savez bien que vous me permettez les disputes, et que vous ne me défendez que les remontrances.

DON JUAN.

Eh bien?

SGANARELLE.

Je veux savoir un peu vos pensées à fond. Est-il possible que vous ne croyiez point du tout au ciel?

DON JUAN.

Laissons cela.

SGANARELLE.

C'est-à-dire que non. Et à l'enfer ?

DON JUAN.

Eh !

SGANARELLE.

Tout de même. Et au diable, s'il vous plaît ?

DON JUAN.

Oui, oui.

SGANARELLE.

Aussi peu. Ne croyez-vous point à l'autre vie ?

DON JUAN.

Ah ! ah ! ah !

SGANARELLE.

Voilà un homme que j'aurai bien de la peine à convertir. Et dites-moi un peu, le moine bourru, qu'en croyez-vous ? eh ?

DON JUAN.

La peste soit du fat !

SGANARELLE.

Et voilà ce que je ne puis souffrir ; car il n'y a rien de plus vrai que le moine bourru, et je me ferois pendre pour celui-là. Mais encore faut-il croire quelque chose dans le monde. Qu'est-ce donc que vous croyez ?

DON JUAN.

Ce que je crois ?

SGANARELLE.

Oui.

DON JUAN.

Je crois que deux et deux sont quatre, Sganarelle, et que quatre et quatre sont huit.

SGANARELLE.

La belle croyance et les beaux articles de foi que voilà ! Votre religion, à ce que je vois, est donc l'arithmétique ? Il faut avouer qu'il se met d'étranges folies dans la tête des hommes, et que, pour avoir bien étudié, on est bien moins sage le plus souvent. Pour moi, monsieur, je n'ai point étudié comme vous, Dieu merci, et personne ne sauroit se vanter de m'avoir jamais rien appris ; mais avec mon petit sens, mon petit jugement, je vois les choses mieux que tous les livres, et je comprends fort bien que ce monde que nous voyons n'est pas un champignon qui soit venu tout seul en une nuit. Je voudrois bien vous demander qui a fait ces arbres-là, ces rochers, cette terre, et ce ciel que voilà là-haut; et si tout cela s'est bâti de lui-même. Vous voilà, vous, par exemple, vous êtes là; est-ce que vous vous êtes fait tout seul; et n'a-t-il pas fallu que votre père ait engrossé votre mère pour vous faire? Pouvez-vous voir toutes les inventions dont la machine de l'homme est composée, sans admirer de quelle façon cela est agencé l'un dans l'autre? Ces nerfs, ces os, ces veines ces artères, ces... ce poumon, ce cœur, ce foie, et tous ces autres ingrédients qui sont là, et qui... Oh! dame, interrompez-moi donc, si vous voulez. Je ne saurois disputer si l'on ne m'interrompt. Vous vous taisez exprès, et me laissez parler par belle malice.

DON JUAN.
J'attends que ton raisonnement soit fini.

SGANARELLE.
Mon raisonnement est qu'il y a quelque chose d'admirable dans l'homme, quoi que vous puissiez dire, que tous les savants ne sauroient expliquer. Cela n'est-il pas merveilleux que me voilà ici, et que j'aie quelque chose dans la tête qui pense cent choses différentes en un moment, et fais de mon corps tout ce qu'elle veut? Je veux frapper des mains, hausser le bras, lever les yeux au ciel, baisser la tête, remuer les pieds, aller à droite, à gauche, en avant, en arrière, tourner... (Il se laisse tomber en tournant.)

DON JUAN.
Bon! voilà ton raisonnement qui a le nez cassé.

SGANARELLE.
Morbleu! je suis bien sot de m'amuser à raisonner avec vous; croyez ce que vous voudrez: il m'importe bien que vous soyez damné!

DON JUAN.
Mais, tout en raisonnant, je crois que nous sommes égarés. Appelle un peu cet homme que voilà là-bas pour lui demander le chemin.

## SCÈNE II
### DON JUAN, SGANARELLE, UN PAUVRE.

SGANARELLE.
Holà! ho! l'homme! ho! mon compère! ho! l'ami! un petit mot, s'il vous plaît? Enseignez-nous un peu le chemin qui mène à la ville.

LE PAUVRE.

Vous n'avez qu'à suivre cette route, messieurs, et détourner à main droite quand vous serez au bout de la forêt; mais je vous donne avis que vous devez vous tenir sur vos gardes, et que, depuis quelque temps, il y a des voleurs ici autour.

DON JUAN.

Je te suis obligé, mon ami, et je te rends grâce de tout mon cœur.

LE PAUVRE.

Si vous vouliez me secourir, monsieur, de quelque aumône?

DON JUAN.

Ah! ah! ton avis est intéressé, à ce que je vois.

LE PAUVRE.

Je suis un pauvre homme, monsieur, retiré tout seul dans ce bois depuis dix ans, et je ne manquerai pas de prier le ciel qu'il vous donne toute sorte de biens.

DON JUAN.

Eh! prie le ciel qu'il te donne un habit, sans te mettre en peine des affaires des autres.

SGANARELLE.

Vous ne connoissez pas monsieur, bonhomme: il ne croit qu'en deux et deux sont quatre, et en quatre et quatre sont huit.

DON JUAN.

Quelle est ton occupation parmi ces arbres?

LE PAUVRE.

De prier le ciel tout le jour pour la prospérité des gens de bien qui me donnent quelque chose.

DON JUAN.

Il ne se peut donc pas que tu sois bien à ton aise?

LE PAUVRE.

Hélas! monsieur, je suis dans la plus grande nécessité du monde.

DON JUAN.

Tu te moques: un homme qui prie le ciel tout le jour ne peut pas manquer d'être bien dans ses affaires.

LE PAUVRE.

Je vous assure, monsieur, que le plus souvent je n'ai pas un morceau de pain à mettre sous les dents.

DON JUAN.

Voilà qui est étrange, et tu es bien mal reconnu

de tes soins. Ah! ah! je m'en vais te donner un louis d'or tout à l'heure, pourvu que tu veuilles jurer.

LE PAUVRE.

Ah! monsieur, voudriez-vous que je commisse un tel péché.

DON JUAN.

Tu n'as qu'à voir si tu veux gagner un louis d'or, ou non ; en voici un que je te donne, si tu jures. Tiens. Il faut jurer.

LE PAUVRE.

Monsieur...

DON JUAN.

A moins de cela, tu ne l'auras pas.

SGANARELLE.

Va, va, jure un peu; il n'y a pas de mal.

DON JUAN.

Prends, le voilà, prends, te dis-je ; mais jure donc.

LE PAUVRE.

Non, monsieur, j'aime mieux mourir de faim.

DON JUAN.

Va, va, je te le donne pour l'amour de l'humanité. (Regardant dans la forêt.) Mais que vois-je là ? un homme attaqué par trois autres ! La partie est par trop inégale, et je ne dois pas souffrir cette lâcheté (Il met l'épée à la main, et court au lieu du combat.)

## SCÈNE III

SGANARELLE, seul.

Mon maître est un vrai enragé d'aller se présenter à un péril qui ne le cherche pas. Mais, ma foi, le secours a servi, et les deux ont fait fuir les trois.

## SCÈNE IV

DON JUAN, DON CARLOS; SGANARELLE, au fond du théâtre.

DON CARLOS, remettant son épée.

On voit, par la fuite de ces voleurs, de quel secours est votre bras. Souffrez, monsieur, que je vous rende grâces d'une action si généreuse, et que...

DON JUAN.

Je n'ai rien fait, monsieur, que vous n'eussiez fait en ma place. Notre propre honneur est intéressé dans de pareilles aventures ; et l'action de ces coquins étoit si lâche, que c'eût été y prendre part que de ne pas s'y opposer. Mais par quelle rencontre vous êtes-vous trouvé entre leurs mains ?

DON CARLOS.

Je m'étois, par hasard, égaré d'un frère et de tous ceux de notre suite ; et, comme je cherchois à les rejoindre, j'ai fait rencontre de ces voleurs, qui d'abord ont tué mon cheval, et qui, sans votre valeur, en auroient fait autant de moi.

DON JUAN.

Votre dessein est-il d'aller du côté de la ville ?

DON CARLOS.

Oui, mais sans y vouloir entrer ; et nous nous voyons obligés, mon frère et moi, à tenir la campagne pour une de ces fâcheuses affaires qui réduisent les gentilshommes à se sacrifier eux et leur famille à la sévérité de leur honneur, puisque enfin le plus doux succès en est toujours funeste, et que, si l'on ne quitte point la vie, on est contraint de quitter le royaume ; et c'est en quoi je trouve la condition d'un gentilhomme malheureuse de ne pouvoir point s'assurer sur toute la prudence et toute l'honnêteté de sa conduite, d'être asservi par les lois de l'honneur au dérèglement de la conduite d'autrui ; et de voir sa vie, son repos et ses biens dépendre de la fantaisie du premier téméraire qui s'avisera de lui faire une de ces injures pour qui un honnête homme doit périr.

DON JUAN.

On a cet avantage qu'on fait courir le même risque et passer mal aussi le temps à ceux qui prennent fantaisie de nous venir faire une offense de gaieté de cœur. Mais ne seroit-ce point une indiscrétion que de vous demander quelle peut être votre affaire ?

DON CARLOS.

La chose en est aux termes de n'en plus faire de secret ; et lorsque l'injure a une fois éclaté, notre honneur ne va point à vouloir cacher notre honte, mais à faire éclater notre vengeance, et à publier même le dessein que nous en avons. Ainsi, monsieur, je ne feindrai point de vous dire que l'offense que nous cherchons à venger est une sœur séduite et enlevée d'un couvent, et que l'auteur de cette offense est un don Juan Tenorio, fils de don Louis Tenorio. Nous le cherchons depuis quelques jours, et nous l'avons suivi ce matin sur le rapport d'un valet qui nous a dit qu'il sortoit à cheval, accompagné de quatre ou cinq, et qu'il avoit pris le long de cette côte ; mais tous nos soins ont été inutiles, et nous n'avons pu découvrir ce qu'il est devenu.

DON JUAN.

Le connoissez-vous, monsieur, ce don Juan dont vous parlez?

DON CARLOS.

Non, quant à moi. Je ne l'ai jamais vu, et je l'ai seulement ouï dépeindre à mon frère; mais la renommée n'en dit pas force bien, et c'est un homme dont la vie...

DON JUAN.

Arrêtez, monsieur, s'il vous plaît. Il est un peu de mes amis, et ce seroit à moi une espèce de lâcheté que d'en ouïr dire du mal.

DON CARLOS.

Pour l'amour de vous, monsieur, je n'en dirai rien du tout, et c'est bien la moindre chose que je vous doive, après m'avoir sauvé la vie, que de me taire devant vous d'une personne que vous connoissez, lorsque je ne puis en parler sans en dire du mal; mais, quelque ami que vous lui soyez, j'ose espérer que vous n'approuverez pas son action, et ne trouverez pas étrange que nous cherchions d'en prendre la vengeance.

DON JUAN.

Au contraire, je veux vous y servir, et vous épargner des soins inutiles. Je suis ami de don Juan, je ne puis m'en empêcher; mais il n'est pas raisonnable qu'il offense impunément des gentilshommes, et je m'engage à vous faire faire raison par lui.

DON CARLOS.

Et quelle raison peut-on faire à ces sortes d'injures?

DON JUAN.

Toute celle que votre honneur peut souhaiter; et, sans vous donner la peine de chercher don Juan davantage, je m'oblige de le faire trouver au lieu que vous voudrez, et quand il vous plaira.

DON CARLOS.

Cet espoir est bien doux, monsieur, à des cœurs offensés; mais, après ce que je vous dois, ce me seroit une trop sensible douleur que vous fussiez de la partie.

DON JUAN.

Je suis si attaché à don Juan qu'il ne sauroit se battre que je ne me batte aussi; mais enfin j'en réponds comme de moi-même, et vous n'avez qu'à dire quand vous voulez qu'il paroisse et vous donne satisfaction.

DON CARLOS.

Que ma destinée est cruelle! Faut-il que je vous doive la vie et que don Juan soit de vos amis!

## SCÈNE V

DON ALONSE, DON CARLOS, DON JUAN, SGANARELLE.

DON ALONSE, parlant à ceux de sa suite, sans voir don Carlos et don Juan.

Faites boire là mes chevaux, et qu'on les amène après nous; je veux un peu marcher à pied (Les apercevant tous deux.) O ciel! que vois-je ici? Quoi! mon frère, vous voilà avec notre ennemi mortel!

DON CARLOS.

Notre ennemi mortel?

DON JUAN, mettant la main sur la garde de son épée.

Oui, je suis don Juan moi-même, et l'avantage du nombre ne m'obligera pas à vouloir déguiser mon nom.

DON ALONSE, mettant l'épée à la main.

Ah! traître, il faut que tu périsses; et... (Sganarelle court se cacher.)

DON CARLOS.

Ah! mon frère, arrêtez. Je lui suis redevable de la vie; et, sans le secours de son bras, j'aurois été tué par des voleurs que j'ai trouvés.

DON ALONSE.

Et voulez-vous que cette considération empêche notre vengeance? Tous les services que nous rend une main ennemie ne sont d'aucun mérite pour engager notre âme; et, s'il faut mesurer l'obligation à l'injure, votre reconnoissance, mon frère, est ici ridicule; et comme l'honneur est infiniment plus précieux que la vie, c'est ne rien devoir proprement, que d'être redevable de la vie à qui nous a ôté l'honneur.

DON CARLOS.

Je sais la différence, mon frère, qu'un gentilhomme doit toujours mettre entre l'un et l'autre; et la reconnoissance de l'obligation n'efface point en moi le ressentiment de l'injure; mais souffrez que je lui rende ici ce qu'il m'a prêté, que je m'acquitte sur-le-champ de la vie que je lui dois, par un délai de notre vengeance, et lui laisse la liberté de jouir, durant quelques jours, du fruit de son bienfait.

DON ALONSE.

Non, non, c'est hasarder notre vengeance que de la reculer, et l'occasion de la prendre ne peut plus revenir. Le ciel nous l'offre ici, c'est à nous d'en profiter. Lorsque l'honneur est blessé mortellement, on ne doit point songer à garder aucunes mesures ; et, si vous répugnez à prêter votre bras à cette action, vous n'avez qu'à vous retirer, et laisser à ma main la gloire d'un tel sacrifice.

DON CARLOS.

De grâce, mon frère...

DON ALONSE.

Tous ces discours sont superflus : il faut qu'il meure.

DON CARLOS.

Arrêtez, vous dis-je, mon frère. Je ne souffrirai point du tout qu'on attaque ses jours ; et je jure le ciel que je le défendrai ici contre qui que ce soit, et je saurai lui faire un rampart de cette même vie qu'il a sauvée ; et, pour adresser vos coups, il faudra que vous me perciez.

DON ALONSE.

Quoi ! vous prenez le parti de notre ennemi contre moi ; et loin d'être saisi à son aspect des mêmes transports que je sens, vous faites voir pour lui des sentiments pleins de douceur !

DON CARLOS.

Mon frère, montrons de la modération dans une action légitime ; et ne vengeons point notre honneur avec cet emportement que vous témoignez. Ayons du cœur dont nous soyons les maîtres, une valeur qui n'ait rien de farouche, et qui se porte aux choses par une pure délibération de notre raison, et non point par le mouvement d'une aveugle colère. Je ne veux point, mon frère, demeurer redevable à mon ennemi ; je lui ai une obligation dont il faut que je m'acquitte avant toute chose. Notre vengeance, pour être différée, n'en sera pas moins éclatante ; au contraire, elle en tirera de l'avantage ; et cette occasion de l'avoir pu prendre la fera paroître plus juste aux yeux de tout le monde.

DON ALONSE.

Oh ! l'étrange foiblesse et l'aveuglement effroyable,

de hasarder ainsi les intérêts de son honneur pour la ridicule pensée d'une obligation chimérique !
### DON CARLOS.
Non, mon frère, ne vous mettez pas en peine. Si je fais une faute, je saurai bien la réparer, et je me charge de tout le soin de notre honneur; je sais à quoi il nous oblige, et cette suspension d'un jour, que ma reconnoissance lui demande, ne fera qu'augmenter l'ardeur que j'ai de le satisfaire. Don Juan, vous voyez que j'ai soin de vous rendre le bien que j'ai reçu de vous, et vous devez par là juger du reste, croire que je m'acquitte avec la même chaleur de ce que je dois, et que je ne serai pas moins exact à vous payer l'injure que le bienfait. Je ne veux point vous obliger ici à expliquer vos sentiments, et je vous donne la liberté de penser à loisir aux résolutions que vous avez à prendre. Vous connoissez assez la grandeur de l'offense que vous nous avez faite, et je vous fais juge vous-même des réparations qu'elle demande. Il est des moyens doux pour nous satisfaire ; il en est de violents et de sanglants : mais enfin, quelque choix que vous fassiez, vous m'avez donné parole de me faire faire raison par don Juan. Songez à me la faire, je vous prie, et vous ressouvenez que, hors d'ici, je ne dois plus qu'à mon honneur.
### DON JUAN.
Je n'ai rien exigé de vous, et vous tiendrai ce que j'ai promis.
### DON CARLOS.
Allons, mon frère; un moment de douceur ne fait aucune injure à la sévérité de notre devoir.
## SCÈNE VI
### DON JUAN, SGANARELLE.
### DON JUAN.
Holà ! hé ! Sganarelle !

SGANARELLE, sortant de l'endroit où il étoit caché.

Plaît-il ?
### DON JUAN.
Comment ! coquin, tu fuis quand on m'attaque !
### SGANARELLE.
Pardonnez-moi, monsieur, je viens seulement d'ici près. Je crois que cet habit est purgatif et que c'est prendre médecine que de le porter.
### DON JUAN.
Peste soit de l'insolent ! Couvre au moins ta pol-

tronnerie d'un voile plus honnête. Sais-tu bien qui est celui à qui j'ai sauvé la vie?

SGANARELLE.

Moi? non.

DON JUAN.

C'est un frère d'Elvire.

SGANARELLE.

Un...

DON JUAN.

Il est assez honnête homme, il en a bien usé, et j'ai regret d'avoir démêlé avec lui.

SGANARELLE.

Il vous seroit aisé de pacifier toutes choses..

DON JUAN.

Oui; mais ma passion est usée pour done Elvire, et l'engagement ne compatit point avec mon humeur. J'aime la liberté en amour, tu le sais, et je ne saurois me résoudre à renfermer mon cœur entre quatre murailles. Je te l'ai dit vingt fois, j'ai une pente naturelle à me laisser aller à tout ce qui m'attire. Mon cœur est à toutes les belles, et c'est à elles à le prendre tour à tour, et à le garder tant qu'elles le pourront. Mais quel est le superbe édifice que je vois entre ces arbres?

SGANARELLE.

Vous ne le savez pas?

DON JUAN.

Non, vraiment.

SGANARELLE.

Bon; c'est le tombeau que le commandeur faisoit faire lorsque vous le tuâtes.

DON JUAN.

Ah! tu as raison. Je ne savois pas que c'étoit de ce côté-ci, qu'il étoit. Tout le monde m'a dit des merveilles de cet ouvrage, aussi bien que de la statue du commandeur; et j'ai envie de l'aller voir.

SGANARELLE.

Monsieur, n'allez point là!

DON JUAN.

Pourquoi?

SGANARELLE.

Cela n'est pas civil, d'aller voir un homme que vous avez tué.

DON JUAN.

Au contraire, c'est une visite dont je lui veux faire

civilité, et qu'il doit recevoir de bonne grâce, s'il est
galant homme. Allons, entrons dedans. (Le tombeau
s'ouvre, et l'on voit la statue du commandeur.)

SGANARELLE.

Ah! que cela est beau! les belles statues! le beau
marbre! les beaux piliers! Ah! que cela est beau!
Qu'en dites-vous, monsieur?

DON JUAN.

Qu'on ne peut voir aller plus loin l'ambition d'un
homme mort; et ce que je trouve admirable, c'est
qu'un homme qui s'est passé durant sa vie d'une assez
simple demeure, en veuille avoir une si magnifique
pour quand il n'en a plus que faire.

SGANARELLE.

Voici la statue du commandeur.

DON JUAN.

Parbleu! le voilà bon, avec son habit d'empereur
romain.

SGANARELLE.

Ma foi, monsieur, voilà qui est bien fait. Il semble
qu'il est en vie, et qu'il s'en va parler. Il jette des
regards sur nous qui me feroient peur si j'étois tout
seul, et je pense qu'il ne prend pas plaisir de nous
voir.

DON JUAN.

Il auroit tort; et ce seroit mal recevoir l'honneur
que je lui fais. Demande-lui s'il veut venir souper
avec moi.

SGANARELLE.

C'est une chose dont il n'a pas besoin, je crois.

DON JUAN.

Demande-lui, te dis-je.

SGANARELLE.

Vous moquez-vous! ce seroit être fou que d'aller
parler à une statue.

DON JUAN.

Fais ce que je te dis.

SGANARELLE.

Quelle bizarrerie! Seigneur commandeur... (A part.)
Je ris de ma sottise; mais c'est mon maître qui me la
fait faire. (Haut.) Seigneur commandeur, mon maître
don Juan vous demande si vous voulez lui faire
l'honneur de venir souper avec lui. (La statue baisse la
tête.) Ah!

DON JUAN.
Qu'est-ce ? qu'as-tu ? Dis donc ! Veux-tu parler ?
SGANARELLE, baissant la tête comme la statue.
La statue...
DON JUAN.
Eh bien, que veux-tu dire, traître ?
SGANARELLE.
Je vous dis que la statue...
DON JUAN.
Eh bien, la statue ! Je t'assomme si tu ne parles.
SGANARELLE.
La statue m'a fait signe.
DON JUAN.
La peste le coquin !
SGANARELLE.
Elle m'a fait signe, vous dis-je ; il n'est rien de plus vrai. Allez-vous-en lui parler vous-même pour voir. Peut-être...
DON JUAN.
Viens, maraud, viens. Je te veux bien faire toucher au doigt ta poltronnerie. Prends garde. Le seigneur commandeur voudroit-il venir souper avec moi ? (La statue baisse encore la tête.)
SGANARELLE.
Je ne voudrois pas en tenir dix pistoles. Eh bien, monsieur ?
DON JUAN.
Allons, sortons d'ici.
SGANARELLE, seul.
Voilà de mes esprits forts, qui ne veulent rien croire.

## ACTE QUATRIÈME

Le théâtre représente l'appartement de don Juan.

### SCÈNE I
DON JUAN, SGANARELLE, RAGOTIN.
DON JUAN, à Sganarelle.

Quoi qu'il en soit, laissons cela : c'est une bagatelle, et nous pouvons avoir été trompés par un faux jour, ou surpris de quelque vapeur qui nous ait troublé la vue.

SGANARELLE.

Eh ! monsieur, ne cherchez point à démentir ce que nous avons vu des yeux que voilà. Il n'est rien de plus véritable que ce signe de tête ; et je ne doute point que le ciel, scandalisé de votre vie, n'ait produit ce miracle pour vous convaincre, et pour vous retirer de...

DON JUAN.

Écoute. Si tu m'importunes davantage de tes sottes moralités, si tu me dis encore le moindre mot là-dessus, je vais appeler quelqu'un, demander un nerf de bœuf, te faire tenir par trois ou quatre, et te rouer de mille coups. M'entends-tu bien ?

SGANARELLE.

Fort bien, monsieur, le mieux du monde. Vous vous expliquez clairement ; c'est ce qu'il y a de bon en vous, que vous n'allez point chercher de détours ; vous dites les choses avec une netteté admirable.

DON JUAN.

Allons, qu'on me fasse souper le plus tôt que l'on pourra. Une chaise, petit garçon.

## SCÈNE II
DON JUAN, SGANARELLE, LA VIOLETTE, RAGOTIN.

LA VIOLETTE.

Monsieur, voilà votre marchand, monsieur Dimanche, qui demande à vous parler.

SGANARELLE.

Bon. Voilà ce qu'il nous faut, un compliment de créancier ! De quoi s'avise-t-il de nous venir demander de l'argent ; et que ne lui disois-tu que monsieur n'y est pas ?

LA VIOLETTE.

Il y a trois quarts d'heure que je lui dis ; mais il ne veut pas le croire, et s'est assis là dedans pour attendre.

SGANARELLE.

Qu'il attende tant qu'il voudra.

DON JUAN.

Non, au contraire, faites-le entrer. C'est une fort mauvaise politique que de se faire celer aux créanciers. Il est bon de les payer de quelque chose ; et j'ai le secret de les renvoyer satisfaits sans leur donner un double.

## SCÈNE III
DON JUAN, MONSIEUR DIMANCHE, SGANARELLE, LA VIOLETTE, RAGOTIN.

DON JUAN.

Ah ! monsieur Dimanche, approchez. Que je suis

ravi de vous voir, et que je veux de mal à mes gens de ne vous pas faire entrer d'abord ! J'avois donné ordre qu'on ne me fît parler à personne; mais cet ordre n'est pas pour vous, et vous êtes en droit de ne trouver jamais de porte fermée chez moi.
MONSIEUR DIMANCHE.
Monsieur, je vous suis obligé.
DON JUAN, parlant à la Violette et à Ragotin.
Parbleu ! coquins, je vous apprendrai à laisser monsieur Dimanche dans une antichambre, et je vous ferai connoître les gens.
MONSIEUR DIMANCHE.
Monsieur, cela n'est rien.
DON JUAN, à monsieur Dimanche.
Comment ! vous dire que je n'y suis pas, à monsieur Dimanche, au meilleur de mes amis !
MONSIEUR DIMANCHE.
Monsieur, je suis votre serviteur. J'étois venu...
DON JUAN.
Allons, vite, un siége pour monsieur Dimanche.
MONSIEUR DIMANCHE.
Monsieur, je suis bien comme cela.
DON JUAN.
Point, point, je veux que vous soyez assis contre moi.
MONSIEUR DIMANCHE.
Cela n'est point nécessaire.
DON JUAN.
Otez ce pliant, et apportez un fauteuil.
MONSIEUR DIMANCHE.
Monsieur, vous vous moquez ; et..
DON JUAN.
Non, non, je sais ce que je vous dois ; et je ne veux point qu'on mette de différence entre nous deux.
MONSIEUR DIMANCHE.
Monsieur...
DON JUAN.
Allons, asseyez-vous.
MONSIEUR DIMANCHE.
Il n'est pas besoin, monsieur, et je n'ai qu'un mot à vous dire. J'étois...
DON JUAN.
Mettez-vous là, vous dis-je.
MONSIEUR DIMANCHE.
Non, monsieur, je suis bien... Je viens pour...

DON JUAN.
Non, je ne vous écoute point, si vous n'êtes assis.
MONSIEUR DIMANCHE.
Monsieur, je fais ce que vous voulez. Je...
DON JUAN.
Parbleu ! monsieur Dimanche, vous vous portez bien ?
MONSIEUR DIMANCHE.
Oui, monsieur, pour vous rendre service. Je suis venu...
DON JUAN.
Vous avez un fonds de santé admirable, des lèvres fraîches, un teint vermeil, et des yeux vifs.
MONSIEUR DIMANCHE.
Je voudrois bien...
DON JUAN.
Comment se porte madame Dimanche, votre épouse?
MONSIEUR DIMANCHE.
Fort bien, monsieur, Dieu merci.
DON JUAN.
C'est une brave femme.
MONSIEUR DIMANCHE.
Elle est votre servante, monsieur. Je venois...
DON JUAN.
Et votre petite fille Claudine, comment se porte-t-elle?
MONSIEUR DIMANCHE.
Le mieux du monde ?
DON JUAN.
La jolie petite fille que c'est ! je l'aime de tout mon cœur.
MONSIEUR DIMANCHE.
C'est trop d'honneur que vous lui faites, monsieur... Je vous...
DON JUAN.
Et le petit Colin, fait-il toujours bien du bruit avec son tambour ?
MONSIEUR DIMANCHE.
Toujours de même, monsieur. Je...
DON JUAN.
Et votre petit chien Brusquet, gronde-t-il toujours aussi fort, et mord-il toujours bien aux jambes les gens qui vont chez vous ?

MONSIEUR DIMANCHE.
Plus que jamais, monsieur, et nous ne saurions en chevir.
DON JUAN.
Ne vous étonnez pas si je m'informe des nouvelles de toute la famille ; car j'y prends beaucoup d'intérêt.
MONSIEUR DIMANCHE.
Nous vous sommes, monsieur, infiniment obligé. Je...
DON JUAN, lui tendant la main.
Touchez donc là, monsieur Dimanche. Êtes-vous bien de mes amis ?
MONSIEUR DIMANCHE.
Monsieur, je suis votre serviteur.
DON JUAN.
Parbleu ! je suis à vous de tout mon cœur.
MONSIEUR DIMANCHE.
Vous m'honorez trop. Je...
DON JUAN.
Il n'y a rien que je ne fisse pour vous.
MONSIEUR DIMANCHE.
Monsieur, vous avez trop de bonté pour moi.
DON JUAN.
Et cela est sans intérêt, je vous prie de le croire.
MONSIEUR DIMANCHE.
Je n'ai point mérité cette grâce, assurément. Mais, monsieur...
DON JUAN.
Oh ça, monsieur Dimanche, sans façon, voulez-vous souper avec moi ?
MONSIEUR DIMANCHE.
Non, monsieur, il faut que je m'en retourne tout à l'heure. Je...
DON JUAN, se levant.
Allons, vite un flambeau, pour conduire monsieur Dimanche ; et que quatre ou cinq de mes gens prennent des mousquetons pour l'escorter.
MONSIEUR DIMANCHE, se levant.
Monsieur, il n'est pas nécessaire, et je m'en irai bien tout seul. Mais.... (Sganarelle ôte les sièges promptement.)
DON JUAN.
Comment ? Je veux qu'on vous escorte, et je m'intéresse trop à votre personne. Je suis votre serviteur, et, de plus, votre débiteur.

MONSIEUR DIMANCHE.
Ah ! monsieur...
DON JUAN.
C'est une chose que je ne cache pas, et je le dis à tout le monde.
MONSIEUR DIMANCHE.
Si...
DON JUAN.
Voulez-vous que je vous reconduise ?
MONSIEUR DIMANCHE.
Ah ! monsieur, vous vous moquez ! Monsieur...
DON JUAN.
Embrassez-moi donc, s'il vous plaît. Je vous prie encore une fois d'être persuadé que je suis tout à vous et qu'il n'y a rien au monde que je ne fisse pour votre service. (Il sort.)

## SCÈNE IV
MONSIEUR DIMANCHE, SGANARELLE.
SGANARELLE.
Il faut avouer que vous avez en monsieur un homme qui vous aime bien.
MONSIEUR DIMANCHE.
Il est vrai ; il me fait tant de civilités et tant de compliments, que je ne saurois jamais lui demander de l'argent
SGANARELLE.
Je vous assure que toute sa maison périroit pour vous ; et je voudrois qu'il vous arrivât quelque chose, que quelqu'un s'avisât de vous donner des coups de bâton, vous verriez de quelle manière...
MONSIEUR DIMANCHE.
Je le crois ; mais, Sganarelle, je vous prie de lui dire un petit mot de mon argent.
SGANARELLE.
Oh ! ne vous mettez pas en peine, il vous payera le mieux du monde.
MONSIEUR DIMANCHE.
Mais vous, Sganarelle, vous me devez quelque chose en votre particulier
SGANARELLE.
Fi ! ne me parlez pas de cela.
MONSIEUR DIMANCHE.
Comment ? Je...

SGANARELLE.
Ne sais-je pas bien ce que je vous dois?
MONSIEUR DIMANCHE.
Oui, mais...
SGANARELLE.
Allons, monsieur Dimanche, je vais vous éclairer.
MONSIEUR DIMANCHE.
Mais mon argent ?
SGANARELLE, prenant monsieur Dimanche par le bras.
Vous moquez-vous ?
MONSIEUR DIMANCHE.
Je veux...
SGANARELLE, le tirant.
Eh !
MONSIEUR DIMANCHE.
J'entends...
SGANARELLE, le poussant vers la porte.
Bagatelles !
MONSIEUR DIMANCHE.
Mais...
SGANARELLE, le poussant encore.
Fi !
MONSIEUR DIMANCHE.
Je...
SGANARELLE, le poussant tout à fait hors du théâtre.
Fi ! vous dis-je.

## SCÈNE V
DON JUAN, SGANARELLE, LA VIOLETTE.
LA VIOLETTE, à don Juan.
Monsieur, voilà monsieur votre père.
DON JUAN.
Ah ! me voici bien ! Il me falloit cette visite pour me faire enrager.

## SCÈNE VI
DON LOUIS, DON JUAN, SGANARELLE.
DON LOUIS.
Je vois bien que je vous embarrasse, et que vous vous passeriez fort aisément de ma vue. A dire vrai, nous nous incommodons étrangement l'un l'autre ; et, si vous êtes las de me voir, je suis bien las aussi de vos déportements. Hélas ! que nous savons peu ce que nous faisons, quand nous ne laissons pas au ciel le soin des choses qu'il nous faut, quand nous voulons être plus avisés que lui, et que nous venons à l'importuner par nos souhaits aveugles et nos demandes inconsidérées ! J'ai souhaité un fils avec des

ardeurs non pareilles, je l'ai demandé sans relâche avec des transports incroyables ; et ce fils, que j'obtiens en fatiguant le ciel de vœux, et le chagrin et le supplice de cette vie même dont je croyois qu'il devoit être la joie et la consolation. De quel œil, à votre avis, pensez-vous que je puisse voir cet amas d'actions indignes, dont on n'a peine, aux yeux du monde, d'adoucir le mauvais visage ; cette suite continuelle de méchantes affaires, qui nous réduisent à toute heure à lasser les bontés du souverain, et qui ont épuisé auprès de lui le mérite de mes services et le crédit de mes amis ? Ah ! quelle bassesse est la vôtre ! Ne rougissez-vous point de mériter si peu votre naissance ? Êtes-vous en droit, dites-moi, d'en tirer quelque vanité ? Et qu'avez-vous fait dans le monde pour être gentilhomme ? Croyez-vous qu'il suffise d'en porter le nom et les armes, et que ce ne soit une gloire d'être sortis d'un sang noble, lorsque nous vivons en infâmes ? Non, non, la naissance n'est rien où la vertu n'est pas. Aussi, nous n'avons part à la gloire de nos ancêtres qu'autant que nous nous efforçons de leur ressembler ; et cet éclat de leurs actions qu'ils répandent sur nous nous impose un engagement de leur faire le même honneur, de suivre les pas qu'ils nous tracent, et de ne point dégénérer de leur vertu, si nous voulons être estimés leurs véritables descendants. Ainsi vous descendez en vain des aïeux dont vous êtes né, ils vous désavouent pour leur sang, et tout ce qu'ils ont fait d'illustre ne vous donne aucun avantage ; au contraire, l'éclat n'en rejaillit sur vous qu'à votre déshonneur, et leur gloire est un flambeau qui éclaire aux yeux d'un chacun la honte de vos actions. Apprenez enfin qu'un gentilhomme qui vit mal est un monstre dans la nature ; que la vertu est le premier titre de noblesse ; que je regarde bien moins au nom qu'on signe qu'aux actions qu'on fait, et que je ferois plus d'état du fils d'un crocheteur qui seroit honnête homme, que du fils d'un monarque qui vivroit comme vous !

DON JUAN.

Monsieur, si vous étiez assis, vous seriez mieux pour parler.

DON LOUIS.

Non, insolent, je ne veux point m'asseoir, ni parler davantage, et je vois bien que toutes mes paroles ne font rien sur ton âme; mais sache, fils indigne, que la tendresse paternelle est poussée à bout par tes actions; que je saurai, plus tôt que tu penses, mettre une borne à tes dérèglements, prévenir sur toi le courroux du ciel, et laver, par ta punition, la honte de t'avoir fait naître.

## SCÈNE VII
### DON JUAN, SGANARELLE.

DON JUAN, adressant encore la parole à son père, quoiqu'il soit sorti.

Eh! mourez le plus tôt que vous pourrez, c'est le mieux que vous puissiez faire. Il faut que chacun ait son tour, et j'enrage de voir des pères qui vivent autant que leurs fils. (Il se met dans un fauteuil.)

### SGANARELLE.
Ah! monsieur, vous avez tort.

### DON JUAN, se levant.
J'ai tort!

### SGANARELLE, tremblant.
Monsieur...

### DON JUAN.
J'ai tort!

### SGANARELLE.
Oui, monsieur, vous avez tort d'avoir souffert ce qu'il vous a dit, et vous le deviez mettre dehors par les épaules. A-t-on jamais rien vu de plus impertinent? un père venir faire des remontrances à son fils, et lui dire de corriger ses actions, et de se ressouvenir de sa naissance, de mener une vie d'honnête homme, et cent autres sottises de pareille nature! Cela se peut-il souffrir à un homme comme vous, qui savez comme il faut vivre? J'admire votre patience, et, si j'avois été en votre place, je l'aurois envoyé promener. ( Bas, à part.) O complaisance maudite! à quoi me réduis-tu!

### DON JUAN.
Me fera-t-on souper bientôt?

## SCÈNE VIII
### DON JUAN, SGANARELLE, RAGOTIN.

### RAGOTIN.
Monsieur, voici une dame voilée qui vient vous parler.

### DON JUAN.
Que pourroit-ce être?

### SGANARELLE.
Il faut voir.

## SCÈNE IX

DONE ELVIRE, voilée; DON JUAN, SGANARELLE.

#### DONE ELVIRE.

Ne soyez point surpris, don Juan, de me voir à cette heure et dans cet équipage. C'est un motif pressant qui m'oblige à cette visite; et ce que j'ai à vous dire ne veut point du tout de retardement. Je ne viens point ici pleine de ce courroux que j'ai tantôt fait éclater; et vous me voyez bien changée de ce que j'étois ce matin. Ce n'est plus cette done Elvire qui faisoit des vœux contre vous, et dont l'âme irritée ne jetoit que menaces et ne respiroit que vengeance. Le ciel a banni de mon âme toutes ces indignes ardeurs que je sentois pour vous, tous ces transports tumultueux d'un attachement criminel, tous ces honteux emportements d'un amour terrestre et grossier; et il n'a laissé dans mon cœur pour vous qu'une flamme épurée de tout le commerce des sens, une tendresse sainte, un amour détaché de tout, qui n'agit point pour soi, et ne se met en peine que de votre intérêt.

#### DON JUAN, bas, à Sganarelle.

Tu pleures, je pense?

#### SGANARELLE.

Pardonnez-moi.

#### DONE ELVIRE.

C'est ce parfait et pur amour qui me conduit ici pour votre bien, pour vous faire part d'un avis du ciel, et tâcher de vous retirer du précipice où vous courez. Oui, don Juan, je sais tous les dérèglements de votre vie; et ce même ciel, qui m'a touché le cœur et fait jeter les yeux sur les égarements de ma conduite, m'a inspiré de vous venir trouver, et de vous dire de sa part que vos offenses ont épuisé sa miséricorde, que sa colère redoutable est prête de tomber sur vous, qu'il est en vous de l'éviter par un prompt repentir, et que peut-être vous n'avez pas encore un jour à vous pouvoir soustraire au plus grand de tous les malheurs. Pour moi, je ne tiens plus à vous par aucun attachement du monde. Je suis revenue, grâces au ciel, de toutes mes folles pensées; ma retraite est résolue, et je ne demande qu'assez de vie pour pouvoir expier la faute que j'ai faite, et mériter, par une austère pénitence, le pardon de l'aveuglement où m'ont plongée les transports d'une passion condamnable.

Mais, dans cette retraite, j'aurois une douleur extrême qu'une personne que j'ai chérie tendrement devînt un exemple funeste de la justice du ciel; et ce me sera une joie incroyable, si je puis vous porter à détourner de dessus votre tête l'épouvantable coup qui vous menace. De grâce, don Juan, accordez-moi, pour dernière faveur, cette douce consolation; ne me refusez point votre salut, que je vous demande avec larmes; et, si vous n'êtes point touché de votre intérêt, soyez-le au moins de mes prières, et m'épargnez le cruel déplaisir de vous voir condamner à des supplices éternels.

SGANARELLE, à part.

Pauvre femme!

DONE ELVIRE.

Je vous ai aimé avec une tendresse extrême, rien au monde ne m'a été aussi cher que vous; j'ai oublié mon devoir pour vous, j'ai fait toutes choses pour vous; et toute la récompense que je vous en demande, c'est de corriger votre vie, et de prévenir votre perte. Sauvez-vous, je vous prie, ou pour l'amour de vous, ou pour l'amour de moi. Encore une fois, don Juan, je vous le demande avec larmes; et, si ce n'est assez des larmes d'une personne que vous avez aimée, je vous en conjure par tout ce qui est le plus capable de vous toucher.

SGANARELLE, à part, regardant don Juan.

Cœur de tigre!

DONE ELVIRE.

Je m'en vais après ce discours; et voilà tout ce que j'avois à vous dire.

DON JUAN.

Madame, il est tard, demeurez ici. On vous y logera le mieux qu'on pourra.

DONE ELVIRE.

Non, don Juan, ne me retenez pas davantage.

DON JUAN.

Madame, vous me ferez plaisir de demeurer, je vous assure.

DONE ELVIRE.

Non, vous dis-je; ne perdons point de temps en discours superflus. Laissez-moi vite aller, ne faites aucune instance pour me conduire, et songez seulement à profiter de mon avis.

## SCÈNE X
### DON JUAN, SGANARELLE
#### DON JUAN.

Sais-tu bien que j'ai encore senti quelque peu d'émotion pour elle, que j'ai trouvé de l'agrément dans cette nouveauté bizarre, et que son habit négligé, son air languissant et ses larmes ont réveillé en moi quelques petits restes d'un feu éteint ?

#### SGANARELLE.

C'est-à-dire que ses paroles n'ont fait aucun effet sur vous.

#### DON JUAN.

Vite à souper.

#### SGANARELLE.

Fort bien.

## SCÈNE XI
### DON JUAN, SGANARELLE, LA VIOLETTE, RAGOTIN.
#### DON JUAN, se mettant à table.

Sganarelle, il faut songer à s'amender, pourtant.

#### SGANARELLE.

Oui-dà.

#### DON JUAN.

Oui, ma foi, il faut s'amender. Encore vingt ou trente ans de cette vie-ci, et puis nous songerons à nous.

#### SGANARELLE.

Oh !

#### DON JUAN.

Qu'en dis-tu ?

#### SGANARELLE.

Rien. Voilà le souper. (Il prend un morceau d'un des plats qu'on apporte, et le met dans sa bouche.)

#### DON JUAN.

Il me semble que tu as la joue enflée : qu'est-ce que c'est ? Parle donc. Qu'as-tu là ?

#### SGANARELLE.

Rien.

#### DON JUAN.

Montre un peu. Parbleu ! c'est une fluxion qui lui est tombée sur la joue. Vite une lancette pour percer cela ! le pauvre garçon n'en peut plus, et cet abcès le pourroit étouffer. Attends : voyez comme il étoit mûr ! Ah ! coquin que vous êtes !

#### SGANARELLE.

Ma foi, monsieur, je voulois savoir si votre cuisinier n'avoit point mis trop de sel ou trop de poivre.

DON JUAN.

Allons, mets-toi là et mange. J'ai affaire de toi, quand j'aurai soupé. Tu as faim, à ce que je vois.

SGANARELLE, se mettant à table.

Je le crois bien, monsieur, je n'ai point mangé depuis ce matin. Tâtez de cela, voilà qui est le meilleur du monde. (A Ragotin, qui à mesure que Sganarelle met quelque chose sur son assiette la lui ôte dès que Sganarelle tourne la tête.) Mon assiette, mon assiette ! Tout doux, s'il vous plaît ! Vertubleu ! petit compère, que vous êtes habile à donner des assiettes nettes ! Et vous, petit la Violette, que vous savez présenter à boire à propos ! (Pendant que la Violette donne à boire à Sganarelle, Ragotin ôte encore son assiette.)

DON JUAN.

Qui peut frapper de cette sorte ?

SGANARELLE.

Qui diable nous vient troubler dans notre repas ?

DON JUAN.

Je veux souper en repos, au moins, et qu'on ne laisse entrer personne.

SGANARELLE.

Laissez-moi faire, je m'y en vais moi-même.

DON JUAN, voyant venir Sganarelle effrayé.

Qu'est-ce donc ? qu'y a-t-il ?

SGANARELLE, baissant la tête comme la statue.

Le... qui est là.

DON JUAN.

Allons voir, et montrons que rien ne me sauroit ébranler.

SGANARELLE.

Ah ! pauvre Sganarelle, où te cacheras-tu ?

SCÈNE XII

DON JUAN, LA STATUE DU COMMANDEUR, SGANARELLE, LA VIOLETTE, RAGOTIN.

DON JUAN, à ses gens

Une chaise et un couvert. Vite donc. (Don Juan et la statue se mettent à table. A Sganarelle.) Allons, mets-toi à table.

SGANARELLE.

Monsieur, je n'ai plus faim.

DON JUAN.

Mets-toi là, te dis-je. A boire ! A la santé du commandeur ! Je te la porte, Sganarelle ! qu'on lui donne du vin !

SGANARELLE.

Monsieur, je n'ai pas soif.

DON JUAN.
Bois et chante ta chanson, pour régaler le commandeur.
SGANARELLE.
Je suis enrhumé, monsieur.
DON JUAN.
Il n'importe. Allons. (A ses gens.) Vous autres, venez, accompagnez sa voix.
LA STATUE.
Don Juan, c'est assez. Je vous invite à venir demain souper avec moi. En aurez-vous le courage ?
DON JUAN.
Oui, j'irai, accompagné du seul Sganarelle.
SGANARELLE.
Je vous rends grâces, il est demain jeûne pour moi.
DON JUAN, à Sganarelle.
Prends ce flambeau.
LA STATUE.
On n'a pas besoin de lumière quand on est conduit par le ciel.

# ACTE CINQUIÈME
Le théâtre représente une campagne.
## SCÈNE I
DON LOUIS, DON JUAN, SGANARELLE.
DON LOUIS.
Quoi ! mon fils, seroit-il possible que la bonté du ciel eût exaucé mes vœux ? Ce que vous me dites est-il bien vrai ? Ne m'abusez-vous point d'un faux espoir, et puis-je prendre quelque assurance sur la nouveauté surprenante d'une telle conversion?
DON JUAN.
Oui, vous me voyez revenu de toutes mes erreurs ; je ne suis plus le même de hier au soir, et le ciel tout d'un coup a fait en moi un changement qui va surprendre tout le monde. Il a touché mon âme et dessillé mes yeux ; et je regarde avec horreur le long aveuglement où j'ai été, et les désordres criminels de la vie que j'ai menée. J'en repasse dans mon esprit toutes les abominations, et m'étonne comme le ciel les a pu souffrir si longtemps, et n'a pas vingt fois sur ma tête laissé tomber les coups de sa justice redoutable. Je vois les grâces que sa bonté m'a faites en ne me punissant point de mes crimes, et je prétends en

profiter comme je dois, faire éclater aux yeux du monde un soudain changement de vie, réparer par là le scandale de mes actions passées, et m'efforcer d'en obtenir du ciel une pleine rémission. C'est à quoi je vais travailler ; et je vous prie, monsieur, de vouloir bien contribuer à ce dessein, et de m'aider vous-même à faire choix d'une personne qui me serve de guide, et sous la conduite de qui je puisse marcher sûrement dans le chemin où je m'en vais entrer.

DON LOUIS.

Ah! mon fils, que la tendresse d'un père est aisément rappelée, et que les offenses d'un fils s'évanouissent vite au moindre mot de repentir ! Je ne me souviens plus déjà de tous les déplaisirs que vous m'avez donnés, et tout est effacé par les paroles que vous venez de me faire entendre. Je ne me sens pas, je l'avoue ; je jette des larmes de joie ; tous mes vœux sont satisfaits, et je n'ai plus rien désormais à demander au ciel. Embrassez-moi, mon fils, et persistez, je vous conjure, dans cette louable pensée. Pour moi, j'en vais tout de ce pas porter l'heureuse nouvelle à votre mère, partager avec elle les doux transports du ravissement où je suis, et rendre grâces au ciel des saintes résolutions qu'il a daigné vous inspirer.

## SCÈNE II
DON JUAN, SGANARELLE.

SGANARELLE.

Ah! monsieur, que j'ai de joie de vous voir converti ! Il y a longtemps que j'attendois cela ; et voilà, grâces au ciel, tous mes souhaits accomplis.

DON JUAN.

La peste le benêt !

SGANARELLE.

Comment, le benêt !

DON JUAN.

Quoi ! tu prends pour de bon argent ce que je viens de dire, et tu crois que ma bouche étoit d'accord avec mon cœur ?

SGANARELLE.

Quoi ! ce n'est pas... Vous ne... Votre... (A part.) Oh ! quel homme ! quel homme ! quel homme !

DON JUAN.

Non, non, je ne suis point changé, et mes sentiments sont toujours les mêmes.

SGANARELLE.
Vous ne vous rendez pas à la surprenante merveille de cette statue mouvante et parlante?
DON JUAN.
Il y a bien quelque chose là dedans que je ne comprends pas; mais, quoi que ce puisse être, cela n'est pas capable ni de convaincre mon esprit, ni d'ébranler mon âme; et, si j'ai dit que je voulois corriger ma conduite et me jeter dans un train de vie exemplaire, c'est un dessein que j'ai formé par pure politique, un stratagème utile, une grimace nécessaire où je veux me contraindre, pour ménager un père dont j'ai besoin, et me mettre à couvert, du côté des hommes, de cent fâcheuses aventures qui pourroient m'arriver. Je veux bien, Sganarelle, t'en faire confidence, et je suis bien aise d'avoir un témoin du fond de mon âme, et des véritables motifs qui m'obligent à faire les choses.

SGANARELLE.
Quoi! vous ne croyez rien du tout et vous voulez cependant vous ériger en homme de bien!
DON JUAN.
Et pourquoi non? Il y en a tant d'autres comme moi qui se mêlent de ce métier, et qui se servent du même masque pour abuser le monde!
SGANARELLE.
Ah! quel homme! quel homme!
DON JUAN.
Il n'y a plus de honte maintenant à cela; l'hypocrisie est un vice à la mode, et tous les vices à la mode passent pour vertus. Le personnage d'homme de bien est le meilleur de tous les personnages qu'on puisse jouer. Aujourd'hui, la profession d'hypocrite a de merveilleux avantages. C'est un art de qui l'imposture est toujours respectée; et, quoiqu'on la découvre, on n'ose rien dire contre elle. Tous les autres vices des hommes sont exposés à la censure, et chacun a la liberté de les attaquer hautement; mais l'hypocrisie est un vice privilégié qui, de sa main, ferme la bouche à tout le monde, et jouit en repos d'une impunité souveraine. On lie, à force de grimaces, une société étroite avec tous les gens du parti. Qui en choque un se les attire tous sur les bras; et ceux que l'on sait même agir de bonne foi là-dessus, et que chacun connoît pour être véritablement touchés, ceux-là,

dis-je, sont toujours les dupes des autres : ils donnent bonnement dans le panneau des grimaciers, et appuient aveuglément les singes de leurs actions. Combien crois-tu que j'en connoisse, qui, par ce stratagème, ont rhabillé adroitement les désordres de leur jeunesse, qui se font un bouclier du manteau de la religion, et, sous cet habit respecté, ont la permission d'être les plus méchants hommes du monde? On a beau savoir leurs intrigues et les connoître pour ce qu'ils sont, ils ne laissent pas pour cela d'être en crédit parmi les gens ; et quelque baissement de tête, un soupir mortifié, et deux roulements d'yeux rajustent dans le monde tout ce qu'ils peuvent faire. C'est sous cet abri favorable que je veux me sauver, et mettre en sûreté mes affaires. Je ne quitterai point mes douces habitudes; mais j'aurai soin de me cacher, et me divertirai à petit bruit. Que si je viens à être découvert, je verrai, sans me remuer, prendre mes intérêts à toute la cabale, et je serai défendu par elle envers et contre tous. Enfin, c'est là le vrai moyen de faire impunément tout ce que je voudrai. Je m'érigerai en censeur des actions d'autrui, jugerai mal de tout le monde, et n'aurai bonne opinion que de moi. Dès qu'une fois on m'aura choqué tant soit peu, je ne pardonnerai jamais, et garderai tout doucement une haine irréconciliable. Je me ferai le vengeur des intérêts du ciel ; et, sous ce prétexte commode, je pousserai mes ennemis, je les accuserai d'impiété, et saurai déchaîner contre eux des zélés indiscrets, qui, sans connoissance de cause, crieront en public contre eux, qui les accableront d'injures, et les damneront hautement de leur autorité privée. C'est ainsi qu'il faut profiter des foiblesses des hommes, et qu'un sage esprit s'accommode aux vices de son siècle.

SGANARELLE.

O ciel ! qu'entends-je ici? Il ne vous manquoit plus que d'être hypocrite, pour vous achever de tout point, et voilà le comble des abominations. Monsieur, cette dernière-ci m'emporte, et je ne puis m'empêcher de parler. Faites-moi tout ce qu'il vous plaira ; battez-moi, assommez-moi de coups, tuez-moi, si vous voulez ; il faut que je décharge mon cœur, et qu'en valet fidèle je vous dise ce que je dois. Sachez, monsieur, que tant va la cruche à l'eau, qu'enfin elle se brise ; et, comme dit fort bien cet auteur que je ne connois pas, l'homme est en ce monde ainsi que l'oiseau sur la branche ; la branche est attachée à l'arbre ; qui s'attache à l'arbre suit de bons préceptes ; les bons préceptes valent mieux que les belles paroles ; les belles paroles sont à la cour ; à la cour sont les courtisans ; les courtisans suivent la mode ; la mode vient de la fantaisie ; la fantaisie est une faculté de l'âme ; l'âme est ce qui nous donne la vie ; la vie finit par la mort ; la mort nous fait penser au ciel ; le ciel est au-dessus de la terre ; la terre n'est point la mer ; la mer est sujette aux orages ; les orages tourmentent les vaisseaux ; les vaisseaux ont besoin d'un bon pilote ; un bon pilote a de la prudence ; la prudence n'est pas dans les jeunes gens ; les jeunes gens doivent obéissance aux vieux ; les vieux aiment les richesses ; les richesses font les riches ; les riches ne sont pas pauvres ; les pauvres ont de la nécessité ; la nécessité n'a pas de loi ; qui n'a pas de loi vit en bête brute ; et, par conséquent, vous serez damné à tous les diables.

DON JUAN.
O le beau raisonnement !

SGANARELLE.
Après cela, si vous ne vous rendez, tant pis pour vous.

### SCÈNE III
DON CARLOS, DON JUAN, SGANARELLE.

DON CARLOS.
Don Juan, je vous trouve à propos, et suis bien aise de vous parler ici plutôt que chez vous, pour vous demander vos résolutions. Vous savez que ce soin me regarde, et que je me suis, en votre présence, chargé de cette affaire. Pour moi, je ne le cèle point, je souhaite fort que les choses aillent dans la douceur ; et il n'y a rien que je ne fasse pour porter votre esprit à vouloir prendre cette voie, et pour vous voir publiquement confirmer à ma sœur le nom de votre femme.

DON JUAN, d'un ton hypocrite.
Hélas ! je voudrois bien, de tout mon cœur, vous donner la satisfaction que vous souhaitez ; mais le ciel s'y oppose directement ; il a inspiré à mon âme le dessein de changer de vie, et je n'ai point d'autres pensées maintenant que de quitter entièrement tous les attachements du monde, de me dépouiller au plus

tôt de toutes sortes de vanités, et de corriger désormais par une austère conduite tous les dérèglements criminels où m'a porté le feu d'une aveugle jeunesse.

DON CARLOS.

Ce dessein, don Juan, ne choque point ce que je dis ; et la compagnie d'une femme légitime peut bien s'accommoder avec les louables pensées que le ciel vous inspire.

DON JUAN.

Hélas! point du tout. C'est un dessein que votre sœur elle-même a pris ; elle a résolu sa retraite ; et nous avons été touchés tous deux en même temps.

DON CARLOS.

Sa retraite ne peut nous satisfaire, pouvant être imputée au mépris que vous feriez d'elle et de notre famille ; et notre honneur demande qu'elle vive avec vous.

DON JUAN.

Je vous assure que cela ne se peut. J'en avois, pour moi, toutes les envies du monde ; et je me suis, même encore aujourd'hui, conseillé au ciel pour cela ; mais, lorsque je l'ai consulté, j'ai entendu une voix qui m'a dit que je ne devois point songer à votre sœur, et qu'avec elle, assurément, je ne ferois pas mon salut.

DON CARLOS.

Croyez-vous, don Juan, nous éblouir par ces belles excuses ?

DON JUAN.

J'obéis à la voix du ciel.

DON CARLOS.

Quoi! vous voulez que je me paye d'un semblable discours ?

DON JUAN.

C'est le ciel qui le veut ainsi.

DON CARLOS.

Vous aurez fait sortir ma sœur d'un couvent pour la laisser ensuite ?

DON JUAN.

Le ciel l'ordonne de la sorte.

DON CARLOS.

Nous souffrirons cette tache en notre famille ?

DON JUAN.

Prenez-vous-en au ciel.

DON CARLOS.
Eh quoi! toujours le ciel!
DON JUAN.
Le ciel le souhaite comme cela.
DON CARLOS.
Il suffit, don Juan, je vous entends. Ce n'est pas ici que je veux vous prendre, et le lieu ne le souffre pas; mais, avant qu'il soit peu, je saurai vous trouver.
DON JUAN.
Vous ferez ce que vous voudrez. Vous savez que je ne manque point de cœur, et que je sais me servir de mon épée quand il le faut. Je m'en vais passer tout à l'heure dans cette petite rue écartée qui mène au grand couvent; mais je vous déclare, pour moi, que ce n'est point moi qui me veux battre; le ciel m'en défend la pensée; et, si vous m'attaquez, nous verrons ce qui en arrivera.
DON CARLOS.
Nous verrons, de vrai, nous verrons.

SCÈNE IV
DON JUAN, SGANARELLE.
SGANARELLE.
Monsieur, quel diable de style prenez-vous là ? Ceci est bien pis que le reste, et je vous aimerois bien mieux encore comme vous étiez auparavant. J'espérois toujours de votre salut : mais c'est maintenant que j'en désespère; et je crois que le ciel, qui vous a souffert jusques ici, ne pourra souffrir du tout cette dernière horreur.
DON JUAN.
Va, va, le ciel n'est pas si exact que tu penses; et si toutes les fois que les hommes...

SCÈNE V
DON JUAN, SGANARELLE; UN SPECTRE, en femme voilée.
SGANARELLE, apercevant le spectre.
Ah! monsieur, c'est le ciel qui vous parle, et c'est un avis qu'il vous donne.
DON JUAN.
Si le ciel me donne un avis, il faut qu'il parle un peu plus clairement, s'il veut que je l'entende.
LE SPECTRE.
Don Juan n'a plus qu'un moment à pouvoir profiter de la miséricorde du ciel, et, s'il ne se repent ici, sa perte est résolue.

SGANARELLE.
Entendez-vous, monsieur?
DON JUAN.
Qui ose tenir ces paroles? Je crois connoître cette voix.
SGANARELLE.
Ah! monsieur, c'est un spectre, je le reconnois au marcher.
DON JUAN.
Spectre, fantôme, ou diable, je veux voir ce que c'est. (Le spectre change de figure, et représente le Temps, avec sa faux à la main.)
SGANARELLE.
O ciel! voyez-vous, monsieur, ce changement de figure?
DON JUAN.
Non, non, rien n'est capable de m'imprimer de la terreur; et je veux éprouver, avec mon épée, si c'est un corps ou un esprit. (Le spectre s'envole dans le temps que don Juan veut le frapper).
SGANARELLE.
Ah! monsieur, rendez-vous à tant de preuves, et jetez-vous vite dans le repentir.
DON JUAN.
Non, non, il ne sera pas dit, quoi qu'il arrive, que je sois capable de me repentir. Allons, suis-moi.

## SCÈNE VI
LA STATUE DU COMMANDEUR, DON JUAN, SGANARELLE.

LA STATUE.
Arrêtez, don Juan. Vous m'avez hier donné parole de venir manger avec moi.
DON JUAN.
Oui. Où faut-il aller?
LA STATUE.
Donnez-moi la main.
DON JUAN.
La voilà.
LA STATUE.
Don Juan, l'endurcissement au péché traîne une mort funeste; et les grâces du ciel que l'on renvoie ouvrent un chemin à sa foudre.
DON JUAN.
O ciel! que sens-je? un feu invisible me brûle, je n'en puis plus, et tout mon corps devient un brasier

ardent. Ah! (Le tonnerre tombe avec un grand bruit et de grands éclairs sur don Juan. La terre s'ouvre et l'abime ; et il sort de grands feux de l'endroit où il est tombé.)

### SCÈNE VII
#### SGANARELLE, seul.

Ah! mes gages! mes gages! Voilà, par sa mort, un chacun satisfait. Ciel offensé, lois violées, filles séduites, familles déshonorées, parents outragés, femmes mises à mal, maris poussés à bout, tout le monde est content; il n'y a que moi seul de malheureux. Mes gages, mes gages, mes gages!

# L'AMOUR MÉDECIN
## COMÉDIE-BALLET EN TROIS ACTES

### PERSONNAGES DE LA COMÉDIE

SGANARELLE, père de Lucinde; LUCINDE, fille de Sganarelle; CLITANDRE, amant de Lucinde; AMINTE, voisine de Sganarelle; LUCRÈCE, nièce de Sganarelle, LISETTE, suivante de Lucinde; M. GUILLAUME, marchand de tapisseries; M. JOSSE, orfèvre; M. THOMÈS, M. DESFONANDRÈS, M. MACROTON, M. BAHIS, M. FILERIN, médecins, un notaire, CHAMPAGNE, valet de Sganarelle.

### PERSONNAGES DU BALLET.

#### PREMIÈRE ENTRÉE.
CHAMPAGNE, valet de Sganarelle, dansant; QUATRE MÉDECINS dansants.

#### SECONDE ENTRÉE.
UN OPÉRATEUR, chantant; TRIVELINS et SCARAMOUCHES. dansants; de la suite de l'opérateur.

#### TROISIÈME ENTRÉE.
LA COMÉDIE, LA MUSIQUE, LE BALLET, JEUX, RIS, PLAISIRS dansants.

La scène est à Paris, dans une des salles de la maison de Sganarelle.

## ACTE PREMIER
### SCÈNE I
SGANARELLE, AMINTE, LUCRÈCE, M. GUILLAUME, M. JOSSE.

SGANARELLE.

Ah ! l'étrange chose que la vie ! et que je puis bien dire, avec ce grand philosophe de l'antiquité, que qui terre a guerre a, et qu'un malheur ne vient jamais sans l'autre ! Je n'avois qu'une femme, qui est morte.

MONSIEUR GUILLAUME.

Et combien donc en aviez-vous ?

SGANARELLE.

Elle est morte, monsieur Guillaume mon ami. Cette

perte m'est très-sensible, et je ne puis m'en ressouvenir sans pleurer. Je n'étois pas fort satisfait de sa conduite, et nous avions le plus souvent dispute ensemble ; mais enfin la mort rajuste toutes choses. Elle est morte ; je la pleure. Si elle étoit en vie, nous nous querellerions. De tous les enfants que le ciel m'avoit donnés, il ne m'a laissé qu'une fille, et cette fille est toute ma peine ; car enfin je la vois dans une mélancolie la plus sombre du monde, dans une tristesse épouvantable, dont il n'y a pas moyen de la retirer, et dont je ne saurois même apprendre la cause. Pour moi, j'en perds l'esprit, et j'aurois besoin d'un bon conseil sur cette matière. (A Lucrèce.) Vous êtes ma nièce ; (A Aminte) vous, ma voisine ; (A monsieur Guillaume et à monsieur Josse.) et vous, mes compères et mes amis : je vous prie de me conseiller tout ce que je dois faire.

MONSIEUR JOSSE.

Pour moi, je tiens que la braverie, que l'ajustement est la chose qui réjouit le plus les filles ; et, si j'étois que de vous, je lui achèterois, dès aujourd'hui, une belle garniture de diamants, ou de rubis, ou d'émeraudes.

MONSIEUR GUILLAUME.

Et moi, si j'étois en votre place, j'achèterois une belle tenture de tapisserie de verdure, ou à personnages, que je ferois mettre dans sa chambre, pour lui réjouir l'esprit et la vue.

AMINTE.

Pour moi, je ne ferois pas tant de façons, et je la marierois fort bien, et le plus tôt que je pourrois, avec cette personne qui vous la fit, dit-on, demander il y a quelque temps.

LUCRÈCE.

Et moi, je tiens que votre fille n'est point du tout propre pour le mariage. Elle est d'une complexion trop délicate et trop peu saine, et c'est la vouloir envoyer bientôt en l'autre monde que de l'exposer, comme elle est, à faire des enfants. Le monde n'est point du tout son fait ; et je vous conseille de la mettre dans un couvent, où elle trouvera des divertissements qui seront mieux de son humeur.

SGANARELLE.

Tous ces conseils sont admirables assurément ; mais je les tiens un peu intéressés, et trouve que vous me conseillez fort bien pour vous. Vous êtes orfèvre, monsieur Josse, et votre conseil sent son homme qui a envie de se défaire de sa marchandise. Vous vendez des tapisseries, monsieur Guillaume, et vous avez la mine d'avoir quelque tenture qui vous incommode. Celui que vous aimez, ma voisine, a, dit-on, quelque inclination pour ma fille, et vous ne seriez pas fâchée de la voir la femme d'un autre. Et, quant à vous, ma chère nièce, ce n'est pas mon dessein, comme on sait de marier ma fille avec qui que ce soit, et j'ai mes raisons pour cela; mais le conseil que vous me donnez de la faire religieuse est d'une femme qui pourroit bien souhaiter charitablement d'être mon héritière universelle. Ainsi, messieurs et mesdames, quoique tous vos conseils soient les meilleurs du monde, vous trouverez bon, s'il vous plaît, que je n'en suive aucun. (Seul.) Voilà de mes donneurs de conseils à la mode.

## SCÈNE II
### LUCINDE, SGANARELLE.
#### SGANARELLE.

Ah! voilà ma fille qui prend l'air. Elle ne me voit pas. Elle soupire; elle lève les yeux au ciel. (A Lucinde.) Dieu vous garde! Bonjour, ma mie. Eh bien, qu'est-ce? Comme vous en va? Eh quoi! toujours triste et mélancolique comme cela, et tu ne veux pas me dire ce que tu as? Allons donc, découvre-moi ton petit cœur. Là, ma pauvre mie, dis, dis, dis, tes petites pensées à ton petit papa mignon. Courage! Veux-tu que je te baise? Viens. (A part.) J'enrage de la voir de cette humeur-là. (A Lucinde.) Mais, dis-moi, me veux-tu faire mourir de déplaisir; et ne puis-je savoir d'où vient cette grande langueur? Découvre-m'en la cause, et je te promets que je ferai toutes choses pour toi. Oui, tu n'as qu'à me dire le sujet de ta tristesse; je t'assure ici et te fais serment qu'il n'y a rien que je ne fasse pour te satisfaire; c'est tout dire. Est-ce que tu es jalouse de quelqu'une de tes compagnes que tu voies plus brave que toi? et seroit-il quelque étoffe nouvelle dont tu voulusses avoir un habit? Non. Est-ce que ta chambre ne te semble pas assez parée, et que tu souhaiterois quelque cabinet de la foire Saint-Laurent? Ce n'est pas cela. Aurois-tu envie d'apprendre quelque chose, et veux-tu que je te donne un maître pour te montrer à jouer du clavecin? Nenni. Aimerois-tu quelqu'un, et souhaiterois-tu d'être mariée? (Lucinde fait signe que oui.)

## SCÈNE III
#### SGANARELLE, LUCINDE, LISETTE.
###### LISETTE.
Eh bien, monsieur, vous venez d'entretenir votre fille. Avez-vous su la cause de sa mélancolie?
###### SGANARELLE.
Non. C'est une coquine qui me fait enrager.
###### LISETTE.
Monsieur, laissez-moi faire, je m'en vais la sonder un peu.
###### SGANARELLE.
Il n'est pas nécessaire; et, puisqu'elle veut être de cette humeur, je suis d'avis qu'on l'y laisse.
###### LISETTE.
Laissez-moi faire, vous dis-je. Peut-être qu'elle se découvrira plus librement à moi qu'à vous. Quoi! madame, vous ne nous direz point ce que vous avez, et vous voulez affliger ainsi tout le monde? Il me semble qu'on n'agit point comme vous faites, et que, si vous avez quelque répugnance à vous expliquer à un père, vous n'en devez avoir aucune à me découvrir votre cœur. Dites-moi, souhaitez-vous quelque chose de lui? Il nous a dit plus d'une fois qu'il n'épargneroit rien pour vous contenter. Est-ce qu'il ne vous donne pas toute la liberté que vous souhaiteriez? Et les promenades et les cadeaux ne tenteroient-ils pas votre âme? Heu! Avez-vous reçu quelque déplaisir de quelqu'un? Heu! n'auriez-vous point quelque secrète inclination avec qui vous souhaiteriez que votre père vous mariât? Ah! je vous entends. Voilà l'affaire. Que diable! Pourquoi tant de façons? Monsieur, le mystère est découvert; et...
###### SGANARELLE.
Va, fille ingrate, je ne te veux plus parler, et je te laisse dans ton obstination.
###### LUCINDE.
Mon père, puisque vous voulez que je vous dise la chose...
###### SGANARELLE.
Oui, je perds toute l'amitié que j'avois pour toi.
###### LISETTE.
Monsieur, sa tristesse...
###### SGANARELLE.
C'est une coquine qui me veut faire mourir.

LUCINDE.

Mon père, je veux bien...

SGANARELLE.

Ce n'est pas la récompense de t'avoir élevée comme j'ai fait.

LISETTE.

Mais, monsieur...

SGANARELLE.

Non, je suis contre elle d'une colère épouvantable.

LUCINDE.

Mais, mon père..

SGANARELLE.

Je n'ai plus aucune tendresse pour toi.

LISETTE.

Mais...

SGANARELLE.

C'est une friponne.

LUCINDE.

Mais...

SGANARELLE.

Une ingrate.

LISETTE.

Mais...

SGANARELLE.

Une coquine qui ne me veut pas dire ce qu'elle a.

LISETTE.

C'est un mari qu'elle veut.

SGANARELLE, faisant semblant de ne pas entendre.

Je l'abandonne.

LISETTE.

Un mari.

SGANARELLE.

Je la déteste.

LISETTE.

Un mari.

SGANARELLE.

Et la renonce pour ma fille.

LISETTE.

Un mari.

SGANARELLE.

Non, ne m'en parlez point.

LISETTE.

Un mari.

SGANARELLE.

Ne m'en parlez point.

LISETTE.

Un mari.

SGANARELLE.

Ne m'en parlez point.

LISETTE.

Un mari, un mari, un mari.

## SCÈNE IV
### LUCINDE, LISETTE.

LISETTE.

On dit bien vrai qu'il n'y a point de pires sourds que ceux qui ne veulent point entendre.

LUCINDE.

Eh bien, Lisette, j'avois tort de cacher mon déplaisir, et je n'avois qu'à parler pour avoir tout ce que je souhaitois de mon père! Tu le vois.

LISETTE.

Par ma foi, voilà un vilain homme! et je vous avoue que j'aurois un plaisir extrême à lui jouer quelque tour. Mais d'où vient donc, madame, que jusqu'ici vous m'avez caché votre mal?

LUCINDE.

Hélas! de quoi m'auroit servi de te le découvrir plus tôt? et n'aurois-je pas autant gagné à le tenir caché toute ma vie? Crois-tu que je n'aie pas bien prévu tout ce que tu vois maintenant, que je ne susse pas à fond tous les sentiments de mon père, et que le refus qu'il a fait porter à celui qui m'a demandée par un ami n'ait pas étouffé dans mon âme toute sorte d'espoir?

LISETTE.

Quoi! c'est cet inconnu qui vous a fait demander, pour qui vous...

LUCINDE.

Peut-être n'est-il pas honnête à une fille de s'expliquer si librement; mais enfin je t'avoue que, s'il m'étoit permis de vouloir quelque chose, ce seroit lui que je voudrois. Nous n'avons eu ensemble aucune conversation, et sa bouche ne m'a point déclaré la passion qu'il a pour moi; mais dans tous les lieux où il m'a pu voir, ses regards et ses actions m'ont toujours parlé si tendrement, et la demande qu'il a fait faire de moi m'a paru d'un si honnête homme, que mon cœur n'a pu s'empêcher d'être sensible à ses ardeurs; et cependant tu vois où la dureté de mon père réduit toute cette tendresse.

LISETTE.

Allez, laissez-moi faire. Quelque sujet que j'aie de me plaindre de vous du secret que vous m'avez fait, je ne veux pas laisser de servir votre amour; et, pourvu que vous ayez assez de résolution...

LUCINDE.

Mais que veux-tu que je fasse contre l'autorité d'un père? Et, s'il est inexorable à mes vœux...

LISETTE

Allez, allez, il ne faut pas se laisser mener comme un bison; et, pourvu que l'honneur n'y soit pas offensé, on peut se libérer un peu de la tyrannie d'un père. Que prétend-il que vous fassiez? N'êtes-vous pas en âge d'être mariée? et croit-il que vous soyez de marbre? Allez, encore un coup, je veux servir votre passion : je prends dès à présent sur moi tout le soin de ses intérêts, et vous verrez que je sais des détours... Mais je vois votre père. Rentrons, et me laissez agir.

## SCÈNE V

SGANARELLE, seul.

Il est bon quelquefois de ne point faire semblant d'entendre les choses qu'on n'entend que trop bien; et j'ai fait sagement de parer la déclaration d'un désir que je ne suis pas résolu de contenter. A-t-on jamais rien vu de plus tyrannique que cette coutume où l'on veut assujettir les pères, rien de plus impertinent et de plus ridicule que d'amasser du bien avec de grands travaux, et d'élever une fille avec beaucoup de soin et de tendresse, pour se dépouiller de l'un et de l'autre entre les mains d'un homme qui ne nous touche de rien? Non, non, je me moque de cet usage, et je veux garder mon bien et ma fille pour moi.

## SCÈNE VI

SGANARELLE, LISETTE.

LISETTE, courant sur le théâtre, et feignant de ne pas voir Sganarelle.

Ah! malheur! ah! disgrâce! ah! pauvre seigneur Sganarelle, où pourrai-je te rencontrer?

SGANARELLE, à part.

Que dit-elle là?

LISETTE, courant toujours.

Ah! misérable père! que feras-tu, quand tu sauras cette nouvelle?

SGANARELLE, à part.

Que sera-ce?

LISETTE.

Ma pauvre maîtresse!

SGANARELLE.

Je suis perdu!

LISETTE.

Ah!

SGANARELLE, courant après Lisette.

Lisette!

LISETTE.

Quelle infortune!

SGANARELLE.

Lisette!

LISETTE.

Quel accident!

SGANARELLE.

Lisette!

LISETTE.

Quelle fatalité!

SGANARELLE.

Lisette!

LISETTE, s'arrêtant.

Ah! monsieur.

SGANARELLE.

Qu'est-ce?

LISETTE.

Monsieur!

SGANARELLE.

Qu'y a-t-il?

LISETTE.

Votre fille...

SGANARELLE.

Ah! ah!

LISETTE.

Monsieur, ne pleurez donc point comme cela, car vous me feriez rire.

SGANARELLE.

Dis donc vite.

LISETTE.

Votre fille, toute saisie des paroles que vous lui avez dites, et de la colère effroyable où elle vous a vu contre elle, est montée vite dans sa chambre, et, pleine de désespoir, a ouvert la fenêtre qui regarde sur la rivière.

SGANARELLE.

Eh bien?

LISETTE.

Alors, levant les yeux au ciel : « Non, a-t-elle dit, il m'est impossible de vivre avec le courroux de mon père; et, puisqu'il me renonce pour sa fille, je veux mourir. »

SGANARELLE.

Elle s'est jetée?

LISETTE.

Non, monsieur. Elle a fermé tout doucement la fenêtre, et s'est allée mettre sur son lit. Là, elle s'est prise à pleurer amèrement; et tout d'un coup son visage a pâli, ses yeux se sont tournés, le cœur lui a manqué, et elle est demeurée entre mes bras.

SGANARELLE.

Ah! ma fille! Elle est morte?

LISETTE.

Non, monsieur. A force de la tourmenter, je l'ai fait revenir; mais cela lui reprend de moment en moment, et je crois qu'elle ne passera pas la journée.

SGANARELLE.

Champagne! Champagne! Champagne!

### SCÈNE VII
SGANARELLE, CHAMPAGNE, LISETTE.

SGANARELLE.

Vite, qu'on m'aille quérir des médecins, et en quantité. On n'en peut trop avoir dans une pareille aventure. Ah! ma fille! ma pauvre fille!

### SCÈNE VIII
PREMIER INTERMÈDE.

Champagne, valet de Sganarelle, frappe, en dansant aux portes des quatre médecins.

### SCÈNE IX

Les quatre médecins dansent, et entrent avec cérémonie chez Sganarelle.

# ACTE SECOND
### SCÈNE I
SGANARELLE, LISETTE.

LISETTE.

Que voulez-vous donc faire, monsieur, de quatre

médecins? N'est-ce pas assez d'un pour tuer une personne.
SGANARELLE.
Taisez-vous. Quatre conseils valent mieux qu'un.
LISETTE.
Est-ce que votre fille ne peut pas bien mourir sans le secours de ces messieurs-là?
SGANARELLE.
Est-ce que les médecins font mourir?
LISETTE.
Sans doute; et j'ai connu un homme qui prouvoit, par bonnes raisons, qu'il ne faut jamais dire : Une telle personne est morte d'une fièvre et d'une fluxion sur la poitrine, mais : Elle est morte de quatre médecins et de deux apothicaires.
SGANARELLE.
Chut! N'offensez pas ces messieurs-là.
LISETTE.
Ma foi, monsieur, notre chat est réchappé depuis peu, d'un saut qu'il fit du haut de la maison dans la rue : et il fut trois jours sans manger et sans pouvoir remuer ni pied ni patte; mais il est bien heureux de ce qu'il n'y a point de chats médecins, car ses affaires étoient faites, et ils n'auroient pas manqué de le purger et de le saigner.
SGANARELLE.
Voulez-vous vous taire, vous dis-je! Mais voyez quelle impertinence! Les voici.
LISETTE.
Prenez garde, vous allez être bien édifié. Ils vous diront en latin que votre fille est malade.

### SCÈNE II
MM. TOMÈS, DESFONANDRÈS, MACROTON, BAHIS, SGANARELLE, LISETTE.
SGANARELLE.
Eh bien, messieurs?
MONSIEUR TOMÈS.
Nous avons vu suffisamment la maladie, et sans doute qu'il y a beaucoup d'impuretés en elle.
SGANARELLE.
Ma fille est impure?
MONSIEUR TOMÈS.
Je veux dire qu'il y a beaucoup d'impuretés dans son corps, quantité d'humeurs corrompues.

SGANARELLE.
Ah ! je vous entends.
MONSIEUR TOMÈS.
Mais nous allons consulter ensemble.
SGANARELLE.
Allons, faites donner des siéges.
LISETTE, à M. Tomès.
Ah ! monsieur, vous en êtes !
SGANARELLE, à Lisette.
De quoi donc connoissez-vous monsieur ?
LISETTE.
De l'avoir vu l'autre jour chez la bonne amie de madame votre nièce.
MONSIEUR TOMÈS.
Comment se porte son cocher ?
LISETTE.
Fort bien. Il est mort.
MONSIEUR TOMÈS.
Mort ?
LISETTE.
Oui.
MONSIEUR TOMÈS.
Cela ne se peut.
LISETTE.
Je ne sais pas si cela se peut ; mais je sais bien que cela est.
MONSIEUR TOMÈS.
Il ne peut pas être mort, vous dis-je.
LISETTE.
Et moi, je vous dis qu'il est mort et enterré.
MONSIEUR TOMÈS.
Vous vous trompez.
LISETTE.
Je l'ai vu.
MONSIEUR TOMÈS.
Cela est impossible. Hippocrate dit que ces sortes de maladies ne se terminent qu'au quatorze ou au vingt-un ; et il n'y a que six jours qu'il est tombé malade.
LISETTE.
Hippocrate dira ce qu'il lui plaira ; mais le cocher est mort.
SGANARELLE.
Paix, discoureuse ! Allons, sortons d'ici. Messieurs, je vous supplie de consulter de la bonne manière.

Quoique ce ne soit pas la coutume de payer auparavant, toutefois de peur que je ne l'oublie, et afin que ce soit une affaire faite, voici... (Il leur donne de l'argent, et chacun, en le recevant, fait un geste différent.)

## SCÈNE III
MM. DESFONANDRÈS, TOMÈS, MACROTON, BAHIS.
Ils s'asseyent et toussent.

MONSIEUR DESFONANDRÈS.

Paris est étrangement grand, et il faut faire de longs trajets quand la pratique donne un peu.

MONSIEUR TOMÈS.

Il faut avouer que j'ai une mule admirable pour cela, et qu'on a peine à croire le chemin que je lui fais faire tous les jours.

MONSIEUR DESFONANDRÈS.

J'ai un cheval merveilleux, et c'est un animal infatigable.

MONSIEUR TOMÈS.

Savez-vous le chemin que ma mule a fait aujourd'hui? J'ai été, premièrement, tout contre l'Arsenal; de l'Arsenal au bout du faubourg Saint-Germain, du faubourg Saint-Germain au fond du Marais; du fond du Marais à la porte Saint-Honoré, de la porte Saint-Honoré, au faubourg Saint-Jacques; du faubourg Saint-Jacques à la porte de Richelieu; de la porte de Richelieu, ici; et d'ici je dois aller encore à la place Royale.

MONSIEUR DESFONANDRÈS.

Mon cheval a fait tout cela aujourd'hui; et, de plus, j'ai été à Ruel voir un malade.

MONSIEUR TOMÈS.

Mais, à propos, quel parti prenez-vous dans la querelle des deux médecins Théophraste et Artémius? car c'est une affaire qui partage tout notre corps.

MONSIEUR DESFONANDRÈS.

Moi, je suis pour Artémius.

MONSIEUR TOMÈS.

Et moi aussi. Ce n'est pas que son avis, comme on a vu, n'ait tué le malade, et que celui de Théophraste ne fût beaucoup meilleur, assurément; mais enfin il a tort dans les circonstances, et il ne devoit pas être d'un autre avis que son ancien. Qu'en dites-vous?

MONSIEUR DESFONANDRÈS.

Sans doute. Il faut toujours garder les formalités, quoi qu'il puisse arriver.

MONSIUER TOMÈS.

Pour moi, j'y suis sévère en diable, à moins que ce soit entre amis; et l'on nous assembla un jour, trois de nous autres, avec un médecin du dehors, pour une consultation où j'arrêtai toute l'affaire, et ne voulus point endurer qu'on opinât, si les choses n'alloient dans l'ordre. Les gens de la maison faisoient ce qu'ils pouvoient, et la maladie pressoit; mais je n'en voulus point démordre, et le malade mourut bravement pendant cette contestation.

MONSIEUR DESFONANDRÈS.

C'est fort bien fait d'apprendre aux gens à vivre, et de leur montrer leur bec jaune.

MONSIEUR TOMÈS.

Un homme mort n'est qu'un homme mort, et ne fait point de conséquence; mais une formalité négligée porte un notable préjudice à tout le corps des médecins.

### SCÈNE IV
SGANARELLE, MM. TOMÈS, DESFONANDRÈS, MACROTON, BAHIS.

SGANARELLE.

Messieurs, l'oppression de ma fille augmente; je vous prie de me dire vite ce que vous avez résolu.

MONSIEUR TOMÈS, à M. Desfonandrès.

Allons, monsieur.

MONSIEUR DESFONANDRÈS.

Non, monsieur, parlez, s'il vous plaît.

MONSIEUR TOMÈS.

Vous vous moquez.

MONSIEUR DESFONANDRÈS.

Je ne parlerai pas le premier.

MONSIEUR TOMÈS.

Monsieur...

MONSIEUR DESFONANDRÈS.

Monsieur...

SGANARELLE.

Eh! de grâce, monsieur, laissez toutes ces cérémonies, et songez que les choses pressent. (Ils parlent tous quatre à la fois.)

MONSIEUR TOMÈS.

La maladie de votre fille...

MONSIEUR DESFONANDRÈS.

L'avis de tous ces messieurs tous ensemble...

MONSIEUR MACROTON.
A-près a-voir bi-en con-sul-té...
MONSIEUR BAHIS.
Pour raisonner...
SGANARELLE.
Eh! messieurs, parlez l'un après l'autre, de grâce.
MONSIEUR TOMÈS.
Monsieur, nous avons raisonné sur la maladie de votre fille, et mon avis, à moi, est que cela procède d'une grande chaleur de sang; ainsi je conclus à la saigner le plus tôt que vous pourrez.
MONSIEUR DESFONANDRÈS.
Et moi, je dis que sa maladie est une pourriture d'humeur causée par une trop grande réplétion; ainsi je conclus à lui donner de l'émétique.
MONSIEUR TOMÈS.
Je soutiens que l'émétique la tuera.
MONSIEUR DESFONANDRÈS.
Et moi, que la saignée la fera mourir.
MONSIEUR TOMÈS.
C'est bien à vous de faire l'habile homme!
MONSIEUR DESFONANDRÈS.
Oui, c'est à moi; et je vous prêterai le collet en tout genre d'érudition.
MONSIEUR TOMÈS.
Souvenez-vous de l'homme que vous fîtes crever ces jours passés.
MONSIEUR DESFONANDRÈS.
Souvenez-vous de la dame que vous avez envoyée en l'autre monde il y a trois jours.
MONSIEUR TOMÈS, à Sganarelle.
Je vous ai dit mon avis.
MONSIEUR DESFONANDRÈS, à Sganarelle.
Je vous ai dit ma pensée.
MONSIEUR TOMÈS.
Si vous ne faites saigner tout à l'heure votre fille, c'est une personne morte. (Il sort.)
MONSIEUR DESFONANDRÈS.
Si vous la faites saigner, elle ne sera pas en vie dans un quart d'heure. (Il sort.)

## SCÈNE V
SGANARELLE, MACROTON, BAHIS.
SGANARELLE.
A qui croire des deux? et quelle résolution prendre

sur des avis si opposés? Messieurs, je vous conjure de déterminer mon esprit, et de me dire, sans passion, ce que vous croyez le plus propre à soulager ma fille.

MONSIEUR MACROTON.

Mon-si-eur, dans ces ma-ti-è-res-là, il faut pro-cé-der a-vec-que cir-con-spec-ti-on, et ne ri-en fai-re, com-me on dit, à la vo-lée; d'au-tant que les fau-tes qu'on y peut fai-re sont, se-lon no-tre maî-tre Hip-po-cra-te, d'u-ne dan-ge-reu-se con-sé-quen-ce.

MONSIEUR BAHIS, bredouillant.

Il est vrai, il faut bien prendre garde à ce qu'on fait; car ce ne sont pas ici jeux d'enfant; et, quand on a failli, il n'est pas aisé de réparer le manquement, et de rétablir ce qu'on a gâté: *experimentum periculosum*. C'est pourquoi il s'agit de raisonner auparavant comme il faut, de peser mûrement les choses, de regarder le tempérament des gens, d'examiner les causes de la maladie, et de voir les remèdes qu'on y doit apporter.

SGANARELLE, à part.

L'un va en tortue, et l'autre court la poste.

MONSIEUR MACROTON.

Or, mon-si-eur, pour ve-nir au fait, je trou-ve que vo-tre fil-le a une ma-la-die chro-ni-que, et qu'el-le peut pé-ri-cli-ter, si on ne lui-don-ne du se-cours, d'au-tant que les sym-ptô-mes qu'el-le a sont in-di-ca-tifs d'u-ne va-peur fu-li-gi-neu-se et mor-di-can-te qui lui pi-co-te les mem-bra-nes du cer-veau. Or, cet-te va-peur, que nous nom-mons en grec *at-mos*, est cau-sé-e par des hu-meurs pu-tri-des, te-na-ces, et con-glu-ti-neu-ses, qui sont conte-nu-es dans le bas-ven-tre.

MONSIEUR BAHIS.

Et comme ces humeurs ont été là engendrées par une longue succession de temps, elles s'y sont recuites, et ont acquis cette malignité qui fume vers la région du cerveau.

MONSIEUR MACROTON.

Si bi-en donc que, pour ti-rer, dé-ta-cher, arra-cher, ex-pul-ser, é-va-cu-er les-di-tes hu-meurs, il fau-dra une pur-ga-ti-on vi-gou-reu-se. Mais, au pré-a-la-ble, je trou-ve à pro-pos, et il n'y a pas d'in-on-vé-nient, d'u-ser de pe-tits re-mè-des a-no-dins, c'est-à-di-re de pe-tits la-ve-ments ré-mol-li-ents et

dé-ter-sifs, de ju-leps et de si-rops ra-fraîchis-sants, qu'on mê-le-ra dans sa pti-sa-ne.
### MONSIEUR BAHIS.
Après, nous en viendrons à la purgation, et à la saignée, que nous réitérerons, s'il en est besoin.
### MONSIEUR MACROTON.
Ce n'est pas qu'a-vec-que tout cela vo-tre fil-le ne puis-se mou-rir ; mais au moins vous au-rez fait quel-que cho-se, et vous au-rez la con-so-la-ti-on qu'el-le se-ra mor-te dans les for-mes.
### MONSIEUR BAHIS.
Il vaut mieux mourir selon les règles que de réchapper contre les règles.
### MONSIEUR MACRTON.
Nous vous di-sons sin-cè-re-ment no-tre pen-sé-e.
### MONSIEUR BAHIS.
Et vous avons parlé comme nous parlerions à notre propre frère.
### SGANARELLE, à M. Macroton, en allongeant ses mots.
Je vous rends très-hum-bles grâ-ces. (A M. Bahis, bredouillant.) Et vous suis infiniment obligé de la peine que vous avez prise.

## SCÈNE VI
### SGANARELLE, seul.
Me voilà justement un peu plus incertain que je n'étois auparavant. Morbleu ! il me vient une fantaisie. Il faut que j'aille acheter de l'orviétan, et que je lui en fasse prendre ; l'orviétan est un remède dont beaucoup de gens se sont bien trouvés. Holà !

## SCÈNE VII
### SGANARELLE, UN OPÉRATEUR.
### SGANARELLE.
Monsieur, je vous prie de me donner une boîte de votre orviétan, que je m'en vais vous payer.
### L'OPÉRATEUR chante.
L'or de tous les climats qu'entoure l'Océan
Peut-il jamais payer ce secret d'importance ?
Mon remède guérit, par sa rare excellence,
Plus de maux qu'on n'en peut nombrer dans tout un an
    La gale,
    La rogne,
    La teigne,
    La fièvre,
    La peste,
    La goutte,

Vérole,
Descente,
Rougeole.
O grande puissance
De l'orviétan !

SGANARELLE.

Monsieur, je crois que tout l'or du monde n'est pas capable de payer votre remède; mais pourtant voici une pièce de trente sous que vous prendrez, s'il vous plaît.

L'OPÉRATEUR chante.

Admirez mes bontés, et le peu qu'on vous vend
Ce trésor merveilleux que ma main vous dispense.
Vous pouvez, avec lui, braver en assurance
Tous les maux que sur nous l'ire du ciel répand :
La gale,
La rogne,
La teigne,
La fièvre,
La peste,
La goutte,
Vérole,
Descente,
Rougeole.
O grande puissance
De l'orviétan !

### SCÈNE VIII

Plusieurs Trivelins et plusieurs Scaramouches, valets de l'opérateur, se réjouissent en dansant.

## ACTE TROISIÈME

### SCÈNE I

MM. FILERIN, TOMÈS, DESFONANDRÈS.

MONSIEUR FILERIN.

N'avez-vous point de honte, messieurs, de montrer si peu de prudence pour des gens de votre âge, et de vous être querellés comme de jeunes étourdis ! Ne voyez-vous pas bien quel tort ces sortes de querelles nous font parmi le monde ? et n'est-ce pas assez que les savants voient les contrariétés et les dissensions qui sont entre nos auteurs et nos anciens maîtres, sans découvrir au peuple, par nos débats et nos querelles, la forfanterie de notre art ? Pour moi, je ne comprends rien du tout à cette méchante politique de quelques-uns de nos gens, et il faut confesser que toutes ces contestations nous ont décriés depuis peu d'une étrange manière; et que, si nous n'y prenons garde, nous allons nous ruiner nous-mêmes. Je n'en parle pas pour mon intérêt; car, Dieu merci, j'ai déjà établi mes petites affaires. Qu'il vente, qu'il pleuve, qu'il grêle, ceux qui sont morts sont morts, et j'ai de quoi me passer des vivants; mais, enfin, toutes ces disputes ne valent rien pour la médecine. Puisque le ciel nous fait la grâce que, depuis tant de siècles, on demeure infatué de nous, ne désabusons point les hommes avec nos cabales extravagantes, et profitons de leurs sottises le plus doucement que nous pourrons. Nous ne sommes pas les seuls, comme vous savez, qui tâchons à nous prévaloir de la foiblesse humaine. C'est là que va l'étude de la plupart du monde, et chacun s'efforce de prendre les hommes par leur foible, pour en tirer quelque profit. Les flatteurs, par exemple, cherchent à profiter de l'amour que les hommes ont pour les louanges, en leur donnant tout le vain encens qu'ils souhaitent; et c'est un art où l'on fait, comme on voit, des fortunes considérables. Les alchimistes tâchent à profiter de la passion que l'on a pour les richesses, en promettant des montagnes d'or à ceux qui les écoutent; et les diseurs d'horoscopes, par leurs prédictions trompeuses, profitent de la vanité et de l'ambition des crédules esprits. Mais le plus grand foible des hommes, c'est l'amour qu'ils ont pour la vie; et nous en profitons, nous autres, par notre pompeux galimatias, et savons prendre nos avantages de cette vénération que la peur de mourir leur donne pour notre métier. Conservons-nous donc dans le degré d'estime où leur foiblesse nous a mis, et soyons de concert auprès des malades, pour nous attribuer les heureux succès de la maladie et rejeter sur la nature toutes les bévues de notre art. N'allons point, dis-je, détruire sottement les heureuses préventions d'une erreur qui donne du pain à tant de personnes, et, de l'argent de ceux que nous mettons en terre, nous fait élever de tous côtés de beaux héritages.

MONSIEUR TOMÈS.

Vous avez raison en tout ce que vous dites; mais ce sont chaleurs de sang dont parfois on n'est pas le maître.

MONSIEUR FILERIN.

Allons donc, messieurs, mettez bas toute rancune, et faisons ici votre accommodement.

MONSIEUR DESFONANDRÈS.

J'y consens. Qu'il me passe mon émétique pour la malade dont il s'agit, et je lui passerai tout ce qu'il voudra pour le premier malade dont il sera question.

MONSIEUR FILERIN.

On ne peut pas mieux dire, et voilà se mettre à la raison.

MONSIEUR DESFONANDRÈS.

Cela est fait.

MONSIEUR FILERIN.

Touchez donc là. Adieu. Une autre fois, montrez plus de prudence.

## SCÈNE II
M. TOMÈS, M. DESFONANDRÈS, LISETTE.

LISETTE.

Quoi! messieurs, vous voilà, et vous ne songez pas à réparer le tort qu'on vient de faire à la médecine!

MONSIEUR TOMÈS.

Comment! qu'est-ce?

LISETTE.

Un insolent, qui a eu l'effronterie d'entreprendre sur votre métier, et qui, sans votre ordonnance, vient de tuer un homme d'un grand coup d'épée au travers du corps.

MONSIEUR TOMÈS.

Écoutez, vous faites la railleuse; mais vous passerez par nos mains quelque jour.

LISETTE.

Je vous permets de me tuer lorsque j'aurai recours à vous.

## SCÈNE III
CLITANDRE, en habit de médecin; LISETTE.

CLITANDRE.

Eh bien, Lisette, que dis-tu de mon équipage? Crois-tu qu'avec cet habit je puisse duper le bonhomme? Me trouves-tu bien ainsi?

LISETTE.

Le mieux du monde; et je vous attendois avec impatience. Enfin le ciel m'a faite d'un naturel le plus humain du monde, et je ne puis voir deux amants soupirer l'un pour l'autre qu'il ne me prenne une tendresse charitable et un désir ardent de soulager les maux qu'ils souffrent. Je veux, à quelque prix que ce soit, tirer Lucinde de la tyrannie où elle est, et la mettre en votre pouvoir. Vous m'avez plu d'abord ; je me connois en gens, et elle ne peut pas mieux choisir. L'amour risque des choses extraordinaires ; et nous avons concerté ensemble une manière de stratagème qui pourra peut-être nous réussir. Toutes nos mesures sont déjà prises : l'homme à qui nous avons affaire n'est pas des plus fins de ce monde ; et, si cette aventure nous manque, nous trouverons mille autres voies pour arriver à notre but. Attendez-moi là seulement, je reviens vous querir. (Clitandre se retire dans le fond du théâtre.)

### SCÈNE IV
#### SGANARELLE, LISETTE.

LISETTE.

Monsieur, allégresse ! allégresse !

SGANARELLE.

Qu'est-ce ?

LISETTE.

Réjouissez-vous.

SGANARELLE.

De quoi ?

LISETTE.

Réjouissez-vous, vous dis-je.

SGANARELLE.

Dis-moi donc ce que c'est, et puis je me réjouirai peut-être.

LISETTE.

Non, je veux que vous vous réjouissiez auparavant, que vous chantiez, que vous dansiez.

SGANARELLE.

Sur quoi ?

LISETTE.

Sur ma parole.

SGANARELLE.

Allons donc. (Il chante et danse.) La, lera la, la, la, lera la. Que diable !

LISETTE.

Monsieur, votre fille est guérie.

SGANARELLE.

Ma fille est guérie !

LISETTE.

Oui. Je vous amène un médecin, mais un médecin

d'importance, qui fait des cures merveilleuses, et qui se moque des autres médecins.

SGANARELLE.

Où est-il?

LISETTE.

Je vais le faire entrer.

SGANARELLE, seul.

Il faut voir si celui-ci fera plus que les autres.

## SCÈNE V

CLITANDRE, en habit de médecin; SGANARELLE, LISETTE.

LISETTE, amenant Clitandre.

Le voici.

SGANARELLE.

Voilà un médecin qui a la barbe bien jeune.

LISETTE.

La science ne se mesure pas à la barbe, et ce n'est pas par le menton qu'il est habile.

SGANARELLE.

Monsieur, on m'a dit que vous aviez des remèdes admirables pour faire aller à la selle.

CLITANDRE.

Monsieur, mes remèdes sont différents de ceux des autres. Ils ont l'émétique, les saignées, les médecines et les lavements; mais moi, je guéris par des paroles, par des sons, par des lettres, par des talismans et par des anneaux constellés.

LISETTE.

Que vous ai-je dit?

SGANARELLE.

Voilà un grand homme!

LISETTE.

Monsieur, comme votre fille est là tout habillée dans une chaise, je vais la faire passer ici.

SGANARELLE.

Oui, fais.

CLITANDRE, tâtant le pouls à Sganarelle.

Votre fille est bien malade.

SGANARELLE.

Vous connoissez cela ici?

CLITANDRE.

Oui, par la sympathie qu'il y a entre le père et la fille.

## SCÈNE VI
**SGANARELLE, LUCINDE, CLITANDRE, LISETTE.**

LISETTE, à Clitandre.

Tenez, monsieur, voilà une chaise auprès d'elle. (A Sganarelle.) Allons, laissez-les là tous deux.

SGANARELLE.

Pourquoi? je veux demeurer là.

LISETTE.

Vous moquez-vous? Il faut s'éloigner. Un médecin a cent choses à demander qu'il n'est pas honnête qu'un homme entende. (Sganarelle et Lisette s'éloignent.)

CLITANDRE, bas, à Lucinde.

Ah! madame, que le ravissement où je me trouve est grand! et que je sais peu par où vous commencer mon discours! Tant que je ne vous ai parlé que des yeux, j'avois, ce me sembloit, cent choses à vous dire; et maintenant que j'ai la liberté de vous parler de la façon que je souhaitois, je demeure interdit, et la grande joie où je suis étouffe toutes mes paroles.

LUCINDE.

Je puis vous dire la même chose; et je sens, comme vous, des mouvements de joie qui m'empêchent de pouvoir parler.

CLITANDRE.

Ah! madame, que je serois heureux s'il étoit vrai que vous sentissiez tout ce que je sens, et qu'il me fût permis de juger de votre âme par la mienne! Mais, madame, puis-je au moins croire que ce soit à vous à qui je doive la pensée de cet heureux stratagème qui me fait jouir de votre présence?

LUCINDE.

Si vous ne m'en devez pas la pensée, vous m'êtes redevable au moins d'en avoir approuvé la proposition avec beaucoup de joie.

SGANARELLE, à Lisette.

Il me semble qu'il lui parle de bien près.

LISETTE, à Sganarelle.

C'est qu'il observe sa physionomie et tous les traits de son visage.

CLITANDRE, à Lucinde.

Serez-vous constante, madame, dans ces bontés que vous me témoignez?

LUCINDE.

Mais vous, serez-vous ferme dans les résolutions

que vous avez montrées.
### CLITANDRE.
Ah! madame, jusqu'à la mort. Je n'ai point de plus forte envie que d'être à vous, et je vais le faire paroître dans tout ce que vous m'allez faire voir.
### SGANARELLE, à Clitandre.
Eh bien, notre malade? Elle me semble un peu plus gaie.
### CLITANDRE.
C'est que j'ai déjà fait agir sur elle un de ces remèdes que mon art m'enseigne. Comme l'esprit a grand empire sur le corps, et que c'est de lui bien souvent que procèdent les maladies, ma coutume est de courir à guérir les esprits avant que de venir aux corps. J'ai donc observé ses regards, les traits de son visage et les lignes de ses deux mains; et, par la science que le ciel m'a donnée, j'ai reconnu que c'étoit de l'esprit qu'elle étoit malade, et que tout son mal ne venoit que d'une imagination déréglée, d'un désir dépravé de vouloir être mariée. Pour moi, je ne vois rien de plus extravagant et de plus ridicule que cette envie qu'on a du mariage.
### SGANARELLE, à part.
Voilà un habile homme!
### CLITANDRE.
Et j'ai eu et aurai pour lui toute ma vie une aversion effroyable.
### SGANARELLE, à part.
Voilà un grand médecin!
### CLITANDRE.
Mais, comme il faut flatter l'imagination des malades et que j'ai vu en elle de l'aliénation d'esprit et même qu'il y avoit du péril à ne lui pas donner un prompt secours, je l'ai prise par son foible, et lui ai dit que j'étois venu ici pour vous la demander en mariage. Soudain son visage a changé, son teint s'est éclairci, ses yeux se sont animés; et, si vous voulez, pour quelques jours, l'entretenir dans cette erreur, vous verrez que nous la tirerons d'où elle est.
### SGANARELLE.
Oui-dà, je le veux bien.
### CLITANDRE.
Après nous ferons agir d'autres remèdes pour la guérir entièrement de cette fantaisie.

SGANARELLE.

Oui, cela est le mieux du monde. Eh bien, ma fille, voilà monsieur qui a envie de t'épouser, et je lui ai dit que je le voulois bien.

LUCINDE.

Hélas! est-il possible?

SGANARELLE.

Oui.

LUCINDE.

Mais, tout de bon?

SGANARELLE.

Oui, oui.

LUCINDE, à Clitandre.

Quoi! vous êtes dans les sentiments d'être mon mari?

CLITANDRE.

Oui, madame.

LUCINDE.

Et mon père y consent?

SGANARELLE.

Oui, ma fille.

LUCINDE.

Ah! que je suis heureuse, si cela est véritable!

CLITANDRE.

N'en doutez point, madame. Ce n'est pas d'aujourd'hui que je vous aime et que je brûle de me voir votre mari. Je ne suis venu ici que pour cela; et, si vous voulez que je vous dise nettement les choses comme elles sont, cet habit n'est qu'un pur prétexte inventé, et je n'ai fait le médecin que pour m'approcher de vous, et obtenir plus facilement ce que je souhaite.

LUCINDE.

C'est me donner des marques d'un amour bien tendre, et j'y suis sensible autant que je puis.

SGANARELLE, à part.

O la folle! ô la folle! ô la folle!

LUCINDE.

Vous voulez donc bien, mon père, me donner monsieur pour époux?

SGANARELLE.

Oui. Ça, donne-moi ta main. Donnez-moi un peu aussi la vôtre, pour voir.

CLITANDRE.

Mais, monsieur...

SGANARELLE, étouffant de rire.

Non, non, c'est pour... pour lui contenter l'esprit. Touchez-là. Voilà qui est fait.

CLITANDRE.

Acceptez, pour gage de ma foi, cet anneau que je vous donne. (Bas, à Sganarelle.) C'est un anneau constellé, qui guérit les égarements d'esprit.

LUCINDE.

Faisons donc le contrat, afin que rien n'y manque.

CLITANDRE.

Hélas! Je le veux bien, madame. (Bas, à Sganarelle.) Je vais faire monter l'homme qui écrit mes remèdes, et lui faire croire que c'est un notaire.

SGANARELLE.

Fort bien.

CLITANDRE.

Holà! faites monter le notaire que j'ai amené avec moi.

LUCINDE.

Quoi! vous aviez amené un notaire?

CLITANDRE.

Oui, madame.

LUCINDE.

J'en suis ravie.

SGANARELLE.

O la folle! ô la folle!

## SCÈNE VII

LE NOTAIRE, CLITANDRE, SGANARELLE, LUCINDE, LISETTE.

Clitandre parle bas au notaire.

SGANARELLE, au notaire.

Oui, monsieur, il faut faire un contrat pour ces deux personnes-là. Écrivez. (A Lucinde.) Voilà le contrat fait. (Au notaire.) Je lui donne vingt mille écus en mariage. Écrivez.

LUCINDE.

Je vous suis bien obligée, mon père.

LE NOTAIRE.

Voilà qui est fait. Vous n'avez qu'à venir signer.

SGANARELLE.

Voilà un contrat bientôt bâti.

CLITANDRE, à Sganarelle.
Mais au moins, monsieur...
SGANARELLE.
Eh ! non, vous dis-je. Sait-on pas bien... (Au notaire.) Allons, donnez-lui la plume pour signer. (A Lucinde.) Allons, signe, signe, signe. Va, va, je signerai tantôt, moi.
LUCINDE.
Non, non, je veux avoir le contrat entre mes mains.
SGANARELLE.
Eh bien, tiens. (Après avoir signé.) Es-tu contente?
LUCINDE.
Plus qu'on ne peut s'imaginer.
SGANARELLE.
Voilà qui est bien, voilà qui est bien.
CLITANDRE.
Au reste, je n'ai pas eu seulement la précaution d'amener un notaire ; j'ai eu celle encore de faire venir des voix et des instruments et des danseurs pour célébrer la fête et nous réjouir. Qu'on les fasse venir. Ce sont des gens que je mène avec moi, et dont je me sers tous les jours pour pacifier avec leur harmonie et leurs danses les troubles de l'esprit.

## SCÈNE VIII

LA COMÉDIE, LE BALLET, LA MUSIQUE, ensemble.

Sans nous tous les hommes
Deviendroient malsains,
Et c'est nous qui sommes
Leurs grands médecins.

LA COMÉDIE.

Veut-on qu'on rabatte
Par des moyens doux,
Les vapeurs de rate
Qui vous minent tous?
Qu'on laisse Hippocrate,
Et qu'on vienne à nous.

TOUS TROIS ENSEMBLE.

Sans nous tous les hommes
Deviendroient malsains,
Et c'est nous qui sommes
Leurs grands médecins.

Pendant que les Jeux, les Ris et les Plaisirs dansent, Clitandre emmène Lucinde.

## SCÈNE IX
SGANARELLE, LISETTE, LA COMÉDIE, LA MUSIQUE, LE BALLET, JEUX, RIS, PLAISIRS.

SGANARELLE.

Voilà une plaisante façon de guérir ! Où est donc ma fille et le médecin ?

LISETTE.

Ils sont allés achever le reste du mariage.

SGANARELLE.

Comment, le mariage ?

LISETTE.

Ma foi, monsieur, la bécasse est bridée ; et vous avez cru faire un jeu, qui demeure une vérité.

SGANARELLE.

Comment diable ! (Il veut aller après Clitandre et Lucinde, les danseurs le retiennent.) Laissez-moi aller, laissez-moi aller, vous dis-je ! (Les danseurs le retiennent toujours.) Encore ? (Ils veulent faire danser Sganarelle de force.) Peste des gens !

# LE MISANTHROPE
## COMÉDIE EN CINQ ACTES

### PERSONNAGES

ALCESTE, amant de Célimène ; PHILINTE, ami d'Alceste ; ORONTE, amante de Célimène; CÉLIMÈNE, amante d'Alceste; ÉLIANTE, cousine de Célimène; ARSINOÉ, amie de Célimène; ACASTE, CLITANDRE, marquis; BASQUE, valet de Célimène ; UN GARDE de la maréchaussée de France; DUBOIS, valet d'Alceste.

## ACTE PREMIER
### SCÈNE I
PHILINTE, ALCESTE.

PHILINTE.
Qu'est-ce donc ? qu'avez-vous?
ALCESTE, assis.
　　　　　　　Laissez-moi, je vous prie.
PHILINTE.
Mais encor, dites-moi quelle bizarrerie...
ALCESTE.
Laissez-moi là, vous dis-je, et courez vous cacher.
PHILINTE.
Mais on entend les gens au moins sans se fâcher.
ALCESTE.
Moi, je veux me fâcher, et ne veux point entendre.
PHILINTE.
Dans vos brusques chagrins je ne puis vous comprendre;
Et, quoique amis enfin, je suis tout des premiers...
ALCESTE, se levant brusquement.
Moi, votre ami ! Rayez cela de vos papiers.
J'ai fait jusques ici profession de l'être;
Mais, après ce qu'en vous je viens de voir paroître,
Je vous déclare net que je ne le suis plus,
Et ne veux nulle place en des cœurs corrompus.
PHILINTE.
Je suis donc bien coupable, Alceste, à votre compte?
ALCESTE.
Allez, vous devriez mourir de pure honte :

Une telle action ne sauroit s'excuser,
Et tout homme d'honneur s'en doit scandaliser.
Je vous vois accabler un homme de caresses,
Et témoigner pour lui les dernières tendresses ;
De protestations, d'offres et de serments,
Vous chargez la fureur de vos embrassements :
Et, quand je vous demande après quel est cet homme,
A peine pouvez-vous dire comme il se nomme ;
Votre chaleur pour lui tombe en vous séparant,
Et vous me le traitez, à moi, d'indifférent !
Morbleu ! c'est une chose indigne, lâche, infâme,
De s'abaisser ainsi jusqu'à trahir son âme ;
Et si, par un malheur, j'en avois fait autant,
Je m'irois, de regret, pendre tout à l'instant !
            PHILINTE.
Je ne vois pas, pour moi, que le cas soit pendable ;
Et je vous supplierai d'avoir pour agréable
Que je me fasse un peu grâce sur votre arrêt,
Et ne me pende pas pour cela, s'il vous plaît.
            ALCESTE.
Que la plaisanterie est de mauvaise grâce !
            PHILINTE.
Mais, sérieusement, que voulez-vous qu'on fasse ?
            ALCESTE.
Je veux qu'on soit sincère, et qu'en homme d'honneur,
On ne lâche aucun mot qui ne parte du cœur.
            PHILINTE.
Lorsqu'un homme vous vient embrasser avec joie,
Il faut bien le payer de la même monnoie,
Répondre, comme on peut, à ses empressements,
Et rendre offre pour offre, et serments pour serments.
            ALCESTE.
Non, je ne puis souffrir cette lâche méthode
Qu'affectent la plupart de vos gens à la mode ;
Et je ne hais rien tant que les contorsions
De tous ces grands faiseurs de protestations,
Ces affables donneurs d'embrassades frivoles,
Ces obligeants diseurs d'inutiles paroles ;
Qui de civilités avec tous font combat,
Et traitent du même air l'honnête homme et le fat.
Quel avantage a-t-on qu'un homme vous caresse,
Vous jure amitié, foi, zèle, estime, tendresse,
Et vous fasse de vous un éloge éclatant,
Lorsqu'au premier faquin il court en faire autant ?
Non, non, il n'est point d'âme un peu bien située

Qui veuille d'une estime ainsi prostituée ;
Et la plus glorieuse a des régals peu chers,
Dès qu'on voit qu'on nous mêle avec tout l'univers :
Sur quelque préférence une estime se fonde,
Et c'est n'estimer rien qu'estimer tout le monde.
Puisque vous y donnez, dans ces vices du temps,
Morbleu ! vous n'êtes pas pour être de mes gens ;
Je refuse d'un cœur la vaste complaisance
Qui ne fait de mérite aucune différence ;
Je veux qu'on me distingue ; et, pour le trancher net,
L'ami du genre humain n'est point du tout mon fait.

PHILINTE.
Mais, quand on est du monde il faut bien que l'on rende
Quelques dehors civils que l'usage demande.

ALCESTE.
Non, vous dis-je ; on devroit châtier sans pitié
Ce commerce honteux de semblants d'amitié.
Je veux que l'on soit homme, et qu'en toute rencontre
Le fond de notre cœur dans nos discours se montre,
Que ce soit lui qui parle, et que nos sentiments
Ne se masquent jamais sous de vains compliments.

PHILINTE.
Il est bien des endroits où la pleine franchise
Deviendroit ridicule et seroit peu permise ;
Et parfois, n'en déplaise à votre austère honneur,
Il est bon de cacher ce qu'on a dans le cœur.
Seroit-il à propos, et de la bienséance,
De dire à mille gens tout ce que d'eux on pense ?
Et quand on a quelqu'un qu'on hait ou qui déplaît
Lui doit-on déclarer la chose comme elle est ?

ALCESTE.
Oui.

PHILINTE.
Quoi ! vous iriez dire à la vieille Émilie
Qu'à son âge il sied mal de faire la jolie,
Et que le blanc qu'elle a scandalise chacun ?

ALCESTE.
Sans doute.

PHILINTE.
A Dorilas, qu'il est trop importun ;
Et qu'il n'est à la cour, oreille qu'il ne lasse
A conter sa bravoure et l'éclat de sa race ?

ALCESTE.
Fort bien.

PHILINTE.
Vous vous moquez.
ALCESTE.
Je ne me moque point ;
Et je vais n'épargner personne sur ce point.
Mes yeux sont trop blessés, et la cour et la ville
Ne m'offrent rien qu'objets qui m'échauffent la bile ;
J'entre en une humeur noire, en un chagrin profond,
Quand je vois vivre entre eux les hommes comme ils
[font ;
Je ne trouve partout que lâche flatterie,
Qu'injustice, intérêt, trahison, fourberie ;
Je n'y puis plus tenir, j'enrage ; et mon dessein
Est de rompre en visière à tout le genre humain.
PHILINTE.
Ce chagrin philosophe est un peu trop sauvage.
Je ris des noirs accès où je vous envisage,
Et crois voir en nous deux, sous mêmes soins nourris,
Les deux frères que peint *l'École des maris*,
Dont...
ALCESTE.
Mon Dieu ! laissons-là vos comparaisons fades.
PHILINTE.
Non : tout de bon, quittez toutes ces incartades.
Le monde par vos soins ne se changera pas :
Et, puisque la franchise a pour vous tant d'appas,
Je vous dirai tout franc que cette maladie
Partout où vous allez donne la comédie ;
Et qu'un si grand courroux contre les mœurs du temps
Vous tourne en ridicule auprès de bien des gens.
ALCESTE.
Tant mieux, morbleu ! tant mieux, c'est ce que je
[demande.
Ce m'est un fort bon signe, et ma joie en est grande.
Tous les hommes me sont à tel point odieux,
Que je serois fâché d'être sage à leurs yeux.
PHILINTE.
Vous voulez un grand mal à la nature humaine.
ALCESTE.
Oui, j'ai conçu pour elle une effroyable haine.
PHILINTE.
Tous les pauvres humains, sans nulle exception,
Seront enveloppés dans cette aversion ?
Encore en est-il bien, dans le siècle où nous sommes...

ALCESTE.
Non, elle est générale, et je hais tous les hommes :
Les uns, parce qu'ils sont méchants et malfaisants,
Et les autres pour être aux méchants complaisants,
Et n'avoir pas pour eux ces haines vigoureuses
Que doit donner le vice aux âmes vertueuses.
De cette complaisance on voit l'injuste excès
Pour le franc scélérat avec qui j'ai procès.
Au travers de son masque on voit à plein le traître :
Partout il est connu pour tout ce qu'il peut être ;
Et ces roulements d'yeux, et son ton radouci,
N'imposent qu'à des gens qui ne sont point d'ici.
On sait que ce pied-plat, digne qu'on le confonde,
Par de sales emplois s'est poussé dans le monde,
Et que par eux son sort de splendeur revêtu,
Fait gronder le mérite et rougir la vertu ;
Quelques titres honteux qu'en tous lieux on lui donne,
Son misérable honneur ne voit pour lui personne :
Nommez-le fourbe, infâme, et scélérat maudit,
Tout le monde en convient, et nul n'y contredit.
Cependant sa grimace est partout bien venue ;
On l'accueille, on lui rit ; partout il s'insinue ;
Et s'il est, par la brigue, un rang à disputer,
Sur le plus honnête homme on le voit l'emporter.
Têtebleu ! ce me sont de mortelles blessures,
De voir qu'avec le vice on garde des mesures ;
Et parfois il me prend des mouvements soudains
De fuir dans un désert l'approche des humains.

PHILINTE.
Mon Dieu ! des mœurs du temps mettons-nous moins
[en peine,
Et faisons un peu grâce à la nature humaine ;
Ne l'examinons point dans la grande rigueur,
Et voyons ses défauts avec quelque douceur.
Il faut, parmi le monde, une vertu traitable ;
A force de sagesse, on peut être blâmable ;
La parfaite raison fuit toute extrémité,
Et veut que l'on soit sage avec sobriété.
Cette grande roideur des vertus des vieux âges
Heurte trop notre siècle et les communs usages ;
Elle veut aux mortels trop de perfection :
Il faut fléchir au temps sans obstination ;
Et c'est une folie à nulle autre seconde,
De vouloir se mêler de corriger le monde.
J'observe, comme vous, cent choses tous les jours,

Qui pourroient mieux aller, prenant un autre cours;
Mais, quoique à chaque pas je puisse voir paroître,
En courroux, comme vous, on ne me voit point être;
Je prends tout doucement les hommes comme ils sont;
J'accoutume mon âme à souffrir ce qu'ils font,
Et je crois qu'à la cour, de même qu'à la ville,
Mon flegme est philosophe autant que votre bile.

ALCESTE.

Mais ce flegme, monsieur, vous qui parlez si bien,
Ce flegme pourra-t-il ne s'échauffer de rien?
Et, s'il faut, par hasard, qu'un ami vous trahisse,
Que, pour avoir vos biens, on dresse un artifice,
Ou qu'on tâche à semer de méchants bruits de vous,
Verrez-vous tout cela sans vous mettre en courroux?

PHILINTE.

Oui, je vois ces défauts, dont votre âme murmure,
Comme vices unis à l'humaine nature;
Et mon esprit enfin n'est pas plus offensé
De voir un homme fourbe, injuste, intéressé,
Que de voir des vautours affamés de carnage,
Des singes malfaisants et des loups pleins de rage.

ALCESTE.

Je me verrai trahir, mettre en pièces, voler,
Sans que je sois... Morbleu! je ne veux point parler,
Tant ce raisonnement est plein d'impertinence!

PHILINTE.

Ma foi, vous ferez bien de garder le silence.
Contre votre partie éclatez un peu moins,
Et donnez au procès une part de vos soins.

ALCESTE.

Je n'en donnerai point, c'est une chose dite.

PHILINTE.

Mais qui voulez-vous donc qui pour vous sollicite?

ALCESTE.

Qui je veux? La raison, mon bon droit, l'équité.

PHILINTE.

Aucun juge par vous ne sera visité?

ALCESTE.

Non. Est-ce que ma cause est injuste ou douteuse?

PHILINTE.

J'en demeure d'accord : mais la brigue est fâcheuse,
Et...

ALCESTE.

Non. J'ai résolu de n'en pas faire un pas.
J'ai tort ou j'ai raison.

PHILINTE.
Ne vous y fiez pas.
ALCESTE.
Je ne remuerai point.
PHILINTE.
Votre partie est forte,
Et peut, par sa cabale, entraîner...
ALCESTE.
Il n'importe.
PHILINTE.
Vous vous tromperez.
ALCESTE.
Soit. J'en veux voir le succès :
PHILINTE.
Mais...
ALCESTE.
J'aurai le plaisir de perdre mon procès.
PHILINTE
Mais enfin...
ALCESTE.
Je verrai dans cette plaiderie
Si les hommes auront assez d'effronterie,
Seront assez méchants, scélérats et pervers,
Pour me faire injustice aux yeux de l'univers.
PHILINTE.
Quel homme!
ALCESTE.
Je voudrois, m'en coûtât-il grand'chose,
Pour la beauté du fait, avoir perdu ma cause.
PHILINTE.
On se riroit de vous, Alceste, tout de bon,
Si l'on vous entendoit parler de la façon.
ALCESTE.
Tant pis pour qui riroit.
PHILINTE.
Mais cette rectitude
Que vous voulez en tout avec exactitude,
Cette pleine droiture où vous vous renfermez,
La trouvez-vous ici dans ce que vous aimez?
Je m'étonne, pour moi, qu'étant, comme il le semble,
Vous et le genre humain, si fort brouillés ensemble,
Malgré tout ce qui peut vous le rendre odieux,
Vous ayez pris chez lui ce qui charme vos yeux;
Et ce qui me surprend encore davantage,

C'est cet étrange choix où votre cœur s'engage.
La sincère Éliante a du penchant pour vous ;
La prude Arsinoé vous voit d'un œil fort doux ;
Cependant à leurs vœux votre âme se refuse,
Tandis qu'en ses liens Célimène l'amuse,
De qui l'humeur coquette et l'esprit médisant
Semblent si fort donner dans les mœurs d'à présent.
D'où vient que, leur portant une haine mortelle,
Vous pouvez bien souffrir ce qu'en tient cette belle?
Ne sont-ce plus défauts dans un objet si doux?
Ne les voyez-vous pas, ou les excusez-vous?

ALCESTE.

Non. L'amour que je sens pour cette jeune veuve
Ne ferme point mes yeux aux défauts qu'on lui treuve ;
Et je suis, quelque ardeur qu'elle m'ait pu donner,
Le premier à les voir, comme à les condamner.
Mais avec tout cela, quoi que je puisse faire,
Je confesse mon foible ; elle a l'art de me plaire :
J'ai beau voir ses défauts, et j'ai beau l'en blâmer,
En dépit qu'on en ait, elle se fait aimer;
Sa grâce est la plus forte ; et sans doute ma flamme
De ces vices du temps pourra purger son âme.

PHILINTE.

Si vous faites cela, vous ne ferez pas peu.
Vous croyez être donc aimé d'elle?

ALCESTE.

      Oui, parbleu !
Je ne l'aimerois pas, si je ne croyois l'être.

PHILINTE.

Mais, si son amitié pour vous se fait paroître,
D'où vient que vos rivaux vous causent de l'ennui ?

ALCESTE.

C'est qu'un cœur bien atteint veut qu'on soit tout à lui,
Et je ne viens ici qu'à dessein de lui dire
Tout ce que là-dessus ma passion m'inspire.

PHILINTE.

Pour moi, si je n'avois qu'à former des désirs,
Sa cousine Éliante auroit tous mes soupirs :
Son cœur, qui vous estime, est solide et sincère,
Et ce choix plus conforme étoit mieux votre affaire.

ALCESTE.

Il est vrai : ma raison me le dit chaque jour ;
Mais la raison n'est pas ce qui règle l'amour.

PHILINTE.

Je crains fort pour vos feux ; et l'espoir où vous êtes,
Pourroit...

## SCÈNE II
ORONTE, ALCESTE, PHILINTE

ORONTE, à Alceste.

J'ai su là-bas que pour quelques emplettes
Éliante est sortie, et Célimène aussi.
Mais, comme l'on m'a dit que vous étiez ici,
J'ai monté pour vous dire, et d'un cœur véritable,
Que j'ai conçu pour vous une estime incroyable,
Et que, depuis longtemps, cette estime m'a mis
Dans un ardent désir d'être de vos amis.
Oui, mon cœur au mérite aime à rendre justice,
Et je brûle qu'un nœud d'amitié nous unisse.
Je crois qu'un ami chaud et de ma qualité,
N'est pas assurément pour être rejeté.

Pendant le discours d'Oronte Alceste est rêveur, et semble ne pas entendre que c'est à lui qu'on parle. Il ne sort de sa rêverie que quand Oronte lui dit :

C'est à vous, s'il vous plaît, que ce discours s'adresse.

ALCESTE.

A moi, monsieur ?

ORONTE.

A vous. Trouvez-vous qu'il vous
[blesse ?

ALCESTE.

Non pas. Mais la surprise est fort grande pour moi,
Et je n'attendois pas l'honneur que je reçoi.

ORONTE.

L'estime où je vous tiens ne doit pas vous surprendre,
Et de tout l'univers vous la pouvez prétendre.

ALCESTE.

Monsieur...

ORONTE.

L'État n'a rien qui ne soit au-dessous
Du mérite éclatant que l'on découvre en vous.

ALCESTE.

Monsieur...

ORONTE.

Oui, de ma part, je vous tiens préférable
A tout ce que j'y vois de plus considérable.

ALCESTE.

Monsieur...

T. II. 14

ORONTE.
Sois-je du ciel écrasé, si je mens !
Et, pour vous confirmer ici mes sentiments,
Souffrez qu'à cœur ouvert, monsieur, je vous embrasse,
Et qu'en votre amitié je vous demande place.
Touchez là, s'il vous plaît. Vous me la promettez,
Votre amitié ?

ALCESTE.
Monsieur...

ORONTE.
Quoi ! vous y résistez ?

ALCESTE.
Monsieur, c'est trop d'honneur que vous me voulez faire ;
Mais l'amitié demande un peu plus de mystère ;
Et c'est assurément en profaner le nom.
Que de vouloir le mettre à toute occasion.
Avec lumière et choix cette union veut naître ;
Avant que nous lier, il faut nous mieux connoître ;
Et nous pourrions avoir telles complexions,
Que tous deux du marché nous nous repentirions.

ORONTE.
Parbleu ! c'est là-dessus parler en homme sage,
Et je vous en estime encore davantage.
Souffrons donc que le temps forme des nœuds si doux ;
Mais cependant je m'offre entièrement à vous.
S'il faut faire à la cour pour vous quelque ouverture,
On sait qu'auprès du roi je fais quelque figure ;
Il m'écoute, et dans tout il en use, ma foi,
Le plus honnêtement du monde avecque moi.
Enfin je suis à vous de toutes les manières ;
Et, comme votre esprit a de grandes lumières,
Je viens, pour commencer entre nous ce beau nœud,
Vous montrer un sonnet que j'ai fait depuis peu,
Et savoir s'il est bon qu'au public je l'expose.

ALCESTE.
Monsieur, je suis mal propre à décider la chose.
Veuillez m'en dispenser.

ORONTE.
Pourquoi ?

ALCESTE.
J'ai le défaut
D'être un peu plus sincère en cela qu'il ne faut.

ORONTE.
C'est ce que je demande ; et j'aurois lieu de plainte,

Si, m'exposant à vous pour me parler sans feinte,
Vous alliez me trahir et me déguiser rien.
               ALCESTE.
Puisqu'il vous plaît ainsi, monsieur, je le veux bien.
                  ORONTE.
*Sonnet.* C'est un sonnet... *L'Espoir*... C'est une dame
Qui de quelque espérance avoit flatté ma flamme.
*L'Espoir*... Ce ne sont point de ces grands vers pompeux,
Mais de petits vers doux, tendres et langoureux.
                ALCESTE.
Nous verrons bien.
                  ORONTE.
            *L'Espoir*... Je ne sais si le style
Pourra vous en paroître assez net et facile,
Et si du choix des mots vous vous contenterez.
                ALCESTE.
Nous allons voir, monsieur.
                  ORONTE.
                      Au reste, vous saurez
Que je n'ai demeuré qu'un quart d'heure à le faire.
                 ALCESTE.
Voyons, monsieur; le temps ne fait rien à l'affaire.
                ORONTE lit.
    L'espoir, il est vrai, nous soulage,
    Et nous berce un temps notre ennui ;
    Mais, Philis, le triste avantage,
    Lorsque rien ne marche après lui !
                 PHILINTE
Je suis déjà charmé de ce petit morceau.
            ALCESTE, bas, à Philinte.
Quoi ! vous avez le front de trouver cela beau !
                  ORONTE.
    Vous eûtes de la complaisance ;
    Mais vous en deviez moins avoir,
    Et ne vous pas mettre en dépense
    Pour ne me donner que l'espoir.
                 PHILINTE.
Ah ! qu'en termes galants ces choses-là sont mises !
            ALCESTE, bas, à Philinte.
Eh quoi ! vil complaisant, vous louez des sottises !
                  ORONTE.
    S'il faut qu'une attente éternelle
    Pousse à bout l'ardeur de mon zèle,
    Le trépas sera mon recours.
    Vos soins ne m'en peuvent distraire :

Belle Philis, on désespère,
Alors qu'on espère toujours.
PHILINTE.
La chute en est jolie, amoureuse, admirable.
ALCESTE, bas, à part.
La peste de ta chute, empoisonneur, au diable !
En eusses-tu fait une à te casser le nez !
PHILINTE.
Je n'ai jamais ouï de vers si bien tournés.
ALCESTE, bas, à part.
Morbleu !
ORONTE, à Philinte.
Vous me flattez, et vous croyez peut-être...
PHILINTE.
Non, je ne flatte point.
ALCESTE, bas, à part.
Eh ! que fais-tu donc, traître ?
ORONTE, à Alceste.
Mais pour vous, vous savez quel est notre traité.
Parlez-moi, je vous prie, avec sincérité.
ALCESTE.
Monsieur, cette matière est toujours délicate,
Et sur le bel esprit nous aimons qu'on nous flatte.
Mais un jour, à quelqu'un dont je tairai le nom,
Je disois, en voyant des vers de sa façon,
Qu'il faut qu'un galant homme ait toujours grand em-
[pire
Sur les démangeaisons qui nous prennent d'écrire ;
Qu'il doit tenir la bride aux grands empressements
Qu'on a de faire éclat de tels amusements ;
Et que, par la chaleur de montrer ses ouvrages,
On s'expose à jouer de mauvais personnages.
ORONTE.
Est-ce que vous voulez me déclarer par là
Que j'ai tort de vouloir...
ALCESTE.
Je ne dis pas cela.
Mais je lui disois, moi, qu'un froid écrit assomme,
Qu'il ne faut que ce foible à décrier un homme,
Et qu'eût-on d'autre part cent belles qualités,
On regarde les gens par leurs méchants côtés.
ORONTE.
Est-ce qu'à mon sonnet vous trouvez à redire ?
ALCESTE.
Je ne dis pas cela. Mais, pour ne point écrire,

Je lui mettois aux yeux comme, dans notre temps,
Cette soif a gâté de fort honnêtes gens.
ORONTE.
Est-ce que j'écris mal, et leur ressemblerois-je.
ALCESTE.
Je ne dis pas cela. Mais enfin, lui disois-je,
Quel besoin si pressant avez-vous de rimer?
Et qui diantre vous pousse à vous faire imprimer?
Si l'on peut pardonner l'essor d'un mauvais livre,
Ce n'est qu'aux malheureux qui composent pour vivre.
Croyez-moi, résistez à vos tentations ;
Dérobez au public ces occupations,
Et n'allez point quitter, de quoi que l'on vous somme,
Le nom que dans la cour vous avez d'honnête homme,
Pour prendre, de la main d'un avide imprimeur,
Celui de ridicule et misérable auteur.
C'est ce que je tâchai de lui faire comprendre.
ORONTE.
Voilà qui va fort bien, et je crois vous entendre.
Mais ne puis-je savoir ce que dans mon sonnet...
ALCESTE.
Franchement, il est bon à mettre au cabinet.
Vous vous êtes réglé sur de méchants modles.
Et vos expressions ne sont point naturelles.
  Qu'est-ce que : *Nous berce un temps notre ennui ?*
  Et que, *Rien ne marche après lui ?*
  Que, *Ne vous pas mettre en dépense*
  *Pour ne me donner que l'espoir ?*
  Et que, *Philis, on désespère,*
  *Alors qu'on espère toujours ?*
Ce style figuré, dont on fait vanité,
Sort du bon caractère et de la vérité ;
Ce n'est que jeu de mots, qu'affectation pure,
Et ce n'est point ainsi que parle la nature.
Le méchant goût du siècle en cela me fait peur ;
Nos pères, tout grossiers, l'avoient beaucoup meilleur ;
Et je prise bien moins tout ce que l'on admire,
Qu'une vieille chanson que je m'en vais vous dire.

  S i le roi m'avoit donné
   Paris, sa grand'ville,
  Et qu'il me fallût quitter
   L'amour de ma mie,
  Je dirois au roi Henri :
  Reprenez votre Paris ;
  J'aime mieux ma mie, ô gué !
   J'aime mieux ma mie.

La rime n'est pas riche, et le style en est vieux :
Mais ne voyez-vous pas que cela vaut bien mieux
Que ces colifichets dont le bon sens murmure,
Et que la passion parle là toute pure ?

> Si le roi m'avoit donné
> Paris, sa grand'ville,
> Et qu'il me fallût quitter
> L'amour de ma mie,
> Je dirois au roi Henri :
> Reprenez votre Paris ;
> J'aime mieux ma mie, ô gué !
> J'aime mieux ma mie.

Voilà ce que peut dire un cœur vraiment épris.
*A Philinte, qui rit.*
Oui, monsieur le rieur, malgré vos beaux esprits,
J'estime plus cela que la pompe fleurie
De tous ces faux brillants où chacun se récrie.

ORONTE.
Et moi, je vous soutiens que mes vers sont fort bons.

ALCESTE.
Pour les trouver ainsi, vous avez vos raisons ;
Mais vous trouverez bon que j'en puisse avoir d'autres
Qui se dispenseront de se soumettre aux vôtres.

ORONTE.
Il me suffit de voir que d'autres en font cas.

ALCESTE.
C'est qu'ils ont l'art de feindre ; et moi, je ne l'ai pas.

ORONTE.
Croyez-vous donc avoir tant d'esprit en partage ?

ALCESTE.
Si je louois vos vers, j'en aurois davantage.

ORONTE.
Je me passerai fort que vous les approuviez.

ALCESTE.
Il faut bien, s'il vous plaît, que vous vous en passiez.

ORONTE.
Je voudrois bien, pour voir, que, de votre manière,
Vous en composassiez sur la même matière.

ALCESTE.
J'en pourrois, par malheur, faire d'aussi méchants ;
Mais je me garderois de les montrer aux gens.

ORONTE.
Vous me parlez bien ferme ; et cette suffisance...

ALCESTE.
Autre part que chez moi cherchez qui vous encense.

ORONTE.
Mais, mon petit monsieur, prenez-le un peu moins haut.
ALCESTE.
Ma foi, mon grand monsieur, je le prends comme
[il faut.
PHILINTE, se mettant entre deux.
Eh ! messieurs, c'en est trop, laissez cela, de grâce.
ORONTE.
Ah ! j'ai tort, je l'avoue, et je quitte la place.
Je suis votre valet, monsieur, de tout mon cœur.
ALCESTE.
Et moi, je suis, monsieur, votre humble serviteur.

## SCÈNE III
PHILINTE, ALCESTE.

PHILINTE.
Eh bien, vous le voyez. Pour être trop sincère,
Vous voilà sur les bras une fâcheuse affaire ;
Et j'ai bien vu qu'Oronte, afin d'être flatté...
ALCESTE.
Ne me parlez pas.
PHILINTE.
Mais...
ALCESTE.
Plus de société.
PHILINTE.
C'est trop...
ALCESTE.
Laissez-moi là.
PHILINTE.
Si je...
ALCESTE.
Point de langage.
PHILINTE.
Mais quoi !...
ALCESTE.
Je n'entends rien.
PHILINTE.
Mais...
ALCESTE.
Encore !
PHILINTE.
On outrage...
ALCESTE.
Ah ! parbleu ! c'en est trop. Ne suivez point mes pas.
PHILINTE.
Vous vous moquez de moi. Je ne vous quitte pas.

## ACTE SECOND
### SCÈNE I
#### ALCESTE, CÉLIMÈNE.

ALCESTE.
Madame, voulez-vous que je vous parle net ?
De vos façons d'agir je suis mal satisfait :
Contre elles dans mon cœur trop de bile s'assemble,
Et je sens qu'il faudra que nous rompions ensemble,
Oui, je vous tromperois de parler autrement ;
Tôt ou tard nous romprons indubitablement ;
Et je vous promettrois mille fois le contraire,
Que je ne serois pas en pouvoir de le faire.
CÉLIMÈNE.
C'est pour me quereller donc, à ce que je voi,
Que vous avez voulu me ramener chez moi ?
ALCESTE.
Je ne querelle point. Mais votre humeur, madame,
Ouvre au premier venu trop d'accès dans votre âme,
Vous avez trop d'amants qu'on voit vous obséder,
Et mon cœur de cela ne peut s'accommoder.
CÉLIMÈNE.
Des amants que je fais me rendez-vous coupable ?
Puis-je empêcher les gens de me trouver aimable ?
Et, lorsque pour me voir ils font de doux efforts,
Dois-je prendre un bâton pour les mettre dehors ?
ALCESTE.
Non, ce n'est pas, madame, un bâton qu'il faut pren-
[dre,
Mais un cœur à leurs vœux moins facile et moins
[tendre.
Je sais que vos appas vous suivent en tous lieux ;
Mais votre accueil retient ceux qu'attirent vos yeux,
Et sa douceur offerte à qui vous rend les armes
Achève sur les cœurs l'ouvrage de vos charmes.
Le trop riant espoir que vous leur présentez
Attache autour de vous leurs assiduités ;
Et votre complaisance, un peu moins étendue,
De tant de soupirants chasseroit la cohue.
Mais, au moins, dites-moi, madame, par quel sort
Votre Clitandre a l'heur de vous plaire si fort.
Sur quel fonds de mérite et de vertu sublime
Appuyez-vous en lui l'honneur de votre estime ?
Est-ce par l'ongle long qu'il porte au petit doigt,
Qu'il s'est acquis chez vous l'estime où l'on le voit?

Vous vous êtes rendue, avec tout le beau monde,
Au mérite éclatant de sa perruque blonde
Sont-ce ses grands canons qui vous le font aimer?
L'amas de ses rubans a-t-il su vous charmer?
Est-ce par les appas de sa vaste rhingrave
Qu'il a gagné votre âme en faisant votre esclave?
Ou sa façon de rire, et son ton de fausset,
Ont-ils de vous toucher su trouver le secret?
                    CÉLIMÈNE.
Qu'injustement de lui vous prenez de l'ombrage!
Ne savez-vous pas bien pourquoi je le ménage;
Et que dans mon procès, ainsi qu'il m'a promis,
Il peut intéresser tout ce qu'il a d'amis?
                    ALCESTE.
Perdez votre procès, madame, avec constance,
Et ne ménagez point un rival qui m'offense.
                    CÉLIMÈNE.
Mais de tout l'univers vous devenez jaloux.
                    ALCESTE.
C'est que tout l'univers est bien reçu de vous.
                    CÉLIMÈNE.
C'est ce qui doit rasseoir votre âme effarouchée,
Puisque ma complaisance est sur tous épanchée;
Et vous auriez plus lieu de vous en offenser.
Si vous me la voyiez sur un seul ramasser.
                    ALCESTE.
Mais moi, que vous blâmez de trop de jalousie,
Qu'ai-je de plus qu'eux tous, madame, je vous prie!
                    CÉLIMÈNE.
Le bonheur de savoir que vous êtes aimé.
                    ALCESTE.
Et quel lieu de le croire a mon cœur enflammé?
                    CÉLIMÈNE.
Je pense qu'ayant pris le soin de vous le dire,
Un aveu de la sorte a de quoi vous suffire.
                    ALCESTE.
Mais qui m'assurera que, dans le même instant,
Vous n'en disiez, peut-être, aux autres tout autant?
                    CÉLIMÈNE.
Certes, pour un amant la fleurette est mignonne,
Et vous me traitez là de gentille personne.
Eh bien, pour vous ôter d'un semblable souci,
De tout ce que j'ai dit je me dédis ici;
Et rien ne sauroit plus vous tromper que vous-même:
Soyez content.

ALCESTE.
Morbleu ! faut-il que je vous aime !
Ah ! que si de vos mains je rattaque mon cœur,
Je bénirai le ciel de ce rare bonheur !
Je ne le cèle pas, je fais tout mon possible
A rompre de ce cœur l'attachement terrible :
Mais mes plus grands efforts n'ont rien fait jusqu'ici.
Et c'est pour mes péchés que je vous aime ainsi.

CÉLIMÈNE.
Il est vrai, votre ardeur est pour moi sans seconde.

ALCELTE.
Oui, je puis là-dessus défier tout le monde.
Mon amour ne se peut concevoir ; et jamais
Personne n'a, madame, aimé comme je fais.

CÉLIMÈNE.
En effet, la méthode en est toute nouvelle,
Car vous aimez les gens pour leur faire querelle ;
Ce n'est qu'en mots fâcheux qu'éclate votre ardeur,
Et l'on n'a vu jamais un amant si grondeur.

ALCESTE.
Mais il ne tient qu'à vous que son chagrin ne passe.
A tous nos démêlés coupons chemin, de grâce ;
Parlons à cœur ouvert, et voyons d'arrêter...

## SCÈNE II
CÉLIMÈNE, ALCESTE, BASQUE.

CÉLIMÈNE.
Qu'est-ce ?

BASQUE.
Acaste est là-bas.

CÉLIMÈNE.
Eh bien, faites monter.

## SCÈNE III
CÉLIMÈNE, ALCESTE.

ALCESTE.
Quoi ! l'on ne peut jamais vous parler tête à tête ?
A recevoir le monde on vous voit toujours prête ;
Et vous ne pouvez pas, un seul moment de tous,
Vous résoudre à soffrir de n'être pas chez vous ?

CÉLIMÈNE.
Voulez-vous qu'avec lui je me fasse une affaire ?

ALCESTE.
Vous avez des égards qui ne sauroient me plaire.

CÉLIMÈNE.
C'est un homme à jamais ne me le pardonner,
S'il savoit que sa vue eût pu m'importuner.

ALCESTE.
Et que vous fait cela, pour vous gêner de sorte?
CÉLIMÈNE.
Mon Dieu! de ses pareils la bienveillance importe;
Et ce sont de ces gens qui, je ne sais comment,
Ont gagné, dans la cour, de parler hautement.
Dans tous les entretiens on les voit s'introduire;
Ils ne sauroient servir, mais ils peuvent vous nuire;
Et jamais, quelque appui qu'on puisse avoir d'ailleurs,
On ne doit se brouiller avec ces grands brailleurs.
ALCESTE.
Enfin, quoi qu'il en soit, et sur quoi qu'on se fonde,
Vous trouvez des raisons pour souffrir tout le monde;
Et les précautions de votre jugement...

## SCÈNE IV
ALCESTE, CÉLIMÈNE, BASQUE.

BASQUE.
Voici Clitandre encor, madame.
ALCESTE.
Justement.
*Il témoigne s'en vouloir aller.*
CÉLIMÈNE.
Où courez-vous?
ALCESTE.
Je sors.
CÉLIMÈNE.
Demeurez.
ALCESTE.
Pourquoi faire?
CÉLIMÈNE.
Demeurez.
ALCESTE.
Je ne puis.
CÉLIMÈNE.
Je le veux.
ALCESTE.
Point d'affaire.
Ces conversations ne font que m'ennuyer.
Et c'est trop que vouloir me les faire essuyer.
CÉLIMÈNE.
Je le veux, je le veux.
ALCESTE.
Non, il m'est impossible.
CÉLIMÈNE.
Eh bien, allez, sortez, il vous est tout loisible.

## SCÈNE V

ÉLIANTE, PHILINTE, ACASTE, CLITANDRE, ALCESTE, CÉLIMÈNE, BASQUE.

ÉLIANTE, à Célimène.
Voici les deux marquis qui montent avec nous.
Vous l'est-on venu dire?

CÉLIMÈNE.
A Basque.
Oui. Des siéges pour tous.

Basque donne des siéges et sort.

A Alceste.
Vous n'êtes pas sorti?

ALCESTE.
Non; mais je veux, madame,
Ou pour eux, ou pour moi, faire expliquer votre âme.

CÉLIMÈNE.
Taisez-vous.

ALCESTE.
Aujourd'hui vous vous expliquerez.

CÉLIMÈNE.
Vous perdez le sens.

ALCESTE.
Point. Vous vous déclarerez.

CÉLIMÈNE.
Ah!

ALCESTE.
Vous prendrez parti.

CÉLIMÈNE.
Vous vous moquez, je pense.

ALCESTE.
Non. Mais vous choisirez : c'est trop de patience.

CLITANDRE.
Parbleu! je viens du Louvre, où Cléonte, au levé,
Madame, a bien paru ridicule achevé.
N'a-t-il point quelque ami qui pût, sur ses manières,
D'un charitable avis lui prêter les lumières?

CÉLIMÈNE.
Dans le monde, à vrai dire, il se barbouille fort;
Partout il porte un air qui saute aux yeux d'abord;
Et, lorsqu'on le revoit après un peu d'absence,
On le retrouve eucor plus plein d'extravagance.

ACASTE.
Parbleu! s'il faut parler de gens extravagants,
Je viens d'en essuyer un des plus fatigants :

Damon le raisonneur, qui m'a, ne vous déplaise,
Une heure, au grand soleil, tenu hors de ma chaise.
CÉLIMÈNE.
C'est un parleur étrange, et qui trouve toujours
L'art de ne vous rien dire avec de grands discours :
Dans les propos qu'il tient on ne voit jamais goutte,
Et ce n'est que du bruit que tout ce qu'on écoute.
ÉLIANTE, à Philinte.
Ce début n'est pas mal; et, contre le prochain,
La conversation prend un assez bon train.
CLITANDRE.
Timante encor, madame, est un bon caractère.
CÉLIMÈNE.
C'est de la tête aux pieds un homme tout mystère,
Qui vous jette, en passant, un coup d'œil égaré,
Et, sans aucune affaire, est toujours affairé.
Tout ce qu'il vous débite en grimaces abonde;
A force de façons, il assomme le monde :
Sans cesse il a tout bas, pour rompre l'entretien.
Un secret à vous dire, et ce secret n'est rien,
De la moindre vétille il fait une merveille,
Et, jusques au bonjour, il dit tout à l'oreille.
ACASTE.
Et Géralde, madame?
CÉLIMÈNE.
O l'ennuyeux conteur!
Jamais on ne le voit sortir du grand seigneur.
Dans le brillant commerce il se mêle sans cesse,
Et ne cite jamais que duc, prince, ou princesse.
La qualité l'entête; et tous ses entretiens
Ne sont que de chevaux, d'équipage, et de chiens,
Il tutaye en parlant ceux du plus haut étage,
Et le nom de monsieur est chez lui hors d'usage.
CLITANDRE.
On dit qu'avec Bélise il est du dernier bien.
CÉLIMÈNE.
Le pauvre esprit de femme, et le sec entretien!
Lorsqu'elle vient me voir, je souffre le martyre :
Il faut suer sans cesse à chercher que lui dire;
Et la stérilité de son expression
Fait mourir à tous coups la conversation.
En vain, pour attaquer son stupide silence,
De tous les lieux communs vous prenez l'assistance:
Le beau temps et la pluie, et le froid et le chaud,
Sont des fonds qu'avec elle on épuise bientôt.

Cependant sa visite, assez insupportable,
Traîne en une longueur encore épouvantable;
Et l'on demande l'heure, et l'on bâille vingt fois,
Qu'elle grouille aussi peu qu'une pièce de bois.

ACASTE.
Que vous semble d'Adraste?

CÉLIMÈNE.
Ah! quel orgueil extrême!
C'est un homme gonflé de l'amour de soi-même.
Son mérite jamais n'est content de la cour,
Contre elle il fait métier de pester chaque jour,
Et l'on ne donne emploi, charge, ni bénéfice,
Qu'à tout ce qu'il se croit on ne fasse injustice.

CLITANDRE.
Mais le jeune Cléon, chez qui vont aujourd'hui
Nos plus honnêtes gens, que dites-vous de lui?

CÉLIMÈNE.
Que de son cuisinier il s'est fait un mérite,
Et que c'est à sa table à qui l'on rend visite.

ÉLIANTE.
Il prend soin d'y servir des mets fort délicats.

CÉLIMÈNE.
Oui; mais je voudrois bien qu'il ne s'y servît pas;
C'est un fort méchant plat que sa sotte personne,
Et qui gâte, à mon goût, tous les repas qu'il donne.

PHILINTE.
On fait assez de cas de son oncle Damis:
Qu'en dites-vous, madame?

CÉLIMÈNE.
Il est de mes amis.

PHILINTE.
Je le trouve honnête homme, et d'un air assez sage.

CÉLIMÈNE.
Oui; mais il veut avoir trop d'esprit, dont j'enrage
Il est guindé sans cesse; et, dans tous ses propos,
On voit qu'il se travaille à dire de bons mots.
Depuis que dans la tête il s'est mis d'être habile.
Rien ne touche son goût, tant il est difficile.
Il veut voir des défauts à tout ce qu'on écrit,
Et pense que louer n'est pas d'un bel esprit,
Que c'est être savant que trouver à redire,
Qu'il n'appartient qu'aux sots d'admirer et de rire,
Et qu'en n'approuvant rien des ouvrages du temps,
Il se met au-dessus de tous les autres gens.
Aux conversations même il trouve à reprendre;

Ce sont propos trop bas pour y daigner descendre;
Et, les deux bras croisés, du haut de son esprit,
Il regarde en pitié tout ce que chacun dit.
### ACASTE.
Dieu me damne, voilà son portrait véritable.
### CLITANDRE, à Célimène.
Pour bien peindre les gens vous êtes admirable.
### ALCESTE.
Allons, ferme, poussez, mes bons amis de cour;
Vous n'en épargnez point, et chacun a son tour:
Cependant aucun d'eux à vos yeux ne se montre,
Qu'on ne vous voie en hâte aller à sa rencontre,
Lui présenter la main, et d'un baiser flatteur
Appuyer les serments d'être son serviteur.
### CLITANDRE.
Pourquoi s'en prendre à nous? Si ce qu'on dit vous blesse,
Il faut que le reproche à madame s'adresse.
### ALCESTE.
Non, morbleu! c'est à vous; et vos ris complaisants,
Tirent de son esprit tous ces traits médisants.
Son humeur satirique est sans cesse nourrie
Par le coupable encens de votre flatterie;
Et son cœur à railler trouveroit moins d'appas,
S'il avoit observé qu'on ne l'applaudit pas.
C'est ainsi qu'aux flatteurs on doit partout se prendre
Des vices où l'on voit les humains se répandre.
### PHILINTE.
Mais pourquoi pour ces gens un intérêt si grand,
Vous qui condamneriez ce qu'en eux on reprend?
### CÉLIMÈNE.
Eh! ne faut-il pas bien que monsieur contredise?
A la commune voix veut-on qu'il se réduise,
Et qu'il ne fasse pas éclater en tous lieux
L'esprit contrariant qu'il a reçu des cieux?
Le sentiment d'autrui n'est jamais pour lui plaire:
Il prend toujours en main l'opinion contraire,
Et penseroit paroître un homme du commun,
Si l'on voyoit qu'il fût de l'avis de quelqu'un.
L'honneur de contredire a pour lui tant de charmes,
Qu'il prend contre lui-même assez souvent les armes;
Et ses vrais sentiments sont combattus par lui,
Aussitôt qu'il les voit dans la bouche d'autrui.
### ALCESTE.
Les rieurs sont pour vous, madame, c'est tout dire;
Et vous pouvez pousser contre moi la satire.

PHILINTE.
Mais il est véritable aussi que votre esprit
Se gendarme toujours contre tout ce qu'on dit;
Et que, par un chagrin que lui-même il avoue,
Il ne sauroit souffrir qu'on blâme ni qu'on loue.

ALCESTE.
C'est que jamais, morbleu ! les hommes n'ont raison,
Que le chagrin contre eux est toujours de saison,
Et que je vois qu'ils sont, sur toutes les affaires,
Loueurs impertinents, ou censeurs téméraires.

CÉLIMÈNE.
Mais...

ALCESTE.
Non, madame, non, quand j'en devrois mourir,
Vous avez des plaisirs que je ne puis souffrir;
Et l'on a tort ici de nourrir dans votre âme
Ce grand attachement aux défauts qu'on y blâme.

CLITANDRE.
Pour moi, je ne sais pas ; mais j'avouerai tout haut
Que j'ai cru jusqu'ici madame sans défaut.

ACASTE.
De grâces et d'attraits je vois qu'elle est pourvue :
Mais les défauts qu'elle a ne frappent point ma vue.

ALCESTE.
Ils frappent tous la mienne ; et, loin de m'en cacher,
Elle sait que j'ai soin de les lui reprocher.
Plus on aime quelqu'un, moins il faut qu'on le flatte ;
A ne rien pardonner le pur amour éclate,
Et je bannirois, moi, tous ces lâches amants
Que je verrois soumis à tous mes sentiments,
Et dont, à tout propos, les molles complaisances
Donneroient de l'encens à mes extravagances.

CÉLIMÈNE.
Enfin, s'il faut qu'à vous s'en rapportent les cœurs,
On doit, pour bien aimer, renoncer aux douceurs,
Et du parfait amour mettre l'honneur suprême
A bien injurier les personnes qu'on aime.

ÉLIANTE.
L'amour, pour l'ordinaire, est peu fait à ces lois,
Et l'on voit les amants vanter toujours leur choix.
Jamais leur passion n'y voit rien de blâmable,
Et, dans l'objet aimé, tout leur devient aimable ;
Ils comptent les défauts pour des perfections,
Et savent y donner de favorables noms.

La pâle est au jasmin en blancheur comparable;
La noire à faire peur, une brune adorable;
La maigre a de la taille et de la liberté;
La grasse est, dans son port, pleine de majesté;
La malpropre sur soi, de peu d'attraits chargée,
Est mise sous le nom de beauté négligée;
La géante paroît une déesse aux yeux;
La naine, un abrégé des merveilles des cieux;
L'orgueilleuse a le cœur digne d'une couronne;
La fourbe a de l'esprit; la sotte est toute bonne;
La trop grande parleuse est d'agréable humeur;
Et la muette garde une honnête pudeur.
C'est ainsi qu'un amant dont l'ardeur est extrême
Aime jusqu'aux défauts des personnes qu'il aime.

ALCESTE.
Et moi, je soutiens, moi...

CÉLIMÈNE.
　　　　　　Brisons là ce discours.
Et dans la galerie allons faire deux tours.
Quoi! vous vous en allez, messieurs?

CLITANDRE ET ACASTE.
　　　　　　　Non pas, madame.

ALCESTE.
La peur de leur départ occupe fort votre âme.
Sortez quand vous voudrez, messieurs; mais j'avertis
Que je ne sors qu'après que vous serez sortis.

ACASTE.
A moins de voir madame en être importunée,
Rien ne m'appelle ailleurs de toute la journée.

CLITANDRE.
Moi, pourvu que je puisse être au petit couché,
Je n'ai point d'autre affaire où je sois attaché.

CÉLIMÈNE, à Alceste.
C'est pour rire, je crois?

ALCESTE.
　　　　　　Non, en aucune sorte.
Nous verrons si c'est moi que vous voudrez qui sorte.

## SCÈNE VI
ALCESTE, CÉLIMÈNE, ÉLIANTE, ACASTE, PHILINTE
CLITANDRE, BASQUE.

BASQUE, à Alceste.
Monsieur, un homme est là qui voudroit vous parler
Pour affaire, dit-il, qu'on ne peut reculer.

ALCESTE.
Dis-lui que je n'ai point d'affaires si pressées.

BASQUE.
Il porte une jaquette à grand'basques plissées,
Avec du dor dessus.
CÉLIMÈNE, à Alceste.
Allez voir ce que c'est.
Ou bien faites-le entrer.

SCÈNE VII

ALCESTE, CÉLIMÈNE, ÉLIANTE, ACASTE, PHILINTE,
CLITANDRE, UN GARDE de la maréchaussée.

ALCESTE, allant au-devant du garde.
Qu'est-ce donc qu'il vous plaît ?
Venez, monsieur.
LE GARDE.
Monsieur, j'ai deux mots à vous dire.
ALCESTE.
Vous pouvez parler haut, monsieur, pour m'en instruire.
LE GARDE.
Messieurs les maréchaux, dont j'ai commandement,
Vous mandent de venir les trouver promptement,
Monsieur.
ALCESTE.
Qui ! moi, monsieur ?
LE GARDE.
Vous-même.
ALCESTE.
Et pourquoi faire ?
PHILINTE, à Alceste.
C'est d'Oronte et de vous la ridicule affaire.
CÉLIMÈNE, à Philinte.
Comment ?
PHILINTE.
Oronte et lui se sont tantôt bravés
Sur certains petits vers, qu'il n'a pas approuvés ;
Et l'on veut assoupir la chose en sa naissance.
ALCESTE.
Moi, je n'aurai jamais de lâche complaisance.
PHILINTE.
Mais il faut suivre l'ordre : allons, disposez-vous.
ALCESTE.
Quel accommodement veut-on faire entre nous ?
La voix de ces messieurs me condamnera-t-elle
A trouver bons les vers qui font notre querelle ?
Je ne me dédis point de ce que j'en ai dit,
Je les trouve méchants.
PHILINTE.
Mais d'un plus doux esprit...

ALCESTE.
Je n'en démordrai point, les vers sont exécrables.
PHILINTE.
Vous devez faire voir des sentiments traitables.
Allons, venez.
ALCESTE.
J'irai, mais rien n'aura pouvoir
De me faire dédire.
PHILINTE.
Allons vous faire voir.
ALCESTE.
Hors qu'un commandement exprès du roi ne vienne
De trouver bons les vers dont on se met en peine,
Je soutiendrai toujours, morbleu! qu'ils sont mauvais,
Et qu'un homme est pendable après les avoir faits,
À Clitandre et à Acaste, qui rient.
Par la sambleu! messieurs, je ne croyois pas être
Si plaisant que je suis.
CÉLIMÈNE.
Allez vite paroître
Où vous devez.
ALCESTE.
J'y vais, madame, et sur mes pas
Je reviens en ce lieu pour vider nos débats.

## ACTE TROISIÈME

### SCÈNE I

CLITANDRE, ACASTE.
CLITANDRE.
Cher marquis, je te vois l'âme bien satisfaite ;
Toute chose t'égaye, et rien ne t'inquiète.
En bonne foi, crois-tu, sans t'éblouir les yeux,
Avoir de grands sujets de paroître joyeux?
ACASTE.
Parbleu! je ne vois pas, lorsque je m'examine,
Où prendre aucun sujet d'avoir l'âme chagrine ;
J'ai du bien, je suis jeune, et sors d'une maison
Qui se peut dire noble avec quelque raison ;
Et je crois, par le rang que me donne ma race,
Qu'il est fort peu d'emplois dont je ne sois en passe.
Pour le cœur, dont surtout nous devons faire cas,
On sait, sans vanité, que je n'en manque pas ;
Et l'on m'a vu pousser dans le monde une affaire

D'une assez vigoureuse et gaillarde manière.
Pour de l'esprit, j'en ai, sans doute ; et du bon goût,
A juger sans étude et raisonner de tout ;
A faire aux nouveautés, dont je suis idolâtre,
Figure de savant sur les bancs du théâtre ;
Y décider en chef, et faire du fracas
A tous les beaux endroits qui méritent des has !
Je suis assez adroit ; j'ai bon air, bonne mine,
Les dents belles surtout, et la taille fort fine.
Quant à se mettre bien, je crois, sans me flatter,
Qu'on seroit mal venu de me le disputer.
Je me vois dans l'estime autant qu'on y puisse être,
Fort aimé du beau sexe, et bien auprès du maître.
Je crois qu'avec cela, mon cher marquis, je croi
Qu'on peut, par tout pays, être content de soi.

CLITANDRE.
Oui. Mais, trouvant ailleurs des conquêtes faciles,
Pourquoi pousser ici des soupirs inutiles ?

ACASTE.
Moi ? Parbleu ! je ne suis de taille ni d'humeur
A pouvoir d'une belle essuyer la froideur.
C'est aux gens mal tournés, aux mérites vulgaires,
A brûler constamment pour des beautés sévères,
A languir à leurs pieds et souffrir leurs rigueurs,
A chercher le secours des soupirs et des pleurs,
Et tâcher, par des soins d'une très-longue suite,
D'obtenir ce qu'on nie à leur peu de mérite.
Mais les gens de mon air, marquis, ne sont pas faits
Pour aimer à crédit et faire tous les frais.
Quelque rare que soit le mérite des belles,
Je pense, Dieu merci, qu'on vaut son prix comme elles
Que pour se faire honneur d'un cœur comme le mien,
Ce n'est pas la raison qu'il ne leur coûte rien ;
Et qu'au moins, à tout mettre en de justes balances,
Il faut qu'à frais communs se fassent les avances.

CLITANDRE.
Tu penses donc, marquis, être fort bien ici ?

ACASTE.
J'ai quelque lieu, marquis, de le penser ainsi.

CLITANDRE.
Crois-moi, détache-toi de cette erreur extrême :
Tu te flattes, mon cher, et t'aveugles toi-même

ACASTE.
Il est vrai, je me flatte et m'aveugle en effet.

CLITANDRE.
Mais qui te fait juger ton bonheur si parfait?
ACASTE.
Je me flatte.
CLITANDRE.
Sur quoi fonder tes conjectures?
ACASTE.
Je m'aveugle.
CLITANDRE.
En as-tu des preuves qui soient sûres?
ACASTE.
Je m'abuse, te dis-je.
CLITANDRE.
Est-ce que de ses vœux
Célimène t'a fait quelques secrets aveux?
ACASTE.
Non, je suis maltraité.
CLITANDRE.
Réponds-moi, je te prie.
ACASTE.
Je n'ai que des rebuts.
CLITANDRE.
Laissons la raillerie,
Et me dis quel espoir on peut t'avoir donné.
ACASTE.
Je suis le misérable, et toi le fortuné;
On a pour ma personne une aversion grande,
Et, quelqu'un de ces jours, il faut que je me pende.
CLITANDRE.
Oh çà, veux-tu, marquis, pour ajuster nos vœux,
Que nous tombions d'accord d'une chose tous deux?
Que qui pourra montrer une marque certaine
D'avoir meilleure part au cœur de Célimène,
L'autre ici fera place au vainqueur prétendu,
Et le délivrera d'un rival assidu?
ACASTE.
Ah! parbleu! tu me plais avec un tel langage,
Et du fond de mon cœur à cela je m'engage.
Mais, chut.

## SCÈNE II
CÉLIMÈNE, ACASTE, CLITANDRE.
CÉLIMÈNE.
Encore ici?
CLITANDRE.
L'amour retient nos pas.

CÉLIMÈNE.
Je viens d'ouïr entrer un carrosse là-bas.
Savez-vous qui c'est?
CLITANDRE.
Non.

## SCÈNE III
CÉLIMÈNE, ACASTE, CLITANDRE, BASQUE.

BASQUE.
Arsinoé, madame,
Monte ici pour vous voir.
CÉLIMÈNE.
Que me veut cette femme?
BASQUE.
Eliante là-bas est à l'entretenir.
CÉLIMÈNE.
De quoi s'avise-t-elle, et qui la fait venir?
ACASTE.
Pour prude consommée en tous lieux elle passe;
Et l'ardeur de son zèle...
CÉLIMÈNE.
Oui, oui, franche grimace.
Dans l'âme elle est au monde; et ses soins tentent tout
Pour accrocher quelqu'un sans en venir à bout.
Elle ne sauroit voir qu'avec un œil d'envie
Les amants déclarés dont une autre est suivie;
Et son triste mérite, abandonné de tous,
Contre le siècle aveugle est toujours en courroux.
Elle tâche à couvrir d'un faux voile de prude
Ce que chez elle on voit d'affreuse solitude;
Et, pour sauver l'honneur de ses foibles appas,
Elle attache du crime au pouvoir qu'ils n'ont pas.
Cependant un amant plairoit fort à la dame;
Et même pour Alceste elle a tendresse d'âme.
Ce qu'il me rend de soins outrage ses attraits;
Elle veut que ce soit un vol que je lui fais;
Et son jaloux dépit, qu'avec peine elle cache,
En tous endroits sous main contre moi se détache.
Enfin je n'ai rien vu de si sot à mon gré;
Elle est impertinente au suprême degré,
Et...

## SCÈNE IV
ARSINOÉ, CÉLIMÈNE, CLITANDRE, ACASTE.

CÉLIMÈNE.
Ah! quel heureux sort en ce lieu vous amène?

Madame, sans mentir, j'étois de vous en peine.
ARSINOÉ.
Je viens pour quelque avis que j'ai cru vous devoir.
CÉLIMÈNE.
Ah! mon Dieu, que je suis contente de vous voir!
Clitandre et Acaste sortent en riant.

## SCÈNE V
ARSINOÉ, CÉLIMÈNE.
ARSINOÉ.
Leur départ ne pouvoit plus à propos se faire.
CÉLIMÈNE.
Voulons-nous nous asseoir?
ARSINOÉ.
Il n'est pas nécessaire,
Madame, l'amitié doit surtout éclater
Aux choses qui le plus nous peuvent importer;
Et comme il n'en est point de plus grande importance
Que celles de l'honneur et de la bienséance,
Je viens, par un avis qui touche votre honneur,
Témoigner l'amitié que pour vous a mon cœur.
Hier j'étois chez des gens de vertu singulière,
Où sur vous du discours on tourna la matière;
Et là, votre conduite avec ses grands éclats,
Madame, eut le malheur qu'on ne la loua pas.
Cette foule de gens dont vous souffrez visite,
Votre galanterie, et les bruits qu'elle excite,
Trouvèrent des censeurs plus qu'il n'auroit fallu,
Et bien plus rigoureux que je n'eusse voulu.
Vous pouvez bien penser quel parti je sus prendre;
Je fis ce que je pus pour vous pouvoir défendre :
Je vous excusai fort sur votre intention,
Et voulus de votre âme être la caution.
Mais vous savez qu'il est des choses dans la vie
Qu'on ne peut excuser, quoiqu'on en ait envie :
Et je me vis contrainte à demeurer d'accord
Que l'air dont vous vivez vous faisoit un peu tort;
Qu'il prenoit dans le monde une méchante face;
Qu'il n'est conte fâcheux que partout on n'en fasse,
Et que, si vous vouliez, tous vos déportements
Pourroient moins donner prise aux mauvais jugements.
Non que j'y croie au fond l'honnêteté blessée :
Me préserve le ciel d'en avoir la pensée!
Mais aux ombres du crime on prête aisément foi,
Et ce n'est pas assez de bien vivre pour soi.

Madame, je vous crois l'âme trop raisonnable
Pour ne pas prendre bien cet avis profitable,
Et pour l'attribuer qu'aux mouvements secrets
D'un zèle qui m'attache à tous vos intérêts.
     CÉLIMÈNE.
Madame, j'ai beaucoup de grâces à vous rendre.
Un tel avis m'oblige et loin de le mal prendre,
J'en prétends reconnoître à l'instant la faveur
Par un avis aussi qui touche votre honneur;
Et, comme je vous vois vous montrer mon amie,
En m'apprenant les bruits que de moi l'on publie,
Je veux suivre, à mon tour, un exemple si doux,
En vous avertissant de ce qu'on dit de vous.
En un' lieu, l'autre jour, où je faisois visite,
Je trouvai quelques gens d'un très-rare mérite,
Qui, parlant des vrais soins d'une âme qui vit bien,
Firent tomber sur vous, madame, l'entretien.
Là, votre pruderie et vos éclats de zèle
Ne furent pas cités comme un fort bon modèle;
Cette affectation d'un grave extérieur,
Vos discours éternels de sagesse et d'honneur,
Vos mines et vos cris aux ombres d'indécence
Que d'un mot ambigu peut avoir l'innocence,
Cette hauteur d'estime où vous êtes de vous,
Et ces yeux de pitié que vous jetez sur tous,
Vos fréquentes leçons et vos aigres censures
Sur des choses qui sont innocentes et pures;
Tout cela, si je puis vous parler franchement,
Madame, fut blâmé d'un commun sentiment.
A quoi bon, disoient-ils, cette mine modeste,
Et ce sage dehors que dément tout le reste?
Elle est à bien prier exacte au dernier point;
Mais elle bat ses gens, et ne les paye point.
Dans tous les lieux dévots elle étale un grand zèle;
Mais elle met du blanc et veut paroître belle.
Elle fait des tableaux couvrir les nudités;
Mais elle a de l'amour pour les réalités.
Pour moi, contre chacun je pris votre défense,
Et leur assurai fort que c'étoit médisance;
Mais tous les sentiments combattirent le mien,
Et leur conclusion fut que vous feriez bien
De prendre moins de soin des actions des autres,
Et de vous mettre un peu plus en peine des vôtres;
Qu'on doit se regarder soi-même un fort long temps
Avant que de songer à condamner les gens;

Qu'il faut mettre le poids d'une vie exemplaire
Dans les corrections qu'aux autres on veut faire ;
Et qu'encor vaut-il mieux s'en remettre, au besoin,
A ceux à qui le ciel en a commis le soin.
Madame, je vous crois aussi trop raisonnable
Pour ne pas prendre bien cet avis profitable,
Et pour l'attribuer qu'aux mouvements secrets
D'un zèle qui m'attache à tous vos intérêts.

ARSINOÉ.

A quoi qu'en reprenant on soit assujettie,
Je ne m'attendois pas à cette repartie,
Madame ; et je vois bien par ce qu'elle a d'aigreur,
Que mon sincère avis vous a blessée au cœur.

CÉLIMÈNE.

Au contraire, madame ; et, si l'on étoit sage,
Ces avis mutuels seroient mis en usage.
On détruiroit par là, traitant de bonne foi,
Ce grand aveuglement que chacun a pour soi.
Il ne tiendra qu'à vous qu'avec le même zèle
Nous ne continuions cet office fidèle,
Et ne prenions grand soin de nous dire, entre nous,
Ce que nous entendrons, vous de moi, moi de vous.

ARSINOÉ.

Ah ! madame, de vous je ne puis rien entendre ;
C'est en moi que l'on peut trouver fort à reprendre.

CÉLIMÈNE.

Madame, on peut, je crois, louer et blâmer tout ;
Et chacun a raison suivant l'âge ou le goût.
Il est une saison pour la galanterie,
Il en est une aussi propre à la pruderie.
On peut, par politique, en prendre le parti,
Quand de nos jeunes ans l'éclat est amorti ;
Cela sert à couvrir de fâcheuses disgrâces.
Je ne dis pas qu'un jour je ne suive vos traces ;
L'âge amènera tout ; et ce n'est pas le temps,
Madame, comme on sait, d'être prude à vingt ans.

ARSINOÉ.

Certes, vous vous targuez d'un bien foible avantage,
Et vous faites sonner terriblement votre âge.
Ce que de plus que vous on en pourroit avoir
N'est pas un si grand cas pour s'en tant prévaloir ;
Et je ne sais pourquoi votre âme ainsi s'emporte,
Madame, à me pousser de cette étrange sorte.

CÉLIMÈNE.

Et moi, je ne sais pas, madame, aussi pourquoi

On vous voit en tous lieux vous déchaîner sur moi.
Faut-il de vos chagrins sans cesse à moi vous prendre?
Et puis-je mais des soins qu'on ne va pas vous rendre?
Si ma personne aux gens inspire de l'amour,
Et si l'on continue à m'offrir chaque jour
Des vœux que votre cœur peut souhaiter qu'on m'ôte,
Je n'y saurois que faire, et ce n'est pas ma faute;
Vous avez le champ libre, et je n'empêche pas
Que, pour les attirer, vous n'avez ces appas.

ARSINOÉ.

Hélas! et croyez-vous que l'on se mette en peine
De ce nombre d'amants dont vous faites la vaine,
Et qu'il ne nous soit pas fort aisé de juger
A quel prix aujourd'hui l'on peut les engager?
Pensez-vous faire croire, à voir comme tout roule,
Que votre seul mérite attire cette foule?
Qu'ils ne brûlent pour vous que d'un honnête amour,
Et que pour vos vertus ils vous font tous la cour?
On ne s'aveugle point par de vaines défaites;
Le monde n'est poins dupe; et j'en vois qui sont
[faites
A pouvoir inspirer de tendres sentiments,
Qui chez elles pourtant ne fixent point d'amants;
Et de là nous pouvons tirer des conséquences
Qu'on n'acquiert point leurs cœurs sans de grandes
[avances;
Qu'aucun, pour nos beaux yeux, n'est notre soupirant,
Et qu'il faut acheter tous les soins qu'on nous rend.
Ne vous enflez donc pas d'une si grande gloire
Pour les petits brillants d'une foible victoire;
Et corrigez un peu l'orgueil de vos appas,
De traiter pour cela les gens de haut en bas.
Si nos yeux envioient les conquêtes des vôtres,
Je pense qu'on pourroit faire comme les autres,
Ne se point ménager, et vous faire bien voir
Que l'on a des amants quand on en veut avoir.

CÉLIMÈNE.

Ayez-en donc, madame, et voyons cette affaire;
Par ce rare secret efforcez-vous de plaire;
Et sans...

ARSINOÉ.

Brisons, madame, un pareil entretien:
Il pousseroit trop loin votre esprit et le mien;
Et j'aurois pris déjà le congé qu'il faut prendre,
Si mon carrosse encor ne m'obligeoit d'attendre.

CÉLIMÈNE.

Autant qu'il vous plaira vous pouvez arrêter,
Madame, et là-dessus rien ne doit vous hâter.
Mais, sans vous fatiguer de ma cérémonie,
Je m'en vais vous donner meilleure compagnie ;
Et monsieur, qu'à propos le hasard fait venir,
Remplira mieux ma place à vous entretenir.

### SCÈNE VI
ALCESTE, CÉLIMÈNE, ARSINOÉ.

CÉLIMÈNE.

Alceste, il faut que j'aille écrire un mot de lettre,
Que sans me faire tort je ne saurois remettre.
Soyez avec madame ; elle aura la bonté
D'excuser aisément mon incivilité.

### SCÈNE VII
ALCESTE, ARSINOÉ.

ARSINOÉ.

Vous voyez, elle veut que je vous entretienne,
Attendant un moment que mon carrosse vienne ;
Et jamais tous ses soins ne pouvoient m'offrir rien
Qui me fût plus charmant qu'un pareil entretien.
En vérité, les gens d'un mérite sublime
Entraînent de chacun et l'amour et l'estime ;
Et le vôtre, sans doute, a des charmes secrets
Qui font entrer mon cœur dans tous vos intérêts.
Je voudrois que la cour, par un regard propice,
A ce que vous valez rendît plus de justice.
Vous avez à vous plaindre ; et je suis en courroux
Quand je vois en ce jour qu'on ne fait rien pour vous.

ALCESTE.

Moi, madame ? Et sur quoi pourrois-je en rien préten-
[dre ?
Quel service à l'État est-ce qu'on m'a vu rendre ?
Qu'ai-je fait, s'il vous plaît, de si brillant de soi,
Pour me plaindre à la cour qu'on ne fait rien pour moi ?

ARSINOÉ.

Tous ceux sur qui la cour jette des yeux propices
N'ont pas toujours rendu de ces fameux services.
Il faut l'occasion ainsi que le pouvoir ;
Et le mérite enfin que vous nous faites voir
Devroit...

ALCESTE.

Mon Dieu ! laissons mon mérite, de grâce :
De quoi voulez-vous là que la cour s'embarrasse ?

Elle auroit fort à faire et ses soins seroient grands
D'avoir à déterrer le mérite des gens.
ARSINOÉ.
Un mérite éclatant se déterre lui-même.
Du vôtre en bien des lieux on fait un cas extrême ;
Et vous saurez de moi qu'en deux forts bons endroits
Vous fûtes hier loué par des gens d'un grand poids.
ALCESTE.
Eh! madame, l'on loue aujourd'hui tout le monde,
Et le siècle par là n'a rien qu'on ne confonde.
Tout est d'un grand mérite également doué;
Ce n'est plus un honneur que de se voir loué ;
D'éloges on regorge, à la tête on les jette,
Et mon valet de chambre est mis dans la gazette.
ARSINOÉ.
Pour moi, je voudrois bien que, pour vous montrer
[mieux,
Une charge à la cour vous pût frapper les yeux.
Pour peu que d'y songer vous nous fassiez les mines,
On peut, pour vous servir, remuer des machines ;
Et j'ai des gens en main que j'emploierai pour vous,
Qui vous feront à tout un chemin assez doux.
ALCESTE.
Et que voudriez-vous, madame, que j'y fisse ?
L'humeur dont je me sens veut que je m'en bannisse ;
Le ciel ne m'a point fait en me donnant le jour,
Une âme compatible avec l'air de la cour.
Je ne me trouve point les vertus nécessaires
Pour y bien réussir et faire mes affaires.
Être franc et sincère est mon plus grand talent ;
Je ne sais point jouer les hommes en parlant ;
Et qui n'a pas le don de cacher ce qu'il pense
Doit faire en ce pays fort peu de résidence.
Hors de la cour sans doute on n'a pas cet appui
Et ces titres d'honneur qu'elle donne aujourd'hui ;
Mais on n'a pas aussi, perdant ces avantages,
Le chagrin de jouer de fort sots personnages :
On n'a point à souffrir mille rebuts cruels,
On n'a point à louer les vers de messieurs tels,
A donner de l'encens à madame une telle,
Et de nos francs marquis essuyer la cervelle.
ARSINOÉ.
Laissons, puisqu'il vous plaît, ce chapitre de cour :
Mais il faut que mon cœur vous plaigne en votre amour ;
Et, pour vous découvrir là-dessus mes pensées,

Je souhaiterois fort vos ardeurs mieux placées.
Vous méritez, sans doute, un sort beaucoup plus doux,
Et celle qui vous charme est indigne de vous.
ALCESTE.
Mais, en disant cela, songez-vous, je vous prie,
Que cette personne est, madame, votre amie?
ARSINOÉ.
Oui. Mais ma conscience est blessée en effet
De souffrir plus longtemps le tort que l'on vous fait,
L'état où je vous vois afflige trop mon âme,
Et je vous donne avis qu'on trahit votre flamme.
ALCESTE.
C'est me montrer, madame, un tendre mouvement,
Et de pareils avis obligent un amant.
ARSINOÉ.
Oui, toute mon amie, elle est, et je la nomme,
Indigne d'asservir le cœur d'un galant homme,
Et le sien n'a pour vous que de feintes douceurs.
ALCESTE.
Cela se peut, madame, on ne voit pas les cœurs;
Mais votre charité se seroit bien passée
De jeter dans le mien une telle pensée.
ARSINOÉ.
Si vous ne voulez pas être désabusé,
Il faut ne vous rien dire; il est assez aisé.
ALCESTE.
Non. Mais sur ce sujet, quoi que l'on nous expose,
Les doutes sont fâcheux plus que toute autre chose;
Et je voudrois, pour moi, qu'on ne me fît savoir
Que ce qu'avec clarté l'on peut me faire voir.
ARSINOÉ.
Eh bien c'est assez dit; et sur cette matière
Vous allez recevoir une pleine lumière.
Oui, je veux que du tout vos yeux vous fassent foi.
Donnez-moi seulement la main jusque chez moi;
Là, je vous ferai voir une preuve fidèle
De l'infidélité du cœur de votre belle;
Et, si pour d'autres yeux le vôtre peut brûler,
On pourra vous offrir de quoi vous consoler.

## ACTE QUATRIÈME

### SCÈNE I
ÉLIANTE, PHILINTE.
PHILINTE.

Non, l'on n'a point vu d'âme à manier si dure,

Ni d'accommodement plus pénible à conclure :
En vain de tous côtés on l'a voulu tourner,
Hors de son sentiment on n'a pu l'entraîner ;
Et jamais différent si bizarre, je pense,
N'avoit de ces messieurs occupé la prudence.
« Non, messieurs, disoit-il, je ne me dédis point,
« Et tomberai d'accord de tout, hors ce point.
« De quoi s'offense-t-il ? et que veut-il me dire ?
« Y va-t-il de sa gloire à ne pas bien écrire ?
« Que lui fait mon avis, qu'il a pris de travers ?
« On peut être honnête homme, et faire mal des vers.
« Ce n'est point à l'honneur que touchent ces matières.
« Je le tiens galant homme en toutes les manières,
« Homme de qualité, de mérite et de cœur,
« Tout ce qu'il vous plaira, mais fort méchant auteur.
« Je louerai, si l'on veut, son train et sa dépense,
« Son adresse a cheval, aux armes, à la danse ;
« Mais, pour louer ses vers, je suis son serviteur ;
« Et, lorsque d'en mieux faire on n'a pas le bonheur,
« On ne doit de rimer avoir aucune envie,
« Qu'on n'y soit condamné sur peine de la vie. »
Enfin, toute la grâce et l'accommodement
Où s'est avec effort plié son sentiment,
C'est de dire croyant adoucir bien son style :
« Monsieur, je suis fâché d'être si difficile ;
« Et, pour l'amour de vous, je voudrois, de bon cœur,
« Avoir trouvé tantôt votre sonnet meilleur. »
Et dans une embrassade, on leur a, pour conclure,
Fait vite envelopper toute la procédure.

ÉLIANTE.

Dans ses façons d'agir il est fort singulier ;
Mais j'en fais je l'avoue un cas particulier ;
Et la sincérité dont son âme se pique
A quelque chose en soi de noble et d'héroïque ;
C'est une vertu rare au siècle d'aujourd'hui,
Et je la voudrois voir partout comme chez lui.

PHILINTE.

Pour moi, plus je le vois, plus surtout je m'étonne
De cette passion où son cœur s'abandonne.
De l'humeur dont le ciel a voulu le former,
Je ne sais pas comment il s'avise d'aimer ;
Et je sais moins encor comment votre cousine
Peut être la personne où son penchant l'incline.

ÉLIANTE.

Cela fait assez voir que l'amour, dans les cœurs,

N'est pas toujours produit par un rapport d'humeurs;
Et toutes ces raisons de douces sympathies,
Dans cet exemple-ci, se trouvent démenties.
###### PHILINTE.
Mais croyez-vous qu'on l'aime, aux choses qu'on peut
[voir?
###### ÉLIANTE.
C'est un point qu'il n'est pas fort aisé de savoir.
Comment pouvoir juger s'il est vrai quelle l'aime?
Son cœur de ce qu'il sent n'est pas bien sûr lui-même;
Il aime quelquefois sans qu'il le sache bien,
Et croit aimer aussi, parfois, qu'il n'en est rien.
###### PHILINTE.
Je crois que notre ami, près de cette cousine,
Trouvera des chagrins plus qu'il ne s'imagine;
Et, s'il avoit mon cœur, à dire vérité,
Il tourneroit ses vœux tout d'un autre côté;
Et, par un choix plus juste, on le verroit, madame,
Profiter des bontés que lui montre votre âme.
###### ÉLIANTE.
Pour moi, je n'en fais point de façons, et je croi
Qu'on doit sur de tels points être de bonne foi.
Je ne m'oppose point à toute sa tendresse;
Au contraire, mon cœur pour elle s'intéresse;
Et, si c'étoit qu'à moi la chose pût tenir,
Moi-même à ce qu'il aime on me verroit l'unir.
Mais, si dans un tel choix, comme tout se peut faire,
Son amour éprouvoit quelque destin contraire,
S'il falloit que d'un autre on couronnât les feux,
Je pourrois me résoudre à recevoir ses vœux;
Et le refus souffert en pareille occurence
Ne m'y feroit trouver aucune répugnance.
###### PHILINTE.
Et moi, de mon côté, je ne m'oppose pas,
Madame, à ces bontés qu'ont pour lui vos appas;
Et lui-même, s'il veut, il peut bien vous instruire
De ce que là-dessus j'ai pris soin de lui dire.
Mais si, par un hymen qui les joindroit eux deux,
Vous étiez hors d'état de recevoir ses vœux,
Tous les miens tenteroient la faveur éclatante
Qu'avec tant de bonté votre âme lui présente.
Heureux si, quand son cœur s'y pourra dérober,
Elle pouvoit sur moi, madame, retomber!
###### ÉLIANTE.
Vous vous divertissez, Philinte.

PHILINTE.

Non, madame,
Et je vous parle ici du meilleur de mon âme.
J'attends l'occasion de m'offrir hautement,
Et, de tous mes souhaits, j'en presse le moment.

## SCÈNE II
ALCESTE, ÉLIANTE, PHILINTE,

ALCESTE.

Ah! faites-moi raison, madame, d'une offense
Qui vient de triompher de toute ma constance.

ÉLIANTE.

Qu'est-ce donc? Qu'avez-vous qui vous puisse émou-
[voir?

ALCESTE.

J'ai ce que, sans mourir, je ne puis concevoir;
Et le déchaînement de toute la nature
Ne m'accableroit pas comme cette aventure.
C'en est fait... Mon amour... Je ne saurois parler.

ÉLIANTE.

Que votre esprit un peu tâche à se rappeler.

ALCESTE.

O juste ciel! faut-il qu'on joigne à tant de grâces
Les vices odieux des âmes les plus basses!

ÉLIANTE.

Mais encor qui vous peut...

ALCESTE.

Ah! tout est ruiné;
Je suis, je suis trahi, je suis assassiné.
Célimène... (eût-on pu croire cette nouvelle?)
Célimène me trompe, et n'est qu'une infidèle.

ÉLIANTE.

Avez-vous, pour le croire, un juste fondement?

PHILINTE.

Peut-être est-ce un soupçon conçu légèrement;
Et votre esprit jaloux prend parfois des chimères...

ALCESTE.

Ah! morbleu! mêlez-vous, monsieur, de vos affaires.

A Éliante.

C'est de sa trahison n'être que trop certain,
Que l'avoir, dans ma poche, écrite de sa main.
Oui, madame, une lettre écrite pour Oronte
A produit à mes yeux ma disgrâce et sa honte;
Oronte, dont j'ai cru qu'elle fuyoit les soins,
Et que de mes rivaux je redoutois le moins.

PHILINTE.
Une lettre peut bien tromper par l'apparence,
Et n'est pas quelquefois si coupable qu'on pense.
ALCESTE.
Monsieur, encore un coup, laissez-moi, s'il vous plaît,
Et ne prenez souci que de votre intérêt.
ÉLIANTE.
Vous devez modérer vos transports; et l'outrage...
ALCESTE.
Madame, c'est à vous qu'appartient cet ouvrage;
C'est à vous que mon cœur a recours aujourd'hui,
Pour pouvoir s'affranchir de son cuisant ennui.
Vengez-moi d'une ingrate et perfide parente
Qui trahit lâchement une ardeur si constante;
Vengez-moi de ce trait qui doit vous faire horreur.
ÉLIANTE.
Moi, vous venger ! comment?
ALCESTE.
En recevant mon cœur.
Acceptez-le, madame, au lieu de l'infidèle;
C'est par là que je puis prendre vengeance d'elle;
Et je la veux punir par les sincères vœux,
Par le profond amour, les soins respectueux,
Les devoirs empressés et l'assidu service,
Dont ce cœur va vous faire un ardent sacrifice.
ÉLIANTE.
Je compatis, sans doute, à ce que vous souffrez,
Et ne méprise point le cœur que vous m'offrez;
Mais peut-être le mal n'est pas si grand qu'on pense,
Et vous pourrez quitter ce désir de vengeance.
Lorsque l'injure part d'un objet plein d'appas,
On fait force desseins qu'on n'exécute pas :
On a beau voir, pour rompre, une raison puissante,
Une coupable aimée est bientôt innocente ;
Tout le mal qu'on lui veut se dissipe aisément,
Et l'on sait ce que c'est qu'un courroux d'un amant.
ALCESTE.
Non, non, madame, non. L'offense est trop mortelle;
Il n'est point de retour, et je romps avec elle;
Rien ne sauroit changer le dessein que j'en fais,
Et je me punirois de l'estimer jamais.
La voici. Mon courroux redouble à cette approche,
Je vais de sa noirceur lui faire un vif reproche,
Pleinement la confondre, et vous porter après
Un cœur tout dégagé de ses trompeurs attraits.

## SCÈNE III
### CÉLIMÈNE, ALCESTE.

ALCESTE, à part.

O ciel! de mes transports puis-je être ici le maître?

CÉLIMÈNE, à part.

A Alceste.

Ouais! Quel est donc le trouble où je vous vois paroître?
Et que me veulent dire, et ces soupirs poussés,
Et ces sombres regards que sur moi vous lancez?

ALCESTE.

Que toutes les horreurs dont une âme est capable
A vos déloyautés n'ont rien de comparable;
Que le sort, les démons, et le ciel en courroux,
N'ont jamais rien produit de si méchant que vous.

CÉLIMÈNE.

Voilà certainement des douceurs que j'admire.

ALCESTE.

Ah! ne plaisantez-point, il n'est pas temps de rire.
Rougissez bien plûtôt, vous en avez raison;
Et j'ai de sûrs témoins de votre trahison.
Voilà ce que marquoient les troubles de mon âme;
Ce n'étoit pas en vain que s'alarmoit ma flamme;
Par ces fréquents soupçons qu'on trouvoit odieux,
Je cherchois le malheur qu'ont rencontré mes yeux;
Et, malgré tous vos soins et votre adresse à feindre,
Mon astre me disoit ce que j'avois à craindre.
Mais ne présumez pas que, sans être vengé,
Je souffre le dépit de me voir outragé.
Je sais que sur les vœux on n'a point de puissance,
Que l'amour veut partout naître sans dépendance,
Que jamais par la force on n'entra dans un cœur,
Et que toute âme est libre à nommer son vainqueur.
Aussi ne trouverois-je aucun sujet de plainte,
Si pour moi votre bouche avoit parlé sans feinte;
Et, rejetant mes vœux dès le premier abord,
Mon cœur n'auroit eu droit de s'en prendre qu'au sort.
Mais d'un aveu trompeur voir ma flamme applaudie,
C'est une trahison, c'est une perfidie,
Qui ne sauroit trouver de trop grands châtiments;
Et je puis tout permettre à mes ressentiments.
Oui, oui, redoutez tout après un tel outrage;
Je ne suis plus à moi, je suis tout à la rage.
Percé du coup mortel dont vous m'assassinez,
Mes sens par la raison ne sont plus gouvernés;

Je cède aux mouvements d'une juste colère,
Et je ne réponds pas de ce que je puis faire.
#### CÉLIMÈNE.
D'où vient donc, je vous prie, un tel emportement?
Avez-vous, dites-moi, perdu le jugement?
#### ALCESTE.
Oui, oui, je l'ai perdu, lorsque dans votre vue
J'ai pris, pour mon malheur, le poison qui me tue.
Et que j'ai cru trouver quelque sincérité
Dans les traîtres appas dont je fus enchanté.
#### CÉLIMÈNE.
De quelle trahison pouvez-vous donc vous plaindre?
#### ALCESTE.
Ah! que ce cœur est double, et sait bien l'art de fein-
[dre!
Mais, pour le mettre à bout, j'ai des moyens tout prêts.
Jetez ici les yeux, et connoissez vos traits;
Ce billet découvert suffit pour vous confondre,
Et contre ce témoin on n'a rien à répondre.
#### CÉLIMÈNE.
Voilà donc le sujet qui vous trouble l'esprit?
#### ALCESTE.
Vous ne rougissez pas en voyant cet écrit!
#### CÉLIMÈNE.
Et par quelle raison faut-il que j'en rougisse?
#### ALCESTE.
Quoi! vous joignez ici l'audace à l'artifice!
Le désavouerez-vous pour n'avoir point de seing?
#### CÉLIMÈNE.
Pourquoi désavouer un billet de ma main?
#### ALCESTE.
Et vous pouvez le voir sans demeurer confuse
Du crime dont vers moi son style vous accuse!
#### CÉLIMÈNE.
Vous êtes, sans mentir, un grand extravagant.
#### ALCESTE.
Quoi! vous bravez ainsi ce témoin convaincant!
Et ce qu'il m'a fait voir de douceur pour Oronte
N'a donc rien qui m'outrage et qui vous fasse honte?
#### CÉLIMÈNE.
Oronte! qui vous dit que la lettre est pour lui?
#### ALCESTE.
Les gens qui dans mes mains l'ont remise aujourd'hui.
Mais je veux consentir qu'elle soit pour un autre,

Mon cœur en a-t-il moins à se plaindre du vôtre ?
En serez-vous vers moi moins coupable en effet ?
### CÉLIMÈNE.
Mais si c'est une femme à qui va ce billet,
En quoi vous blesse-t-il, et qu'a-t-il de coupable ?
### ALCESTE.
Ah ! le détour est bon, et l'excuse admirable.
Je ne m'attendois pas, je l'avoue, à ce trait,
Et me voilà par là convaincu tout à fait.
Osez-vous recourir à ces ruses grossières ?
Et croyez-vous les gens si privés de lumières ?
Voyons, voyons un peu par quel biais, de quel air,
Vous voulez soutenir un mensonge si clair ;
Et comment vous pourrez tourner pour une femme
Tous les mots d'un billet qui montre tant de flamme.
Ajustez, pour couvrir un manquement de foi,
Ce que je m'en vais lire...
### CÉLIMÈNE.
  Il ne me plaît pas, moi.
Je vous trouve plaisant d'user d'un tel empire
Et de me dire au nez ce que vous m'osez dire !
### ALCESTE.
Non, non, sans s'emporter, prenez un peu souci
De me justifier les termes que voici.
### CÉLIMÈNE.
Non, je n'en veux rien faire ; et, dans cette occurence,
Tout ce que vous croirez m'est de peu d'importance.
### ALCESTE.
De grâce, montrez-moi, je serai satisfait,
Qu'on peut, pour une femme, expliquer ce billet.
### CÉLIMÈNE.
Non, il est pour Oronte ; et je veux qu'on le croie.
Je reçois tous ses soins avec beaucoup de joie,
J'admire ce qu'il dit, j'estime ce qu'il est,
Et je tombe d'accord de tout ce qu'il vous plaît.
Faites, prenez parti ; que rien ne vous arrête,
Et ne me rompez pas davantage la tête.
### ALCESTE, à part.
Ciel ! rien de plus cruel peut-il être inventé,
Et jamais cœur fut-il de la sorte traité ?
Quoi ! d'un juste courroux je suis ému contre elle,
C'est moi qui me viens plaindre, et c'est moi qu'on que-
  [relle.
On pousse ma douleur et mes soupçons à bout,

On me laisse tout croire, on fait gloire de tout;
Et cependant mon cœur est encore assez lâche
Pour ne pouvoir briser la chaîne qui l'attache,
Et pour ne pas s'armer d'un généreux mépris
Contre l'ingrat objet dont il est trop épris!
   A Célimène.
Ah! que vous savez bien ici contre moi-même,
Perfide, vous servir de ma foiblesse extrême,
Et ménager pour vous l'excès prodigieux
De ce fatal amour né de vos traîtres yeux!
Défendez-vous au moins d'un crime qui m'accable,
Et cessez d'affecter d'être envers moi coupable.
Rendez-moi, s'il se peut, ce billet innocent;
A vous prêter les mains ma tendresse consent.
Efforcez-vous ici de paroître fidèle,
Et je m'efforcerai, moi, de vous croire telle.
   CÉLIMÈNE.
Allez, vous êtes fou dans vos transports jaloux,
Et ne méritez pas l'amour qu'on a pour vous.
Je voudrois bien savoir qui pourroit me contraindre
A descendre pour vous aux bassesses de feindre;
Et pourquoi, si mon cœur penchoit d'autre côté,
Je ne le dirois pas avec sincérité!
Quoi! de mes sentiments l'obligeante assurance
Contre tous vos soupçons ne prend pas ma défense?
Auprès d'un tel garant sont-ils de quelque poids?
N'est-ce pas m'outrager que d'écouter leur voix?
Et, puisque notre cœur fait un effort extrême
Lorsqu'il peut se résoudre à confesser qu'il aime;
Puisque l'honneur du sexe, ennemi de nos feux,
S'oppose fortement à de pareils aveux,
L'amant qui voit pour lui franchir un tel obstacle
Doit-il impunément douter de cet oracle?
Et n'est-il pas coupable, en ne s'assurant pas
A ce qu'on ne dit point qu'après de grands combats?
Allez, de tels soupçons méritent ma colère;
Et vous ne valez pas que l'on vous considère.
Je suis sotte, et veux mal à ma simplicité
De conserver encor pour vous quelque bonté;
Je devrois autre part attacher mon estime,
Et vous faire un sujet de plainte légitime.
   ALCESTE.
Ah! traîtresse! mon foible est étrange pour vous;
Vous me trompez, sans doute, avec des mots si doux;
Mais il n'importe, il faut suivre ma destinée;

A votre foi mon âme est tout abandonnée ;
Je veux voir jusqu'au bout quel sera votre cœur,
Et si de me trahir il aura la noirceur.

CÉLIMÈNE.

Non, vous ne m'aimez point comme il faut que l'on aime.

ALCESTE.

Ah ! rien n'est comparable à mon amour extrême ;
Et dans l'ardeur qu'il a de se montrer à tous,
Il va jusqu'à former des souhaits contre vous.
Oui, je voudrois qu'aucun ne vous trouvât aimable,
Que vous fussiez réduite en un sort misérable ;
Que le ciel en naissant ne vous eut donné rien ;
Que vous n'eussiez ni rang, ni naissance, ni bien ;
Afin que de mon cœur l'éclatant sacrifice
Vous pût d'un pareil sort réparer l'injustice ;
Et que j'eusse la joie et la gloire en ce jour
De vous voir tenir tout des mains de mon amour.

CÉLIMÈNE.

C'est me vouloir du bien d'une étrange manière !
Me préserve le ciel que vous ayez matière...
Voici monsieur Dubois plaisamment figuré.

## SCÈNE IV

CÉLIMÈNE, ALCESTE, DUBOIS.

ALCESTE.

Que veut cet équipage et cet air effaré ?
Qu'as-tu ?

DUBOIS.

Monsieur...

ALCESTE.

Eh bien ?

DUBOIS.

Voici bien des mystères.

ALCESTE.

Qu'est-ce ?

DUBOIS.

Nous sommes mal, monsieur, dans nos affaires.

ALCESTE.

Quoi ?

DUBOIS.

Parlerai-je haut ?

ALCESTE.

Oui, parle et promptement.

DUBOIS.

N'est-il point là quelqu'un ?

ALCESTE.

Veux-tu parler ? Ah ! que d'amusement !

DUBOIS.

Monsieur, il faut faire retraite.

ALCESTE.

Comment ?

DUBOIS.

Il faut d'ici déloger sans trompette.

ALCESTE.

Et pourquoi ?

DUBOIS.

Je vous dis qu'il faut quitter ce lieu.

ALCESTE.

La cause ?

DUBOIS.

Il faut partir, monsieur, sans dire adieu.

ALCESTE.

Mais par quelle raison me tiens-tu ce langage ?

DUBOIS.

Par la raison, monsieur, qu'il faut plier bagage.

ALCESTE.

Ah ! je te casserai la tête assurément,
Si tu ne veux, maraud, t'expliquer autrement.

DUBOIS.

Monsieur, un homme noir et d'habit et de mine
Est venu nous laisser, jusque dans la cuisine,
Un papier griffonné d'une telle façon,
Qu'il faudroit, pour le lire, être pis qu'un démon.
C'est de votre procès, je n'en fais aucun doute ;
Mais le diable d'enfer, je crois n'y verroit goutte.

ALCESTE.

Eh bien, quoi ? Ce papier, qu'a-t-il à démêler,
Traître, avec le départ dont tu viens me parler ?

DUBOIS.

C'est pour vous dire ici, monsieur, qu'une heure ensuite,
Un homme qui souvent vous vient rendre visite
Est venu vous chercher avec empressement,
Et, ne vous trouvant pas, m'a chargé doucement,
Sachant que je vous sers avec beaucoup de zèle,
De vous dire... Attendez, comme est-ce qu'il s'appelle ?

ALCESTE.

Laisse là son nom, traître, et dis ce qu'il t'a dit !

DUBOIS.

C'est un de vos amis ; enfin cela suffit.

Il m'a dit que d'ici votre péril vous chasse,
Et que d'être arrêté le sort vous y menace.
ALCESTE.
Mais quoi! n'a-t-il voulu te rien spécifier?
DUBOIS.
Non. Il m'a demandé de l'encre et du papier,
Et vous a fait un mot, où vous pourrez, je pense.
Du fond de ce mystère avoir la connoissance.
ALCESTE.
Donne-le donc.
CÉLIMÈNE.
    Que peut envelopper ceci?
ALCESTE
Je ne sais; mais j'aspire à m'en voir éclairci.
Auras-tu bientôt fait, impertinent au diable?
DUBOIS, après avoir longtemps cherché le billet.
Ma foi, je l'ai, monsieur, laissé sur votre table.
ALCESTE.
Je ne sais qui me tient...
CÉLIMÈNE.
    Ne vous emportez pas,
Et courez démêler un pareil embarras.
ALCESTE.
Il semble que le sort, quelque soin que je prenne,
Ait juré d'empêcher que je vous entretienne;
Mais, pour en triompher, souffrez à mon amour
De vous revoir, madame, avant la fin du jour.

# ACTE CINQUIÈME
## SCÈNE I
ALCESTE, PHILINTE.
ALCESTE.
La résolution en est prise, vous dis-je.
PHILINTE.
Mais, quel que soit ce coup, faut-il qu'il vous oblige...
ALCESTE.
Non, vous avez beau faire et beau me raisonner,
Rien de ce que je dis ne peut me détourner;
Trop de perversité règne au siècle où nous sommes,
Et je veux me tirer du commerce des hommes.
Quoi! contre ma partie on voit tout à la fois
L'honneur, la probité, la pudeur et les lois;
On publie en tous lieux l'équité de ma cause;
Sur la foi de mon droit mon âme se repose;
Cependant je me vois trompé par le succès:

J'ai pour moi la justice, et je perds mon procès !
Un traître, dont on sait la scandaleuse histoire,
Est sorti triomphant d'une fausseté noire !
Toute la bonne foi cède à sa trahison !
Il trouve, en m'égorgeant, moyen d'avoir raison !
Le poids de sa grimace, où brille l'artifice,
Renverse le bon droit et tourne la justice !
Il fait par un arrêt couronner son forfait !
Et, non content encor du tort que l'on me fait,
Il court parmi le monde un livre abominable,
Et de qui la lecture est même condamnable,
Un livre à mériter la dernière rigueur,
Dont le fourbe a le front de me faire l'auteur !
Et là-dessus on voit Oronte qui murmure,
Et tâche méchamment d'appuyer l'imposture !
Lui qui d'un honnête homme à la cour tient le rang,
A qui je n'ai fait rien qu'être sincère et franc,
Qui me vient malgré moi, d'une ardeur empressée,
Sur des vers qu'il a faits demander ma pensée ;
Et parce que j'en use avec honnêteté
Et ne le veux trahir, lui, ni la vérité,
Il aide à m'accabler d'un crime imaginaire !
Le voilà devenu mon plus grand adversaire !
Et jamais de son cœur je n'aurai de pardon,
Pour n'avoir pas trouvé que son sonnet fût bon !
Et les hommes, morbleu ! sont faits de cette sorte !
C'est à ces actions que la gloire les porte !
Voilà la bonne foi, le zèle vertueux,
La justice et l'honneur que l'on trouve chez eux !
Allons, c'est trop souffrir les chagrins qu'on nous for-
[ge :
Tirons-nous de ce bois et de ce coupe-gorge.
Puisque entre humains ainsi vous vivez en vrais loups.
Traîtres, vous ne m'aurez de ma vie avec vous.

PHILINTE.

Je trouve un peu bien prompt le dessein où vous êtes ;
Et tout le mal n'est pas si grand que vous le faites.
Ce que votre partie ose vous imputer
N'a point eu le crédit de vous faire arrêter ;
On voit son faux rapport lui-même se détruire,
Et c'est une action qui pourroit bien lui nuire.

ALCESTE.

Lui ? de semblables tours il ne craint point l'éclat :
Il a permission d'être franc scélérat ;
Et, loin qu'à son crédit nuise cette aventure,
On l'en verra demain en meilleure posture,

PHILINTE.

Enfin il est constant qu'on n'a point trop donné
Au bruit que contre vous sa malice a tourné :
De ce côté déjà vous n'avez rien à craindre ;
Et pour votre procès, dont vous pouvez vous plaindre,
Il vous est en justice aisé d'y revenir,
Et contre cet arrêt...

ALCESTE.

Non, je veux m'y tenir,
Quelque seneible tort qu'un tel arrêt me fasse,
Je me garderai bien de vouloir qu'on le casse :
On y voit trop à plein le bon droit maltraité,
Et je veux qu'il demeure à la postérité
Comme une marque insigne, un fameux témoignage
De la méchanceté des hommes de notre âge.
Ce sont vingt mille francs qu'il m'en pourra coûter ;
Mais pour vingt mille francs j'aurai droit de pester
Contre l'iniquité de la nature humaine,
Et de nourrir pour elle une immortelle haine !

PHILINTE.

Mais enfin...

ALCESTE.

Mais enfin, vos soins sont superflus,
Que pouvez-vous, monsieur, me dire là-dessus ?
Aurez-vous bien le front de me vouloir, en face,
Excuser les horreurs de tout ce qui se passe ?

PHILINTE.

Non, je tombe d'accord de tout ce qu'il vous plaît :
Tout marche par cabale et par pur intérêt ;
Ce n'est plus que la ruse aujourd'hui qui l'emporte.
Et les hommes devroient être faits d'autre sorte.
Mais est-ce une raison que leur peu d'équité,
Pour vouloir se tirer de leur société ?
Tous ces défauts humain nous donnent, dans la vie,
Des moyens d'exercer notre philosophie:
C'est le plus bel emploi que trouve la vertu ;
Et, si de probité tout étoit revêtu,
Si tous les cœurs étoient francs, justes et dociles,
La plupart des vertus nous seroient inutiles,
Puisqu'on en met l'usage à pouvoir sans ennui
Supporter dans nos droits l'injustice d'autrui ;
Et, de même qu'un cœur d'une vertu profonde...

ALCESTE.

Je sais que vous parlez, monsieur, le mieux du monde ;

En beaux raisonnements vous abondez toujours;
Mais vous perdez le temps et tous vos beaux discours.
La raison, pour mon bien, veut que je me retire :
Je n'ai point sur ma langue un assez grand empire ;
De ce que je dirois je ne répondrois pas,
Et je me jetterois cent choses sur les bras.
Laissez-moi, sans dispute, attendre Célimène.
Il faut qu'elle consente au dessein qui m'amène ;
Je vais voir si son cœur a de l'amour pour moi ;
Et c'est ce moment-ci qui doit m'en faire foi.
### PHILINTE.
Montons chez Éliante, attendant sa venue.
### ALCESTE.
Non ! de trop de souci je me sens l'âme émue.
Allez-vous-en la voir, et me laissez enfin
Dans ce petit coin sombre avec mon noir chagrin.
### PHILINTE.
C'est une compagnie étrange pour attendre;
Et je vais obliger Éliante à descendre.

## SCÈNE II
### CÉLIMÈNE, ORONTE, ALCESTE.
#### ORONTE.
Oui, c'est à vous de voir si, par des nœuds si doux,
Madame, vous voulez m'attacher tout à vous.
Il me faut de votre âme une pleine assurance :
Un amant là-dessus n'aime point qu'on balance.
Si l'ardeur de mes feux a pu vous émouvoir,
Vous ne devez point feindre à me le faire voir;
Et la preuve, après tout, que je vous en demande,
C'est de ne plus souffrir qu'Alceste vous prétende,
De le sacrifier, madame, à mon amour,
Et de chez vous enfin le bannir dès ce jour.
#### CÉLIMÈNE.
Mais quel sujet si grand contre lui vous irrite,
Vous à qui j'ai tant vu parler de son mérite ?
#### ORONTE.
Madame, il ne faut point ces éclaircissements;
Il s'agit de savoir quels sont vos sentiments.
Choisissez, s'il vous plaît, de garder l'un ou l'autre ;
Ma résolution n'attend rien que la vôtre.
#### ALCESTE, sortant du coin où il étoit.
Oui, monsieur a raison ; madame, il faut choisir;
Et sa demande ici s'accorde à mon désir.
Pareil ardeur me presse, et même soin m'amène ;
Mon amour veut du vôtre une marque certaine ;

Les choses ne sont plus pour traîner en longueur,
Et voici le moment d'expliquer votre cœur.
                    ORONTE.
Je ne veux point, monsieur, d'une flamme importune
Troubler aucunement votre bonne fortune.
                    ALCESTE.
Je ne veux point, monsieur, jaloux ou non jaloux,
Partager de son cœur rien du tout avec vous.
                    ORONTE.
Si votre amour au mien lui semble préférable...
                    ALCESTE.
Si du moindre penchant elle est pour vous capable...
                    ORONTE.
Je jure de n'y rien prétendre désormais.
                    ALCESTE.
Je jure hautement de ne la voir jamais.
                    ORONTE.
Madame, c'est à vous de parler sans contrainte.
                    ALCESTE.
Madame, vous pouvez vous expliquer sans crainte.
                    ORONTE.
Vous n'avez qu'à nous dire où s'attachent vos vœux.
                    ALCESTE.
Vous n'avez qu'à trancher et choisir de nous deux.
                    ORONTE.
Quoi ! sur un pareil choix vous semblez être en peine !
                    ALCESTE.
Quoi ! votre âme balance et paroit incertaine !
                    CÉLIMÈNE.
Mon Dieu ! que cette instance est là hors de saison !
Et que vous témoignez tous deux peu de raison !
Je sais prendre parti sur cette préférence,
Et ce n'est pas mon cœur maintenant qui balance :
Il n'est point suspendu sans doute entre vous deux,
Et rien n'est sitôt fait que le choix de nos vœux ;
Mais je souffre, à vrai dire, une gêne trop forte
A prononcer en face un aveu de la sorte ;
Je trouve que ces mots, qui sont désobligeants,
Ne se doivent point dire en présence des gens ;
Qu'un cœur de son penchant donne assez de lumière,
Sans qu'on nous fasse aller jusqu'à rompre en visière ;
Et qu'il suffit enfin que de plus doux témoins
Instruisent un amant du malheur de ses soins.

ORONTE.
Non, non, un franc aveu n'a rien que j'appréhende;
J'y consens pour ma part.
ALCESTE.
Et moi, je le demande;
C'est son éclat surtout qu'ici j'ose exiger,
Et je ne prétends point vous voir rien ménager.
Conserver tout le monde est votre grande étude;
Mais plus d'amusement et plus d'incertitude;
Il faut vous expliquer nettement là-dessus,
Ou bien pour un arrêt je prends votre refus;
Je saurai, de ma part, expliquer ce silence,
Et me tiendrai pour dit tout le mal que j'en pense.
ORONTE.
Je vous sais fort bon gré, monsieur, de ce courroux,
Et je lui dis ici même chose que vous.
CÉLIMÈNE.
Que vous me fatiguez avec un tel caprice !
Ce que vous demandez a-t-il de la justice ?
Et ne vous dis-je pas quel motif me retient ?
J'en vais prendre pour juge Éliante, qui vient.

SCÈNE III
ÉLIANTE, PHILINTE, CÉLIMÈNE, ORONTE, ALCESTE.

CÉLIMÈNE.
Je me vois, ma cousine, ici persécutée
Par des gens dont l'humeur y paroît concertée.
Ils veulent l'un et l'autre, avec même chaleur,
Que je prononce entre eux le choix que fait mon cœur,
Et que, par un arrêt qu'en face il me faut rendre,
Je défende à l'un deux tous les soins qu'il peut prendre
Dites-moi si jamais cela se fait ainsi.
ÉLIANTE,
N'allez point là-dessus me consulter ici;
Peut-être y pourriez-vous être mal adressée,
Et je suis pour les gens qui disent leur pensée.
ORONTE.
Madame, c'est en vain que vous vous défendez.
ALCESTE.
Tous vos détours ici seront mal secondés.
ORONTE.
Il faut, il faut parler, et lâcher la balance.
ALCESTE.
Il ne faut que poursuivre à garder le silence.
ORONTE.
Je ne veux qu'un seul mot pour finir nos débats.

ALCESTE.
Et moi, je vous entends, si vous ne parlez pas

## SCÈNE IV
ARSINOÉ, CÉLIMÈNE, ÉLIANTE, ALCESTE, PHILINTE, ACASTE, CLITANDRE, ORONTE.

ACASTE, à Célimène.
Madame, nous venons tous deux, sans vous déplaire,
Éclaircir avec vous une petite affaire.

CLITANDRE, à Oronte et à Alceste.
Fort à propos, messieurs, vous vous trouvez ici,
Et vous êtes mêlés dans cette affaire aussi.

ARSINOÉ, à Célimène.
Madame, vous serez surprise de ma vue;
Mais ce sont ces messieurs qui causent ma venue :
Tous deux ils m'ont trouvée, et se sont plaints à moi
D'un trait à qui mon cœur ne sauroit prêter foi.
J'ai du fond de votre âme une trop haute estime
Pour vous croire jamais capable d'un tel crime;
Mes yeux ont démenti leurs témoins les plus forts
Et, l'amitié passant sur de petits discords,
J'ai bien voulu chez vous leur faire compagnie,
Pour vous voir vous laver de cette calomnie.

ACASTE.
Oui, madame, voyons d'un esprit adouci,
Comment vous vous prendrez pour soutenir ceci.
Cette lettre, par vous, est écrite à Clitandre.

CLITANDRE.
Vous avez pour Acaste écrit ce billet tendre.

ACASTE, à Oronte et à Alceste.
Messieurs, ces traits pour vous n'ont point d'obscurité,
Et je ne doute pas que sa civilité
A connoître sa main n'ait trop su vous instruire.
Mais ceci vaut assez la peine de le lire.

« Vous êtes un étrange homme de condamner mon enjouement, et de me reprocher que je n'ai jamais tant de joie que lorsque je ne suis pas avec vous. Il n'y a rien de plus injuste; et, si vous ne venez vite me demander pardon de cette offense, je ne vous la pardonnerai de ma vie. Notre grand flandrin de vicomte... »

Il devroit être ici.

« Notre grand flandrin de vicomte, par qui vous commencez vos plaintes, est un homme qui ne sauroit me revenir ; et, depuis que je l'ai vu, trois quarts d'heure durant, cracher dans un puits pour faire des ronds, je n'ai jamais pu prendre bonne opinion de lui. Pour le petit marquis... »

C'est moi-même, messieurs, sans nulle vanité.

« Pour le petit marquis, qui me tint hier longtemps la main, je trouve qu'il n'y a rien de si mince que toute sa personne; et ce sont

de ces mérites qui n'ont que la cape et l'épée. Pour l'homme aux rubans verts... »
A Alceste.
A vous le dé, monsieur.
« Pour l'homme aux rubans vert, il me divertit quelquefois avec ses brusqueries et son chagrin bourru; mais il est cent moments où je le trouve le plus fâcheux du monde. Et pour l'homme au sonnet... »
A Oronte.
Voici votre paquet.
« Et pour l'homme au sonnet, qui s'est jeté dans le bel esprit et veut être auteur malgré tout le monde, je ne puis me donner la peine d'écouter ce qu'il dit, et sa prose me fatigue autant que ses vers. Mettez-vous donc en tête que je ne me divertis pas toujours si bien que vous pensez; que je vous trouve à dire, plus que je ne voudrois, dans toutes les parties où l'on m'entraîne; et que c'est un merveilleux assaisonnement aux plaisirs qu'on goûte, que la présence des gens qu'on aime. »

CLITANDRE.

Me voici maintenant, moi.

« Votre Clitandre, dont vous me parlez, et qui fait tant le doucereux, est le dernier des hommes pour qui j'aurois de l'amitié. Il est extravagant de se persuader qu'on l'aime, et vous l'êtes de croire qu'on ne vous aime pas. Changez, pour être raisonnable, vos sentiments contre les siens; et voyez-moi le plus que vous pourrez, pour m'aider à porter le chagrin d'en être obsédée. »
D'un fort beau caractère on voit là le modèle,
Madame, et vous savez comment cela s'appelle.
Il suffit. Nous allons l'un et l'autre, en tous lieux,
Montrer de votre cœur le portrait glorieux.

ACASTE.

J'aurois de quoi vous dire, et belle est la matière;
Mais je ne vous tiens pas digne de ma colère;
Et je vous ferai voir que les petits marquis
Ont, pour se consoler, des cœurs du plus haut prix.

## SCÈNE V
CÉLIMÈNE, ÉLIANTE, ARSINOÉ, ALCESTE, ORONTE, PHILINTE.

ORONTE.

Quoi! de cette façon je vois qu'on me déchire,
Après tout ce qu'à moi je vous ai vu m'écrire!
Et votre cœur, paré de beaux semblants d'amour,
A tout le genre humain se promet tour à tour!
Allez, j'étois trop dupe, et je vais ne plus l'être;
Vous me faites un bien, me faisant vous connoître :
J'y profite d'un cœur qu'ainsi vous me rendez,
Et trouve ma vengeance en ce que vous perdez.
A Alceste.
Monsieur, je ne fais plus d'obstacle à votre flamme,
Et vous pouvez conclure affaire avec madame.

## SCÈNE VI

CÉLIMÈNE, ÉLIANTE, ARSINOÉ, ALCESTE, PHILINTE.
ARSINOÉ, à Célimène.

Certes, voilà le trait du monde le plus noir ;
Je ne m'en saurois taire, et me sens émouvoir.
Voit-on des procédés qui soient pareils aux vôtres ?
Je ne prends point de part aux intérêts des autres.
*Montrant Alceste.*
Mais monsieur, que chez vous fixoit votre bonheur,
Un homme, comme lui, de mérite et d'honneur,
Et qui vous chérissoit avec idolâtrie.
Devoit-il...

ALCESTE.
Laissez-moi, madame, je vous prie,
Vider mes intérêts moi-même là-dessus,
Et ne vous chargez point de ces soins superflus.
Mon cœur a beau vous voir prendre ici sa querelle,
Il n'est pas en état de payer ce grand zèle ;
Et ce n'est point à vous que je pourrai songer,
Si, par un autre choix, je cherche à vous venger.

ARSINOÉ.
Eh ! croyez-vous, monsieur, qu'on ait cette pensée,
Et que de vous avoir on soit tant empressée ?
Je vous trouve un esprit bien plein de vanité,
Si de cette créance il peut s'être flatté.
Le rebut de madame est une marchandise
Dont on auroit grand tort d'être si fort éprise.
Détrompez-vous, de grâce, et portez-le moins haut.
Ce ne sont pas des gens comme moi qu'il vous faut.
Vous ferez bien encor de soupirer pour elle,
Et je brûle de voir une union si belle.

## SCÈNE VII

CÉLIMÈNE, ÉLIANTE, ALCESTE, PHILINTE.
ALCESTE, à Célimène.

Eh bien, je me suis tu, malgré ce que je vois,
Et j'ai laissé parler tout le monde avant moi.
Ai-je pris sur moi-même un assez long empire ?
Et puis-je maintenant...

CÉLIMÈNE.
Oui, vous pouvez tout dire ;
Vous en êtes en droit, lorsque vous vous plaindrez,
Et de me reprocher tout ce que vous voudrez.
J'ai tort, je le confesse ; et mon âme confuse
Ne cherche à vous payer d'aucune vaine excuse.
J'ai des autres ici méprisé le courroux ;

Mais je tombe d'accord de mon crime envers vous.
Votre ressentiment sans doute est raisonnable ;
Je sais combien je dois vous paroître coupable,
Que toute chose dit que j'ai pu vous trahir,
Et qu'enfin vous avez sujet de me haïr.
Faites-le, j'y consens.

ALCESTE.

Eh ! le puis-je, traîtresse ?
Puis-je ainsi triompher de toute ma tendresse ?
Et, quoique avec ardeur je veuille vous haïr,
Trouvé-je un cœur en moi tout prêt à m'obéir ?

*A Éliante et à Philinte.*

Vous voyez ce que peut une indigne tendresse,
Et je vous fais tous deux témoins de ma foiblesse,
Mais, à vous dire vrai, ce n'est pas encor tout,
Et vous allez me voir la pousser jusqu'au bout,
Montrer que c'est à tort que sages on nous nomme,
Et que dans tous les cœurs il est toujours de l'homme.

*A Célimène.*

Oui, je veux bien, perfide, oublier vos forfaits ;
J'en saurai, dans mon âme, excuser tous les traits,
Et me les couvrirai du nom d'une foiblesse
Où le vice du temps porte votre jeunesse,
Pourvu que votre cœur veuille donner les mains
Au dessein que j'ai fait de fuir tous les humains,
Et que dans mon désert où j'ai fait vœu de vivre,
Vous soyez, sans tarder, résolue à me suivre.
C'est par là seulement que, dans tous les esprits,
Vous pouvez réparer le mal de vos écrits,
Et qu'après cet éclat qu'un noble cœur abhorre,
Il peut m'être permis de vous aimer encore.

CÉLIMÈNE.

Moi, renoncer au monde avant que de vieillir,
Et dans votre désert aller m'ensevelir !

ALCESTE.

Eh ! s'il faut qu'à mes feux votre flamme réponde,
Que vous doit importer tout le reste du monde ?
Vos désirs avec moi ne sont-ils pas contents ?

CÉLIMÈNE.

La solitude effraye une âme de vingt ans.
Je ne sens point la mienne assez grande, assez forte,
Pour me résoudre à prendre un dessein de la sorte.
Si le don de ma main peut contenter vos vœux,
Je pourrai me résoudre à serrer de tels nœuds ;
Et l'hymen...

ALCESTE.

Non, mon cœur à présent vous déteste,
Et ce refus lui seul fait plus que tout le reste.
Puisque vous n'êtes point, en des liens si doux,
Pour trouver tout en moi, comme moi tout en vous,
Allez, je vous refuse; et ce sensible outrage
De vos indignes fers pour jamais me dégage.

### SCÈNE VIII
ÉLIANTE, ALCESTE, PHILINTE.

ALCESTE, à Éliante.

Madame, cent vertus ornent votre beauté,
Et je n'ai vu qu'en vous de la sincérité;
De vous depuis longtemps je fais un cas extrême;
Mais laissez-moi toujours vous estimer de même,
Et souffrez que mon cœur, dans ses troubles divers,
Ne se présente point à l'honneur de vos fers;
Je m'en sens trop indigne, et commence à connoître
Que le ciel pour ce nœud ne m'avoit point fait noître,
Que ce serait pour vous un hommage trop bas,
Que le rebut d'un cœur qui ne vous valoit pas ;
Et qu'enfin...

ÉLIANTE.

Vous pouvez suivre cette pensée ;
Ma main de se donner n'est pas embarrassée :
Et voilà votre ami, sans trop m'inquiéter,
Qui, si je l'en priois, la pourroit accepter.

PHILINTE.

Ah ! cet honneur, madame, est toute mon envie,
Et j'y sacrifierois et mon sang et ma vie.

ALCESTE.

Puissiez-vous, pour goûter de vrais contentements,
L'un pour l'autre à jamais garder ces sentiments !
Trahi de toutes parts, accablé d'injustices,
Je vais sortir d'un gouffre où triomphent les vices,
Et chercher sur la terre un endroit écarté
Où d'être homme d'honneur ont ait la liberté

PHILINTE.

Allons, madame, allons employer toute chose
Pour rompre le dessein que son cœur se propose.

# TABLE DES MATIÈRES

CONTENUES

## DANS LE DEUXIÈME VOLUME

| | |
|---|---|
| Les Fâcheux | 5 |
| L'École des femmes | 34 |
| La Critique de l'École des femmes | 97 |
| L'Impromptu de Versailles | 129 |
| Le Mariage forcé | 156 |
| La Princesse d'Élide | 184 |
| Le Festin de Pierre | 214 |
| L'Amour médecin | 278 |
| Le Misanthrope | 305 |

FIN DE LA TABLE.

FIN DU DEUXIÈME VOLUME

Poitiers, imp. de l'Ouest ; Paris, 3, rue d'Aboukir.

LIBRAIRIE GÉNÉRALE DE L'OUEST
*3, rue d'Aboukir, 3*
PARIS

---

## BIBLIOTHÈQUE A BON MARCHÉ

*Collection Elzévirienne sur papier teinté,*
à 1 fr. 50 le volume.

---

### EN VENTE :

1° LA FONTAINE, *Contes*, 1 vol.
2° MOLIÈRE, *Œuvres*, 4 vol.
3° ANACRÉON, *traduction,* ⎫
4° DAPHNIS & CHLOÉ, *traduction,* ⎬ 1 vol.

### EN PRÉPARATION :

BOCCACE, *Œuvres*, 2 vol.
LA FONTAINE, *Fables.*
RABELAIS, *Œuvres complètes.*
XAVIER DE MAISTRE, *Œuvres.*
L'ARÉTIN, *Poésies diverses.*

---

Poitiers, impr. gén. de l'Ouest : RESSAYRE. — Paris, 3, rue d'Aboukir.

www.ingramcontent.com/pod-product-compliance
Lightning Source LLC
Chambersburg PA
CBHW060057190426
43202CB00030B/1857